Ansgar Thiel, Hilke Teubert,
Christa Kleindienst-Cachay

# Die „Bewegte Schule“ auf dem Weg in die Praxis

Theoretische und empirische Analysen einer pädagogischen Innovation

3. überarbeitete Auflage

Schneider Verlag Hohengehren GmbH

Umschlagfotos:
Bild oben links „Kinder auf der Schaukel“: Gebr. Hagedorn
Bild oben rechts: „Kind auf Bewegungselement“: Barbara Sobczyk
Bild unten links und rechts „balancierender Junge“ und „hangelndes Mädchen“: Thomas Krumschmidt

Gedruckt auf umweltfreundlichem Papier (chlor- und säurefrei hergestellt).

**Bibliografische Information Der Deutschen Bibliothek**

Die Deutsche Bibliothek verzeichnet diese Publikation in der Deutschen Nationalbibliografie; detaillierte bibliografische Daten sind im Internet über ›http://dnb.ddb.de‹ abrufbar.

ISBN-13: 978-3-8340-0103-0
ISBN-10: 3-8340-0103-1
Schneider Verlag Hohengehren, 73666 Baltmannsweiler


Printed in Germany. Druck: Digital Print Group, Erlangen

# Inhaltsverzeichnis

# Vorwort zur 3. Auflage

Die Thematik der „Bewegten Schule" ist sowohl in der Sportwissenschaft als auch der schulischen Praxis unverändert aktuell! Deshalb entschlossen sich die Autoren und der Verlag zu einer 3. Auflage dieses Buches.
Im Hinblick auf die Konzeption und den Inhalt des Buches gilt nach wie vor das, was im Vorwort zur ersten Auflage gesagt wurde. Gegenüber den ersten beiden Auflagen wurden allerdings inhaltlich und formal kleinere Veränderungen vorgenommen. Die inhaltlichen Merkmale „Bewegter Schulen" wurden im ersten Teil um das Strukturmerkmal der „Bewegungshausaufgaben" ergänzt, hierfür danken wir Frau Dr. Petra Vogel. Ferner wurde der pädagogisch-personalstrukturelle Rahmen inhaltlich um Aspekte der Qualitätsentwicklung und -sicherung „Bewegter Schulen" erweitert. Formal wurden bei der Darstellung der Ergebnisse der empirischen Untersuchung die grafische Gestaltung ausgewählter Tabellen und Abbildungen verbessert.

Bielefeld, im Mai 2006

Ansgar Thiel, Hilke Teubert & Christa Kleindienst-Cachay

# Vorwort zur 1. Auflage

Die „Bewegte Schule" ist im Kommen – nicht nur in der sportpädagogischen Literatur, sondern auch als Gegenstand pädagogischer Innovationen vor Ort.
Das Interesse, das diesem Konzept entgegen gebracht wird, steht aber in diametralem Gegensatz zu dem, was man tatsächlich über dessen Realisierung weiß. So gibt es in der sportpädagogischen Diskussion außer einzelnen Fallstudien noch kaum empirische Arbeiten, die eine repräsentative Aussage über die Umsetzung von „Bewegten Schulen" in die Praxis erlauben würden.
Diese Lücke zu füllen, ist die Absicht des vorliegenden Buches. Dabei wird „zweigleisig" vorgegangen. Im ersten Teil findet sich eine Systematisierung der bisherigen Diskussion um die „Bewegte Schule". Dies erschien uns deshalb notwendig, weil die bisherige Diskussion bis auf wenige Ausnahmen noch sehr unstrukturiert verläuft und der Praktiker kaum weiß, was denn nun eine „Bewegte Schule" genau ist. Mit der Kategorisierung von Argumentationsmustern und denkbaren Strukturmerkmalen zeichnen wir ein Idealbild, wie eine „Bewegte Schule" aussehen könnte und wie ihre Umsetzung zu begründen ist.
Der zweite Teil des Buches besteht aus einer empirischen Analyse, ob, inwieweit und unter welchen Bedingungen die „Bewegte Schule" in die Praxis umgesetzt wurde. Dabei handelt es sich um eine flächendeckende Untersuchung aller Grundschulen einer Großstadt und einer Kleinstadt Nordrhein-Westfalens. Grundschulen zu untersuchen lag deshalb nahe, weil die „Bewegte Schule" in der sportpädagogischen und -didaktischen Diskussion sowie bei Lehrerfortbildungen überwiegend für die Grundschule konzipiert war. Erst in jüngster Zeit wird diese Diskussion ansatzweise auch auf die weiterführenden Schulen übertragen.

Die vorliegende Untersuchung verstand sich von Beginn an als pädagogische Innovationsforschung, die nicht nur theoretisch erfolgen soll, sondern darüber hinaus einen Beitrag zu der in der Sportpädagogik stark unterrepräsentierten empirischen Schulforschung leisten will.
Herausgekommen ist eine Studie, die zeigt, dass es bereits viele „Bewegte Grundschulen" gibt, die diese Bezeichnung verdienen, auch wenn es zwischen den einzelnen Schulen noch erhebliche Unterschiede gibt. Deutlich wurde aber auch, dass der Grad der Umsetzung von Reformmaßnahmen stark von den Personen abhängt, die Schule „machen", d.h. v.a. von den Lehrerinnen und Lehrern sowie der Schulleitung, aber auch von der Elternschaft und von Vertretern der Gemeinde.

Das vorliegende Buch richtet sich vor allem an eben diesen Personenkreis, aber auch an alle anderen Personengruppen, die sich mit Fragen des Bewegens, Spielens und Lernens von Kindern beschäftigen (z.B. Übungsleiterinnen und Übungsleiter, Bewegungstherapeutinnen und -therapeuten, Erzieherinnen und Erzieher, Stadtplanerinnen und Stadtplaner, Architektinnen und Architekten u.a.).

Diese Studie hätte nicht verwirklicht werden können ohne die an der Untersuchung beteiligten Grundschulen. Ihnen danken wir vielmals für ihre Kooperationsbereitschaft! Wir danken auch den an der Untersuchung beteiligten Studentinnen J. Kindermann, A. Pettenpaul und M. Wieske, sowie I. Schomeier für die grafische Aufbereitung des Manuskripts. Von erheblicher Bedeutung für das Gelingen der Untersuchung war aber auch Herr U. Zimmer, Leiter der Grundschule Brake und Beauftragter für den Schulsport der Stadt Bielefeld. Ihm herzlichen Dank für seine Hilfe!
Unser Dank gilt auch der *Sparkasse Bielefeld* und dem *Gemeinde-Unfallversicherungsverband (GUVV) Westfalen-Lippe* (Münster) für die freundliche Unterstützung bei der Drucklegung des Buches!

Bielefeld, im Januar 2002

Ansgar Thiel, Hilke Teubert & Christa Kleindienst-Cachay

# 1 Einführung

## 1.1 Bewegung als gesellschaftliches Problem

Die Funktion von Kindersportangeboten beschränkt sich heute nicht mehr auf die bloße Vermittlung von Sportarten, sondern hat sich längst auf die Förderung von Gesundheit und einer ganzheitlichen Entwicklung ausgedehnt. Diese Entwicklung korrespondiert mit einem bedeutenden Paradigmenwechsel von Sportpraktikern und vor allem -wissenschaftlern: Weg von der Förderung talentierten Nachwuchses hin zur Bewegungserziehung mit den Schwerpunkten motorischer und gesundheitlicher Förderung – so lassen sich die Empfehlungen für den Kindersport von Sportwissenschaftlern[1] aller Teildisziplinen seit Mitte der 80er Jahre knapp zusammenfassen. Dieser Paradigmenwechsel kommt nicht von ungefähr. So hat sich die Lebenswelt von Kindern in den letzten zwei Jahrzehnten in drastischem Maße verändert. Dies zeigt sich zum einen in der zunehmenden Auslagerung von Bewegungswelten aus dem alltäglichen Lebenskontext der Kinder und der Zerstörung wohnnaher Bewegungsgelegenheiten. Krisendiagnosen, die von einer „Verinselung der Lebenswelt von Kindern“ (Zeiher 1983, 187) oder einer Reduktion kindlicher Bewegungswelt auf „Spielplatzghettos“ (Balster 1991, 15) sprechen, werden in engem Zusammenhang mit dem alarmierenden Gesundheitszustand bundesdeutscher Kinder diskutiert. Berücksichtigt man, dass sich parallel zu einer Veränderung der Lebenswelt auch die Lebensgewohnheiten der Kinder, und zwar vor allem deren Bewegungs- und Ernährungsverhalten, im Zuge einer zunehmenden Technisierung und Medialisierung der Freizeit extrem gewandelt haben, dann kann die Bedeutung einer angemessenen motorischen Förderung, als Voraussetzung für eine gesunde und problemarme Entwicklung von Kindern, kaum mehr geleugnet werden.

Dieses Problem wird mittlerweile offensichtlich auch in der öffentlichen Diskussion klarer erkannt. Dem Spiegel erschienen z.B. die Folgen der genannten Entwicklung derart brisant, dass er dem Problem der Gesundheit der bundesdeutschen Kinder mehrere Seiten widmete: „Fettes Blut – Übergewicht, zu hohe Cholesterinwerte, abgeschlaffte Muskeln – der Gesundheitszustand deutscher Kinder ist beklagenswert“ – so titelte er in der Ausgabe Nr. 49 im Jahre 1996 und beklagte „Fettsucht, Allergien, krumme Rücken, durch Jodmangel vergrößerte Schilddrüsen, zuviel Junkfood und zu wenig Bewegung“. Dazu käme, so der Tenor des Artikels, dass bei einer

[1] Anmerkung: Personenbezeichnungen wurden im Rahmen dieser Arbeit aus Gründen der Übersicht in männlicher Form gewählt, sie gelten aber gleichermaßen für Personen weiblichen Geschlechts.

Vielzahl der Kinder „riesige motorische Defizite“ und eine retardierte feinmotorische Entwicklung zu beobachten sei.
Dieser Veränderung der kindlichen Lebenswelt hin zum Bewegungsmangel und zur „Sprachlosigkeit vor dem Fernseher“ (Der Spiegel 49/1996, 224) steht ein offensichtliches Versagen der für die Gesundheitserziehung der Kinder zuständigen Institution „Schule“ entgegen. So scheint Schule weniger einer Wunschvorstellung als Kompensationsinstanz für alle möglichen Zivilisationsschäden, sondern vielmehr folgendem, von Klupsch-Sahlmann gezeichneten Bild zu entsprechen.
„Die Schule ist der Ort, wo Kinder und Jugendliche etwas für das Leben lernen sollen! Dazu ist der Unterricht da. Konzentriertes Lernen ist nur möglich, wenn die Lernenden frontal auf die Lehrkraft ausgerichtet, auf Bücher und Arbeitsblätter, auf Folie, Wandkarte und Tafel konzentriert sind und ruhig dem Unterricht folgen. Bewegung wird als Störung betrachtet, ebenso wie Veränderungen der Sitzhaltung, die als unschicklich gelten“ (Klupsch-Sahlmann 1995, 14).[2]

Vor dem Hintergrund solcher kritischer und provokativer Mängeldiagnosen wird aus den Reihen von Pädagogen und Schultheoretikern eine Kompensation der „Krise der kindlichen Lebenswelt“ durch erzieherische, in der Schule verortete Maßnahmen gefordert. Betrachtet man diese Reformvorschläge genauer, dann verbirgt sich dahinter die Vorstellung, dass gesellschaftliche „Krisen“ und die daraus resultierenden individuellen Probleme durch Erziehung (zumindest teilweise) gelöst werden können[3]. Diese Vorstellung hat sowohl in der pädagogischen Theorie als auch im Alltagsverständnis der Bürger im europäischen Raum Tradition (vgl. Oelkers 1989; Oelkers 1990; Luhmann 1991; Thiel 1996), wird aber erst in jüngster Zeit wieder verstärkt in Zusammenhang mit einer schulischen Bewegungserziehung diskutiert (vgl. Cachay/Thiel 1995).
In diesem Zusammenhang verschaffte sich in den letzten Jahren vor allem die Diskussion um die sogenannte „Bewegte Schule“ Gehör. Unter einer „Bewegten Schule“ ist folgendes zu verstehen: „Die bewegte Schule ist jene Einrichtung, die Bewe-

---

2 Da die vorliegende Arbeit nach den Regeln der neuen Rechtschreibreform verfasst ist, werden alle Zitate, die in der alten Rechtschreibung geschrieben wurden, entsprechend umgeändert. Ihr Inhalt bleibt dabei unverändert.

3 Versuche zur „Pädagogisierung gesellschaftlicher Krisenerfahrungen“, wie die Umwelterziehung, die Gesundheitserziehung usw. zeichnen hier ein deutliches Bild (vgl. Thiel 1996). Das Ziel dieser Versuche ist es, gesellschaftliche Problembereiche, wie z.B. den defizitären Gesundheitsstand vieler Kinder, mit den Instrumenten Erziehung und Bildung zu bewältigen, indem individuelle Dispositionen und individuelles Verhalten geändert werden. Dabei scheint der Glaube an den Erfolg der Problembewältigungsversuche linear zur Steigerung des Grades an Systematisierung und kontrollierter Umsetzung der Maßnahmen anzusteigen (vgl. Tenorth 1992).

gung in den Unterrichtsfächern und im Schulalltag zum Prinzip des Lernens und des Lebens macht“ (Balz/Kössler/Neumann 2001, 2).

## 1.2 Forschungsstand über Bewegung in der Schule

Ausgangspunkt der Diskussion um diese Einrichtung war eine Tagung des schweizerischen Verbandes für Sport in der Schule (SVSS) unter der Leitung von Urs Illi im Jahre 1983 (vgl. Illi 1998, 1). Ziel dieser Veranstaltung war es, die eklatante Zunahme von Rückenbeschwerden bei Schülern einer breiten Öffentlichkeit bewusst zu machen. Dabei wurde die Schule gleichermaßen als Problemverursacher und möglicher Problemlöser gekennzeichnet. Der bewegungseinschränkende Schultag, insbesondere das lange passive Sitzen während des Unterrichts führe zu massiven Beschwerden, dieser Problematik könne jedoch entgegengewirkt werden, indem dem „Sitzen als Belastung“ das Prinzip „Bewegung“ entgegengesetzt wird.
Gerade das Bewegungsprinzip als Element einer Gesundheitsförderung rückte im weiteren Verlauf dieser Diskussion immer mehr in den Vordergrund. Bewegung müsse als ein aktiv-dynamisches Unterrichtsprinzip verstanden, Lernen müsse zum „bewegten Lernen“ mit Nutzung eines „beweglichen Schulmobiliars“ werden (vgl. Illi 1995, 405).
Diese Forderungen waren anschlussfähig an eine zu diesem Zeitpunkt regelrecht aufblühende schulpädagogische Reformbewegung. Der Kern dieser reformatorischen Bemühungen liegt in der Forderung, Kinder so anzunehmen, wie sie sind, sie nach ihren Möglichkeiten individuell und gemeinsam zu fördern, sowie die Schule als einen gemeinsamen Lebens-, Lern- und Erfahrungsort von Kindern und der sie begleitenden Erwachsenen zu verstehen. Die Reformbemühungen konzentrieren sich dabei sowohl auf innere, als auch auf äußere Reformen, die sich gegenseitig bedingen und von einander abhängen (vgl. Hildebrandt-Stramann 1999, 7).
Übertragen auf die beschriebene Krisendiagnose kindlicher Bewegungswelt heißt dies, eine breit angelegte Gesundheitserziehung im Schulsport sowie die Idee einer gesunden Schule zu fordern (vgl. Balz 1999, 419), mit dem Argument, durch die Integration von mehr Bewegung in den Schultag der Krise entgegenzuwirken.

Nun boten die schulpädagogischen und bildungspolitischen Auseinandersetzungen um die Notwendigkeit einer Strukturveränderung des Systems „Schule“ für einzelne Schulen in der Folge durchaus die Chance einer selbst bestimmbaren Integration der Idee „Bewegte Schule“ (vgl. Laging 1997, 19) und entsprechend wurden in der Schulpraxis – vor allem als experimentelle Innovationen von Einzelschulen – an vielen Schulen Elemente der „Bewegten Schule“ realisiert. Dabei wurde vor allem der Primarstufenbereich in den Blick genommen, vermutlich deshalb, weil im Primarstufenbereich die flexible Gestaltung des Tagesablaufs und der Lehrplan mehr Freiheit zulassen, als dies in weiterführenden Schulen der Fall ist[4].

Die Idee einer „Bewegten Schule“ erlangte also sehr schnell große Attraktivität für gesundheits- und sportpädagogische Reformvorhaben. Dies zeigt sich allerdings nicht nur an der Vielzahl von Einzelversuchen der Schulen, sondern schlägt sich auch in einer regelrechten Flut an wissenschaftlichen Veröffentlichungen zu diesem Thema nieder. So plädieren, wie es die Regensburger Projektgruppe (1999, 3) feststellt, seit Mitte der 80er Jahre Lehrer aller Fachrichtungen (insbesondere Sportunterricht) der unterschiedlichsten Schularten (insbesondere aber der Grundschule), Fachdidaktiker, Pädagogen, Psychologen, Mediziner (insbesondere Physiologen, Orthopäden, Kinder- und Sportärzte), Organe der Landesministerien, Unfallversicherungsträgern, Sportverbänden und -vereinen und viele andere mehr in einer Vielzahl an Artikeln aus unterschiedlichsten Perspektiven für eine verstärkte Integration von Bewegung in die Schule. Diesen Arbeiten die z.T. als fachdidaktische Entwürfe, z.T. als wissenschaftliche Projektbegleitungen angelegt sind, liegt sämtlich die Intention zugrunde, mehr Bewegung in die Schule zu bringen. Entsprechend gehen sie alle von einer ähnlichen Basisargumentation aus – nämlich der Diagnose einer Krise kindlicher Bewegungswelt und der Forderung nach einer Veränderung von Schulstrukturen[5].

Wie groß die Anzahl solcher Arbeiten zur „Bewegten Schule“ ist, lässt sich an der folgenden, auf einer Literaturanalyse von Müller (1999, 36-38) sowie einem Forschungsbericht von Kössler (1999) aufbauenden Darstellung sehr gut veranschaulichen:

---

[4] Ansätze zur Umsetzung der Forderung nach vermehrter Integration von Bewegung in den Schulalltag finden sich übrigens durchaus nicht nur im eigentlichen Kernbereich der Schulen. So unterstützen z.B. Krankenkassen das „bewegte“, aktiv-dynamische Sitzen und schaffen „Rückenschule für Kinder“, die deutsche Verkehrswacht startete die Aktion „Move it“, bei der Bewegung mit der Begründung in den Unterricht integriert wird, dass so ein Beitrag zu sicherem Verhalten von Kindern im Straßenverkehr gewährleistet werden kann (vgl. Klupsch-Sahlmann 1999, 8) und eine Reihe von Wirtschaftsunternehmen, wie z.B. Coca Cola, stellen u.a. Spielmobile mit Animateuren bereit, die von den Schulen zur Pause, oder zu Sport- und Spielfesten geordert werden können (vgl. Balz 1999, 417).

[5] Dies gilt im übrigen auch für eher kritisch argumentierende Autoren wie Funke-Wienecke (1997), der einerseits zwar die Glaubwürdigkeit von Daten zur defizitären Lebenswelt von Kindern anzweifelt, anderseits aber gleichermaßen die Notwendigkeit von mehr Bewegung in der Schule zum Ausgleich und zur Erholung von Kindern fordert.

*Tab. 1: Übersicht über Projekte und Konzepte der Bewegten Schule unter Berücksichtigung der Analysen von Müller (1999, 36-38) und Kössler (1999).*

| **Autor** | **Konzept/Projekt** | **Wesentliche Bezüge** |
|---|---|---|
| **Fachdidaktische Entwürfe** | | |
| Aschebrock (1996) | *Bewegungsfreudige Schule* | Tägliche Bewegungserziehung, eigene Schulprogramme |
| Dannenmann (1997) | *Schule als Bewegungsraum* | Bewegung als Unterrichtsprinzip, Bewegtes Schulleben, aktives Sitzen und aktive Pausen |
| Ehni (1997) | *Kindliches Bewegungsleben und schulische Bewegungserziehung* | Lernen mit allen Sinnen, Bewegung im Unterricht, bewegte Pausen und pädagogische Zwischenräume, Partielle Aufhebung der Fächerung |
| Funke-Wienecke (1997) | *Vom Sitzraum zum Bewegungsraum* | Vom Sitzraum zum Bewegungsraum, Optimierung der innerschulischen Ausgleichs- und Erholungsfunktion |
| Hildebrandt (1997) | *Bewegungsfreundliche Schule* | Psychomotorische Arbeitsweise, mobile Unterrichtsorganisation, ganzheitliches Lernen, anregende Bewegungsräume |
| Illi (1993; 1995) | *Bewegte Schule* | Bewegtes Lernen, bewegtes Sitzen, bewegliches Schulmobiliar, wohnliche Schulzimmergestaltung, mentale Entspannung, Entlastungsbewegungen, wahrnehmungsbezogener Sportunterricht, bewegte Pause |
| Klupsch-Sahlmann (1997) | *Bewegte Schule* | Haus der „Bewegten Schule" (acht Elemente: Klassenraum – Bewegungsraum, Bewegungspause, Bewegungschancen in den Pausen, Stille im Unterricht, außerunterrichtliche Angebote, Sport- und Bewegungsunterricht, Beteiligung aller Akteure, Themenbezogenes Bewegen im Unterricht) |
| Laging (1998) | *Bewegte Schulkultur* | Schulhof als Bewegungs- und Erholungsgelände, Sportkulturfeste, Toberaum, bewegtes (ganzheitliches) Lernen, Schulsport als bewegte Schulkultur |

| | | |
|---|---|---|
| Pühse (1995 | *Bewegte Schule – eine bewegungspädagogische Perspektive* | vgl. Illi, Abgrenzung von Sportunterricht und bewegter Schule |
| Zimmer (1996) | *Schule in Bewegung bringen* | Bewegung als fachübergreifendes Lernprinzip, Sport als Unterrichtsfach mit vielfältigen Bewegungserfahrungen, freie Arbeit im Sportunterricht, Bewegungspausen, spezielle Fördermaßnahmen, Bewegung und Sport als Teil des Schullebens |
| **Projekte von Ende der 60er bis Ende der 80er Jahre** | | |
| Gärntner, H./Moritz, H./Sikora, W. (1986) | *„Greifswalder Schulversuch"* | Auflockerungsminuten |
| Seidel, B. (1989) Kahl, H. (1993) | *„Strausberger Modell" 1984/85 1983-1990* | Auflockerungsminuten, individuelle Bewegungszeit |
| Wasmund-Bodenstedt, U. (1984) | *Tägliche Bewegungszeit 1977-1979* | Tägliche Bewegungszeit |
| Miedzinski, K. (1993) | *Bewegungsbaustelle ab 1980/81* | Bewegungsraum Schule |
| Zimmer (1981) | *Motorik und Persönlichkeitsentwicklung* | Bedeutungsaspekte u.a. |

| | | |
|---|---|---|
| **Projekte in den 90er Jahren** | | |
| Arnold, W. u.a. (1994) | *Europäisches Netzwerk gesundheitsfördernde Schulen 1992-1997* | Schulklima, gesunde Lebensweise |
| Breithecker, D. (1996[b]) | *Erkundungsstudie zur Effizienz des „Bewegten Unterrichtes" 1993-1994* | Sitzhaltungen |
| Arbeitsgruppe Bewegung bewegt (1992) | *Bewegungsweiser Bewegter Unterricht* | Bewegtes Lernen |
| Kunz, T. (o.J) | *Bewegungsförderung in der Grundschule* | Unfallgeschehen |
| Sachs-Amid, F. (1994) | *Erlanger Modellprojekt „S' Wirbala" 1993-1994* | Haltungskompetenz |
| Petillon, H./Flohr, D. (1995) | *Lern- und Spielschule* | Soziale Verhaltenweisen |

| | | |
|---|---|---|
| Bös, K./Obst, F. (1997) | *Akzeptanz und Wirkungen zusätzlicher Sportstunden in der Grundschule 1993/94-1997/98* | Rolle des Sportunterrichts |
| Schmerbitz, H. u.a. (1992) | *Konzeption und Kurrikulumbausteine des Erfahrungsbereichs Körpererziehung, Sport und Spiel an der Laborschule* | Erfahrungslernen |
| Bundesministerium für Unterricht und Kunst Österreich (1994) | *Gesund & Munter Klug& Fit* | Bewegte Pause, Bewegte Freizeit |
| Illi, U. (1995) | *Bewegte Schule (Schweiz)* | Dynamisches Sitzen |
| Kottmann, L. /Küpper, D./Pack, R.-P. (1997) Pack, R.-P. (1998) | *Bewegungsfreudige Schule* | Kriterienkatalog |
| Ministerium für Kultus, Jugend und Sport Baden-Württemberg (o.J.) | *Sport- und bewegungsfreudige Schule* | Bewegung als Schul- und Unterrichtsprinzip, Lehrerfortbildungen u.a. |
| Landeszentrale für Aufklärung Rheinland-Pfalz (1997) | *Bewegte Schule zieht Kreise* | Lehrerfortbildungen |
| Bayrisches Staatsministerium für Unterricht, Kultus, Wissenschaft und Kunst (o.J.) | *Bewegung macht Schule – Fetzi macht fit. Bewegte Grundschule* | Anleitungsmaterial u.a. |
| Ministerium der deutschsprachigen gemeinschaft (Belgien (o.J.) | *Bewegung- Fundament des Lernens* | Auflockerungsminuten u.a. |
| Knappe, W./Ilg, H. u.a. (1995) | *Gesundheitswochen* | Projekte Zusammenarbeit mit Eltern gesundheitsorientierte Handlungsfähigkeit |
| Kultusministerium des Landes Niedersachsen (1998) | *Bewegte Schule* | Ganzheitliches Lernen fördern, Schulleben gestalten, Schulentwicklung unterstützen |
| Kultusministerium des Landes Nordrhein-Westfalen (1996) | *Bewegungsfreudige Schule* | Integration von Bewegung in die Schule |

| | | |
|---|---|---|
| Kössler, C. (1999); Regensburger Projektgruppe (1999) | *Bewegte Schule – Anspruch und Wirklichkeit* | Qualitative Untersuchung zur Umsetzung ausgewählter „Bausteine“ der „Bewegten Schule“ an ausgewählten Schulen und Schulformen |
| Hildebrand-Stramann, R. (1996), (1999) | *„Bewegungsfreundliche Liobaschule“* | Entwicklung einer bewegten Schulkultur durch Umsetzung einzelner Strukturmerkmale |
| Kindermann, J./Wieske, M. (1999) | *„Mehr Bewegung in die Schule!“ – Pädagogische Begründung der Konzeption „Bewegten Schule“* | Empirische Überprüfung der Umsetzung der „Bewegten Schule“ an ausgewählten Schulen der Stadt Bielefeld. |
| Pettenpaul, A. (2000) | *Umsetzung der pädagogischen Konzeption „Bewegte Schule“* | Flächendeckende qualitative Überprüfung der Realisation der „Bewegten Schule“ in der Stadt Porta Westfalica |

Betrachtet man die aufgeführten fachdidaktischen Entwürfe und wissenschaftlichen Projektbegleitungen zur Idee der „Bewegten Schule“ in einem Überblick, dann finden sich unglaublich viele Begründungen und Vorschläge für eine Umsetzung von Bewegung in der Schule. Es lassen sich aber auch folgende zwei Forschungsdesiderate festhalten:

1. Die angeführten Argumentationslinien für eine „Bewegte Schule“ und vor allem die konzeptionellen Vorstellungen differieren sehr stark voneinander, auch wenn sämtliche Arbeiten im Grunde auf einer Krisendiagnose der kindlichen Bewegungswelt aufbauen. Dies stellt auch Balz fest. Seinem Erachten nach sind die Argumentationen für die Integration dieser Konzeption in die Schule ebenso vielseitig wie die Inhalte. Die Konzeption „Bewegte Schule“ sei ein „komplexes Vorgehen mit weitreichenden Ansprüchen“ (1999, 423) und versuche sich sowohl in die Gestaltung des Schullebens, als auch in eine Fächerkooperation und in die Schulprogrammdiskussion einzubringen. Weniger neutral gesprochen, lässt sich das Fazit ziehen, dass von einheitlichen, aneinander anschließenden oder gar koordinierten Konzipierungsversuchen einer „Bewegten Schule“ nicht gesprochen werden kann. Die Diskussion verläuft bis heute noch außerordentlich unstrukturiert und undifferenziert, und es zeichnen sich bisher nur wenig verlässliche Konturen einer die unterschiedlichen Ansätze verbindenden Konzeption ab. Vielmehr werden fast wahllos physiologische Argumente an psychologische und pädagogische gereiht, manchen Argumenten fehlt die empiri-

sche Fundierung und zumeist werden konzeptionelle Begründungen nicht unmittelbar an Programminhalte angebunden. Reflektiert man bislang vorzufindende Versuche, den Status Quo der Umsetzung der Konzeption „Bewegte Schule" zu dokumentieren und die Argumentationslinien der Fachdiskussion zu strukturieren, dann ist die in jüngster Zeit erschienene Arbeit von Kössler (1999) wohl die am breitesten angelegte und umfassendste. Betrachtet man die Auseinandersetzung mit dem Forschungsstand, dann bemüht sich Kössler darum, einen Überblick über die in den fachdidaktischen Entwürfen, Projekten zur „Bewegten Schule" und empirischen Untersuchungen angeführten Begründungen zu schaffen. Dabei kommt er zu einer in drei Bereiche („Kompensation", „Entwicklung und Lernen" sowie „Bildung und Gesellschaft") differenzierten Systematik. Diese Einteilung, die diverse weitere Unterpunkte enthält, führt allerdings nur scheinbar zu einer nützlichen Reduktion von Komplexität. Zunächst leuchtet es z.B. nicht ein, weshalb die Begriffe „Bildung und Gesellschaft", die weder auf einer Ebene liegen noch als semantisch ähnlich bezeichnet werden können, als zusammenhängende, komplexitätsreduzierende Bereichsbeschreibung dienen sollten[6]. Weiterhin erscheint auch die Anzahl der gewählten Unterpunkte, die übrigens ebenfalls nicht immer auf einer Ebene verortet werden können, zu hoch für eine Übersicht, die tatsächlich das Nachvollziehen der in der Diskussion angeführten Argumente erleichtern könnte.

2. Die Analyse des Forschungsstandes zeigt, dass es einerseits an Evaluationsstudien, aber andererseits vor allem auch an Dokumentationen mangelt, die in übersichtlicher und repräsentativer Weise die Bedingungen und Probleme der Umsetzung einer „Bewegten Schule" herausarbeiten. So ist ein starkes Ungleichgewicht zwischen vielen „Soll-Entwürfen" zu wenigen „Ist-Analysen" zu beobachten. Dabei ist insbesondere ein Mangel an empirischen Untersuchungen zur Konzeption zu verzeichnen. Darauf weist auch die Regensburger Projektgruppe hin. So kommen die wenigen Forschungsergebnisse zu Bewegungsprojekten in Schulen „aus quantitativen Studien, die mit ausgewählten Parametern den positiven Einfluss auf die gesundheitliche Situation der Schüler darstellen" (1999, 8).
3. Auch hinsichtlich der Dokumentation der Umsetzung der Idee „Bewegte Schule" ist insbesondere Kösslers Arbeit erwähnenswert. Allerdings bleibt auch sie – trotz ihres hohen Anspruchs – in weiten Teilen unbefriedigend. Um die Praxis

6 Dieses Problem zeigt sich auch an den gewählten Unterkategorien. Hier reihen sich anthropologische neben lebensweltliche, bildungstheoretische und schulökologische Aspekte (Kössler 1999, 1f.). Von einer eindeutigen Diskriminanz der Kategorien kann nicht gesprochen werden.

der „Bewegten Schule" empirisch zu überprüfen, wählte Kössler nach „pragmatischen Gesichtspunkten" vier Schulen aus (ebd. 118). Da es seine explizite Absicht war, alle Schulformen abzudecken, untersuchte er deshalb eine Grundschule, eine Hauptschule, eine Realschule und ein Gymnasium. Bereits dieser Umstand verblüfft. So bezieht sich die Konzeption „Bewegte Schule" bislang primär auf den Grundschulbereich, in weiterführenden Schulen wird sie zum gegenwärtigen Zeitpunkt allenfalls angedacht[7], was eine empirische Untersuchung mit dem Anspruch einer Dokumentation der „Wirklichkeit" des Konzepts als nur wenig schlüssig erscheinen lässt. Das zweite Problem seiner empirischen Herangehensweise liegt in der Wahl der Untersuchungsmethode. Kössler konnte es im Grunde gar nicht gelingen, ein umfassendes Bild der Realisierung des Konzepts „Bewegte Schule" zu zeichnen, solange er nur vier willkürlich ausgewählte Schulen mit qualitativen Interviews untersuchte. Zwar erbachten die Interviews durchaus Informationen über einzelne Problemaspekte einer Umsetzung von Bewegung in der Schule, doch erlauben sie weder Aussagen, ob es innerhalb der herkömmlichen Schulkategorien (Gymnasium, Realschule etc.) spezifische Typen einer Bewegten Schule gibt, die durch z.B. regionspezifische oder personalstrukturelle Charakteristika gekennzeichnet sind, noch sind sie repräsentativ. Die empirische Vorgehensweise Kösslers weist darüber hinaus ein drittes Problem auf, das seine Ursache vor allem in der Konstruktion des theoretischen Ansatzes hat. So betrachtet Kössler lediglich drei Strukturmerkmale, nämlich das „bewegte Sitzen", die „Bewegungspause" und die „bewegte Pause". Auch wenn bislang noch kein einheitliches Konzept einer „Bewegten Schule" existiert, lassen sich die existierenden Ansätze keinesfalls ausschließlich auf diese drei Elemente reduzieren. Auch hier liefern die empirischen Ergebnisse somit nur Bruchstücke einer „Realität der Bewegten Schule".

Die Analyse des Forschungsstandes resümierend, erscheinen vor allem zwei Aspekte untersuchungswürdig: erstens eine Strukturierung von Argumentationsmustern und Idealbeschreibungen von Bausteinen einer „Bewegten Schule", zweitens eine empirische Analyse der Umsetzung der Idee „Bewegte Schule" in die Praxis.

Fassen wir an dieser Stelle zusammen: Die „Bewegte Schule" scheint heute nicht nur eine fachspezifisch sportbezogene Konzeption zu sein, sondern vielmehr ein fächerübergreifendes Konzept, das Bewegung als ein integratives Element der Grund-

---

7 Im Zusammenhang mit weiterführenden Schulen wird die „Bewegte Schule" erst vereinzelt thematisiert (vgl. Regensburger Projektgruppe 1999; Kottmann/Küpper/Pack 1996; Hoppstädter/Heine 1995).

schule in schulpädagogischem Zusammenhang versteht. Sie basiert im Grunde auf einer Krisendiagnose, der kommunizierten Krise kindlicher Bewegungswelt, und ist damit ganz offensichtlich anschlussfähig an eine Reihe von grundschulpädagogischen Reformmaßnahmen.
Konzeptionell erscheint die Bewegung der „Bewegten Schule“ noch immer sehr heterogen zu sein, an koordinierten Konzeptentwürfen scheint es bislang zu mangeln. Dem entspricht einerseits ein Mangel an sekundäranalytischen Auswertungen bisheriger wissenschaftlicher Arbeiten zur „Bewegten Schule“, insbesondere einer Kategorisierung der doch sehr vielfältigen und unsystematischen Begründungsmuster, andererseits ein weitgehendes Fehlen empirischer Untersuchungen, die Auskunft über den Status Quo der Realisierung konzeptioneller Ideen in diesem Bereich und die damit einher gehenden Probleme geben.

## 1.3 Konkretisierung der Fragestellung

Für die vorliegende Arbeit erscheint es vor dem Hintergrund der vorangegangenen Überlegungen sinnvoll, folgende zentrale Fragestellungen zu verfolgen:

- Welche Funktionen hat die „Bewegte Schule“ und wie sollte sie idealer Weise aussehen?

Die Beantwortung dieser Frage impliziert eine Analyse und Kategorisierung der in den vielen Arbeiten und Projekten zur Bewegten Schule angeführten Begründungsmuster und als notwendig erachteten Strukturmerkmale (Teil I „Kategoriale Analyse“).

- Wie zeigt sich die „Bewegte Schule“ in der Praxis?

In diesem Zusammenhang ist zu untersuchen, welche Begründungsmuster, welche konzeptionellen Inhalte und welche konkreten Praxisvorschläge sich in „Bewegten Schulen“ finden, und in welchem Maße Bewegung in der Schule strukturell verankert ist. Dabei interessieren vor allem auch die Probleme, die bei einer Umsetzung der Ideen einer „Bewegten Schule“ auftauchen (Teil II „Empirische Untersuchung“). Zu untersuchen sind dabei Grundschulen, da die Konzeption „Bewegte Schule“ bislang erst in diesem Bereich richtig Fuß gefasst hat.
Die vorliegende Arbeit versteht sich als Überblick, der einerseits aus wissenschaftlicher Perspektive versucht, einen theoretischen Rahmen für eine koordinierte Konzeption „Bewegte Schule“ zu schaffen, aber auch über Probleme zu berichten, die sich bei der Umsetzung von Bewegung in der Schule zeigen. Andererseits erhebt die Arbeit den Anspruch, auch den Lehrern in der Praxis als Orientierungshilfe im Umgang mit dem komplexen Thema „Bewegte Schule“ zu dienen.

# Teil I Kategoriale Analyse der Konzeption „Bewegte Schule“

Die folgende kategoriale Analyse hat zwei Ziele: erstens etwas mehr Struktur in die Diskussion um diesen Themenbereich zu bringen, um so die Funktionen einer „Bewegten Schule“ identifizieren zu können und zweitens herauszubekommen, wie eine „Bewegte Schule“ idealer Weise aussehen, durch welche Charakteristika sie gekennzeichnet sein sollte. Beim ersten Ziel (Kap. 2) geht es ausschließlich um eine Systematisierung der verschiedenen, in der Literatur vorzufindenden Argumentationslinien zur „Bewegten Schule“ aus unterschiedlichen wissenschaftlichen Disziplinen und nicht etwa darum, die Argumentationsinhalte der einzelnen Vertreter zu diskutieren und auf inhaltliche Richtigkeit zu überprüfen. Bei der Verfolgung des zweiten Ziels (Kap. 3) sollen die idealtypischen konstitutiven Strukturmerkmale einer „Bewegten Schule“ identifiziert werden, um so eine Basis für die spätere empirische Reflexion der Umsetzung dieses Konzepts entwickeln zu können.

## 2 Kategorisierung der Begründungsmuster einer „Bewegten Schule“

Welche Begründungen werden in der Diskussion um eine „Bewegte Schule“ angeführt, um eine stärkere Einbeziehung der Bewegung außerhalb des Sportunterrichtes in die Schule nahe zu legen? Im Grunde Begründungen unterschiedlichster Argumentationsrichtung, d.h., kognitive, psychologische, sozial-affektive und motorische (vgl. Hildebrand-Stramann 1999, Müller 1999, Pühse 1995). Die Vielschichtigkeit dieser Diskussion um eine Begründung der „Bewegten Schule“ resultiert möglicherweise aus der Absicht der Autoren, der Idee durch eine mehrperspektivische Argumentation mehr Relevanz zu verleihen, ist aber gerade aufgrund ihrer Unstrukturiertheit problematisch. Denn es gibt zwar viele Begründungen für eine „Bewegte Schule“, diese bleiben jedoch bis heute unverbunden nebeneinander stehen (Balz 1999, 421).

Die Heterogenität und die fehlende Integration der Begründungslinien mag so auch der Grund für Balz (1999, 420) treffende Feststellung sein, dass zwischen den unterschiedlichen Ansätzen und Initiativen zur „Bewegten Schule“ bei genauerer Betrachtung eben so viel Differenz im Detail wie Übereinstimmung im Ganzen liegt.

Versuche, die doch sehr unübersichtlichen Argumentationslinien zu systematisieren, wurden zunächst von Dannenmann (1997) unternommen. Seine Kategorisierung

führt zu einer durch die Begriffe „Bildung und Gesellschaft“, „Entwicklung und Lernen“ und „Kompensation“ gekennzeichneten Einteilung, die auch in weiteren sekundäranalytischen Arbeiten, wie z.B. von Balz (1999) oder der Regensburger Projektgruppe (1999) übernommen wurde. Neben Dannemann ist vor allem die bereits genannte Arbeit von Kössler (1999) zu erwähnen, der Dannemanns Kategorisierung noch weiter ausdifferenzierte.
Betrachtet man die Systematisierungen der beiden Autoren, dann hat die von Dannenmann erarbeitete Kategorisierung zunächst das Problem, dass die Dreiteilung zu grob ist, um eine nützliche Komplexitätsreduktion zu erlauben. Dies wird durch die Unschärfe der gewählten Begrifflichkeiten verstärkt. Dies gilt nicht nur für die auch bei Kössler gefundene Integration der Begriffe „Bildung“ und „Gesellschaft“ zu einem Überbegriff, sondern auch in Bezug auf die Kategorie „Kompensation“. Denn diese eignet sich angesichts der damit verbundenen Semantik nicht dafür, einen Bereich zu kennzeichnen, in welchem sich neben traditionellen medizinischen Aspekten auch Argumente aus der Gesundheitsförderung finden, die eben nicht von einem Kompensationsgedanken ausgehen.
Die Probleme der Kösslerschen Systematisierung haben wir bereits im vorangegangenen Kapitel diskutiert. Sie liegen, um es zu wiederholen, ebenfalls vor allem in der gleichzeitigen Unklarheit und Inkonsistenz der gewählten Oberbegriffe.
Die Mängel der vorliegenden Systematisierungen legen eine eigene Kategorisierung nahe[8]. Wir gehen hier, vor allem aus Gründen der Komplexitätsreduktion, von einer streng auf der Phänomenebene angesiedelten Begrifflichkeit aus. Bei der Erstellung dieser Systematik wurden in einem ersten Schritt die in der Literatur vorzufindenden Argumentationslinien exzerpiert und semantisch gebündelt. Diese Bündelung ließ drei klar unterscheidbare Oberkategorien erkennen, von denen die erste eine „entwicklungs- und lerntheoretische“, die zweite eine „medizinisch-gesundheitswissenschaftliche“ sowie die dritte eine „schulprogrammatische“ Dimension beschreibt. Die rekonstruktive Überprüfung der exzerpierten Begründungslinien erlaubte eine vollständige Zuordnung zu diesen Oberkategorien. Um die Oberkategorien noch weiter auszudifferenzieren, wurde in einem zweiten Schritt das selbe Prinzip angewandt, wobei nach einer ersten begrifflichen Bündelung versucht wurde, die Kategorien soweit zu reduzieren, dass möglichst wenige, klar unterscheidbare Unterkategorien übrig bleiben. Die Oberbegriffe und ihre Unterkategorien wurden, um die Sicherung von Unterscheidbarkeit und die Vermeidung von Redundanzen auch

---

[8] In jüngster Zeit erschien in einem Aufsatz von Balz/Kössler/Neumann (2001) eine neue Systematisierung, die deutlich trennschärfere Kategorien enthält als die Arbeiten von Kössler und Dannemann, die allerdings nicht mehr in die vorliegende Arbeit eingebaut werden konnte.

durch „externe Gutachter“ zu gewährleisten, in mehreren Expertenratings diskutiert, überarbeitet und schließlich in der vorliegenden Version fertig gestellt[9].

*Tab. 2: Systematisierung der in der Literatur vorhandenen Begründungsmuster für die „Bewegte Schule“*

| | |
|---|---|
| **Entwicklungs- und lerntheoretische Begründungsmuster** | • Psychologische Perspektive<br>• Anthropologische Perspektive<br>• Sozialökologische Perspektive |
| **Medizinisch-gesundheitswissenschaftliche Begründungsmuster** | • Medizinisch-orthopädische Perspektive<br>• Perspektive der Unfallverhütung und Sicherheitserziehung<br>• Gesundheitserzieherische Perspektive |
| **Schulprogrammatische Begründungsmuster** | • Schule als Lebens-, Lern- und Erfahrungsraum<br>• Schule als Kulturphänomen |

Zur folgenden Darstellung ist anzumerken, dass die in der Literatur vorzufindenden Argumentationen einzelner Autoren zur Integration von mehr Bewegung in die Schule häufig nicht so trennscharf verlaufen, wie es eine Systematisierung erfordern würde, vor allem dann, wenn „ganzheitlich“ argumentiert wird. Gewisse Redundanzen sind in der folgenden Darstellung deshalb nicht zu vermeiden, was in der abschließenden Reflexion noch einmal angesprochen wird.

## 2.1 Entwicklungs- und lerntheoretische Begründungsmuster

In der entwicklungs- und lerntheoretischen Argumentationslinie wird die Relevanz von Bewegung für die kindliche Entwicklung und das Lernen betont. Je nach theoretischem Hintergrund bzw. Fokus der Autoren lassen sich dabei psychologische, anthropologische und sozialökologische Perspektiven unterscheiden.

---

9 Das gewählte Vorgehen entspricht im Grunde einer inhaltsanalytischen Vorgehensweise bei qualitativen Interviews, wie sie Lamnek (1989, 35ff) beschreibt.

### *2.1.1 Psychologische Perspektive*

Betrachtet man die psychologischen Argumentationslinien, dann fallen einem zunächst die vielen Begründungen auf, die eine Förderung der Lernfähigkeit durch Bewegung fordern. Dabei geht es vor allem um die positive Wirkung bewegungsbezogener Konzepte auf das kognitive Lernen bzw. auf den Lernprozess. Typisch sind hier Argumente, welche die „klassische“ These bemühen, dass effizientes Lernen nur ganzheitlich geschehen kann (Klupsch-Sahlmann 1995, 16; 1997, 8; 1999, 14). So wird z.B. mit Brunner (1974) davon ausgegangen, dass sich der Wissenserwerb von Kindern auf einer handelnden, einer bildhaften und einer symbolischen Ebene vollzieht. Ausgehend von der Feststellung einer gleichzeitigen Existenz dieser Aneignungsformen wird angenommen, dass Handeln, Darstellen und Abstrahieren auch nebeneinander als Lernprozess vollzogen werden können (vgl. Klupsch-Sahlmann 1999, 14).

„Übertragen auf die Initiierung des Lernprozesses bei Kindern und Jugendlichen bedeutet dies, dass alle drei Ebenen der Aneignung von Lernstoffen berücksichtigt werden sollen. Dabei können sie isoliert voneinander gewählt werden – oder die Erfahrungen auf der einen Ebene werden auf eine andere oder die anderen überführt. Da Kinder in aller Regel zuerst über die handelnde, dann über die bildliche und schließlich über die symbolische Ebene lernen, ergibt sich daraus für die Lernprozesse in der Grundschule, diese Reihenfolge möglichst einzuhalten. Der handelnde Umgang, also das Lernen unter Einbeziehung von Sich-Bewegen, steht grundsätzlich an erster Stelle schulischen Lernens und Erfahrens“ (Klupsch-Sahlmann 1995, 16).

Ähnlich wird in den Richtlinien und Lehrplänen des Kultusministeriums von NRW im Jahre 1985 argumentiert: „Ein ausreichendes Maß an Bewegung ist für die körperliche und geistige Entwicklung wichtig – auch deshalb, weil kindliches Lernen noch weitestgehend ein Lernen mit dem ganzen Körper und mit allen Sinnen ist“ (zitiert nach Kottmann/Küpper/Pack 1997, 18).

Eine stärker „neurophysiologische“ Akzentuierung erhält das Lernargument, wenn darauf hingewiesen wird, dass Lernen nicht nur, wie traditionell in der „Sitzschule“ üblich, über das visuelle und auditive Aufnehmen und kopfbestimmte Bewältigen von Lernen geschieht, sondern insbesondere die körperlich-sinnlichen und handgreiflichen Erfahrungsmöglichkeiten elementare Bestandteile des Lernens sind (vgl. Laging 1993, 9). Ein zentrales Argument ist dabei, dass Wissen um so besser und langfristiger gespeichert werden kann, je mehr Kanäle für die Wahrnehmung genutzt werden.

Wahrnehmung wird in dieser Argumentationsrichtung als ein Prozess der Informationsaufnahme aus Umwelt- und Körperreizen und der Weiterleitung, Koordination und Verarbeitung dieser Reize im Gehirn definiert (Zimmer 1996, 31). Die Grundlage der Wahrnehmungsentwicklung bilden zunächst die taktilen, kinästhetischen und die vestibulären Erfahrungen, auf denen alle weiteren aufbauen. Durch die Wahrnehmung entwickelt das Individuum eine subjektive Vorstellung von der Umwelt, die von eigenen Eindrücken und Erlebnissen abhängig ist. In der Regel folgen dem Wahrnehmungsprozess Reaktionen in der Motorik oder im Verhalten des Menschen. Die Wahrnehmung ist aus dieser Perspektive deshalb so wichtig, weil sie eine notwendige Voraussetzung für Alltagshandlungen darstellt.

„Durch das Wahrnehmen als einen aktiven Verarbeitungsprozess lernt das Kind, Sinnesreize aus seiner Umwelt zu differenzieren und je nach Handlungsabsicht wichtige Informationen von unwichtigen zu unterscheiden. Diese Selektion führt zu einer erstrebenswerten subjektiven Wahrnehmung und Interpretation von Gegenständen und Ereignissen. Durch ein optimales Wahrnehmungsvermögen gelingt es dem Kind, seine Umwelt zu erfassen und interessen- und bedürfnisgerecht zu kommunizieren und zu handeln“ (Pettenpaul 2000, 5).

Wahrnehmung und Bewegung bilden also eine untrennbare Einheit. So ist einerseits ohne Wahrnehmung keine Bewegungshandlung möglich, andererseits erfolgt die Förderung der Wahrnehmung in besonderer Weise über und durch Bewegung. In ihrer Verbindung dienen Wahrnehmung und Bewegung dem Kind, sich seine Umwelt anzueignen und auf sie einzuwirken. Werden angemessene Umweltanforderungen bereitgestellt, dann wird, so die Argumentation, umgekehrt auch die Entwicklung von Wahrnehmung und Bewegung gefördert (vgl. Zimmer 1996, 48).

In der Argumentation für eine „Bewegte Schule“ wird dabei vor allem ins Feld geführt, dass Wahrnehmung um so vielfältiger und intensiver geschult würde, je vielfältiger und abwechslungsreicher die Bewegungsmöglichkeiten für Kinder sind (vgl. Günzel 1997, 10). Zwar sei, so Günzel (1997, 10), zur Zeit des Schuleintritts die Integration und die Differenzierung der einzelnen Wahrnehmungsbereiche schon sehr weit fortgeschritten, die Sinnestätigkeit der Kinder funktioniere aber vor allem in komplexen Situationen noch nicht immer reibungslos. Darüber hinaus sei zu berücksichtigen, dass – aufgrund ihrer unterschiedlichen Körper- und Bewegungskarrieren – die Schüler über unterschiedliche Ausgangsniveaus verfügen. Die Analysen Zimmers (1996, 159) stützen diese These. So bleiben Wahrnehmungsstörungen bei manchen Kindern lange Zeit unerkannt, mit für die spätere Entwicklung gravierenden Folgen.

„Bereits Teilstörungen der Wahrnehmungsfähigkeit wirken sich bei Kindern auf ihre gesamte Fähigkeit aus, Anforderungen aus der Umwelt gerecht zu werden. Sie behindern die Lern- und Anpassungsfähigkeit, die kindlichen Gedächtnisleistungen sind häufig eingeschränkt, und demzufolge können sich Wahrnehmungsstörungen gerade bei schulischen Anforderungen auch häufig zu Lernstörungen ausweiten" (Zimmer 1996, 159).

Eine angemessene Förderung solcher Kinder durch geeignete Bewegungsformen ist vor diesem Hintergrund die effektivste Möglichkeit, bestehende Beeinträchtigungen abzumildern. Denn wird die für schulische Zusammenhänge relevante Wahrnehmung mit Bewegung gekoppelt, dann stehen dem Kind – bei einer über die üblichen akustischen und optischen Analysatoren hinausgehende Nutzung des „Bewegungssinns" im Lernprozess – zusätzliche Informationen zur Verfügung und das Kind lernt „ganzheitlicher" (vgl. Müller 1999, 20). Diese „neurophysiologische" Argumentation wird durch die These unterstützt, dass bei bewegungseinschränkenden Tätigkeiten, also bei zu langem ruhigen Sitzen, eine Parasympathikusaktivierung stattfindet, die unweigerlich Ermüdung und Konzentrationsschwierigkeiten mit sich bringt (vgl. Müller 1999, 21).

Eher motivationstheoretisch akzentuiert argumentieren an verschiedenen Stellen ihrer Arbeiten Pühse (1995, 418) und die Regensburger Projektgruppe (1999, 4-5), denen zufolge u.a. die positive Beeinflussung der Lernmotivation durch Bewegung, sowie die dadurch ermöglichte kindgerechtere Gestaltung des Lernklimas und der Lernatmosphäre für ein „Bewegtes Lernen" spricht (vgl. Pühse 1995, 418; Regensburger Projektgruppe 1999, 4-5). Pühse (1995, 418) nennt in diesem Zusammenhang beispielhaft den handlungsorientierten Unterricht, bei dem der Lerngegenstand in unmittelbarer Beziehung zur Um- und Mitwelt der Schüler stehen, was diesen den Sinn ihres Tuns näher bringen kann.

Indirekt bemühen schließlich auch die Begründungen, die Bewegung eine spannungs- und aggressionsabbauenden Wirkung zuschreiben, das Argument der Lernförderung durch Bewegung. So gewinnen diese Begründungen vor allem deshalb an Bedeutung, weil von Lehrkräften vermehrt erhebliche Bewegungsunruhen bei Kindern beobachtet werden, die bei einzelnen Kindern zu aggressiven Ausbrüchen führen (vgl. Kolb 1995, 61). Die Ursache für diese zunehmend festgestellten Aggressionen von Kindern und Jugendlichen wird, insbesondere in Bezug auf die Schule, eben auf die Einschränkungen der traditionellen „Sitzschule" zurückgeführt, durch die sowohl der kindliche Bewegungsdrang als auch die Entfaltungs-, und Explorationsmöglichkeiten der Kinder eingeschränkt werden. Im schulischen Alltag zeigen sich die Folgen darin, dass Kinder zunehmend unfähig sind, zur Ruhe zu kommen, sich zu sammeln und die Konzentration eine längere Zeit auf das Unterrichtsgeschehen zu lenken (vgl. Kolb 1995, 61). Bewegung soll hier, und zwar sowohl in Form von aktivem Bewegen als auch in Form „innerer Bewegung“, Möglichkeiten zum Abschalten bieten, um daraus neue Kraft für die Bewältigung schulischer Anforderungen zu schöpfen[10].

Neben den genannten „Lernargumenten“ finden sich aus psychologischer Perspektive außerdem Begründungen, die sich als geradezu „klassisch“ entwicklungspsychologische Argumente bezeichnen lassen. Deren theoretischer Hintergrund bilden in der Regel Erkenntnisse von „Klassikern“ der psychologischen Entwicklungstheorie, wie Piaget, Bettelheim und Spitz (vgl. z.B. Hildebrandt-Stramann 1999, 13), aber auch von neueren einflussreichen Autorinnen, wie der Psychologin Ayres (1984) oder der Sportwissenschaftlerin Zimmer (1996). Kinder, so die theoretische Hintergrundannahme, gewinnen grundlegende Erfahrungen von der und über die Welt vorwiegend durch eine aktive Auseinandersetzung mit ihrer Umwelt. Dabei nimmt das Kind die Umwelt weniger mit seinen geistigen Fähigkeiten, sondern vielmehr über seine Sinne, seinen Körper und seine Bewegungstätigkeit wahr.

„Durch das Spiel erhält das Kind Sinneseindrücke, (...) die erforderlich sind, um die motorische und psychische Reifung in Gang zu setzen. Das Erlebnis der Sinnesreize ist dabei dasjenige, was ihm Spaß macht. Rennen, Sichdrehen, Beugen, etwas anfassen, etwas ziehen oder schieben, Rollen, Klettern, Springen und ähnliche Tätigkeiten erzeugen viele Sinneseindrücke vom Gleichgewichtssystem, von der Eigenwahrnehmung und dem Tastsinn. Einer der Gründe, warum Kinder spielen, ist das Bedürfnis nach diesen Sinnesreizen. Sie brauchen davon eine Menge, wenn sie jung sind. (...). Je mehr das Kind entdeckt, und zwar sowohl an sich selbst und seinen eigenen Möglichkeiten, als auch in seiner Umgebung, desto mehr werden die Sinnesorgane angesprochen, und desto komplexer sind die dadurch ausgelösten Anpassungsreaktionen. Je abwechslungsreicher es sein Spiel gestalten kann, desto mehr fördert es seine eigene Entwicklung“ (Ayres 1984, 292).

Geht man von diesen Annahmen aus, dann kann Bewegung in der Schule die Selbsterfahrung verbessern. Bewegung ermöglicht den Kindern, so wird argumentiert, ihren Körper und damit sich selbst kennen zu lernen, aber auch positive und negative Gefühle zu empfinden und auszudrücken (vgl. Kuhn 1997, 150). Kinder erhalten mittels der Bewegungshandlung eine direkte Rückmeldung über ihr Können und da-

---

[10] Kössler (1999, 87) verweist in diesem Zusammenhang auf Untersuchungen von Wasmund-Bodenstedt (1984), Gaschler (1990) und Kahl (1990), die bei einer Bewegungsförderung in der Schule neben positiven Effekten emotionaler Befindlichkeiten und Verhaltenskomponenten auch einen deutlichen Abbau der Aggressionen bei Schülern feststellen konnten.

durch ein Bild von ihren eigenen Fähigkeiten, was eine wichtige Voraussetzung sei, um Selbstvertrauen zu entwickeln (vgl. Heiny 1997, 48; Pettenpaul 2000, 5).
Diese entwicklungspsychologisch akzentuierte „Selbsterfahrungsargumentation" lässt sich mit Zimmer (1996, 96) schlagwortartig zusammenfassen (vgl. auch Müller 1999, 23; Kuhn 1997, 149; Müller/Volkmer 1996, 119):

- Bewegung regt das emotionale Erleben an
- Bewegung ermöglicht den Aufbau von sozialen Beziehungen und die Vertiefung von bestehenden Beziehungen
- durch Bewegung nehmen Kinder differenzierter wahr
- Bewegung ermöglicht vielfältige Erfahrungen
- Bewegung ist die Voraussetzung für eine gesunde körperliche Entwicklung
- Bewegung unterstützt den Aufbau eines positiven Selbstkonzeptes und Selbstwertgefühls
- Bewegung kann sich insbesondere auf das aktuelle Wohlbefinden positiv auswirken

### *2.1.2 Anthropologische Perspektive*

Innerhalb der Sportpädagogik ist die anthropologisch-pädagogische Argumentation im Grunde der Klassiker. Einer so genannten Ganzheitlichkeit wird in dieser Perspektive noch stärkere Bedeutung zugemessen als in den vorangegangenen Argumentationen. Entsprechend finden sich hier eine ganze Reihe an Überschneidungen zu den bereits diskutierten Begründungsmustern.
Die anthropologische Argumentation geht von der Vorstellung aus, dass Kinder nicht nur Schulwissen, sondern Erfahrungen aus dem eigenen Tätigsein brauchen. Aus der anthropologischen Sichtweise wird die kindliche Bewegung als ein fundamentales Medium zur Auseinandersetzung mit der sozialen und materialen Welt gesehen (vgl. Faust-Siehl 1996, 96). Kinder begegnen ihrer Lebensumwelt mit Neugierde, wollen sie aktiv erobern, entdecken und erkunden. Dies geschieht, indem sie durch Bewegung Gegenstände befühlen, greifen, beriechen und erschmecken etc. Durch diese sinnlichen Erfahrungen verschaffen sie sich „Bilder" von der Welt. „Sie begreifen, dass dieses oder jenes Ding ein Gegenstand mit bestimmten Eigenschaften und Gesetzmäßigkeiten ist, das Spuren in der Emotionalität, im Wissen und Denken und in der Motorik hinterlässt" (Hildebrandt 1996, 509). Diese Erfahrungen sind begleitet „von vielen kinästhetischen Sensationen: Schwere und Leichtigkeit, Geschwindigkeit und Rhythmus, Zusammenspiel äußerer und innerer Kräfte, Wechsel der körperlichen Lage in Raum und Zeit" (Hildebrandt-Stramann, 1999, 13).
Bewegungen vermitteln also Erfahrungen in mindestens drei Bereichen (vgl. Laging 1993, 13; Hildebrandt 1996, 510):

| | | |
|---|---|---|
| ***1. Materialerfahrung:*** Durch Erkunden und Gestalten mittels Bewegung wird eine *Materialerfahrung* der Umwelt ermöglicht. | ***2. Sozialerfahrungen:*** Durch den Umgang mit anderen Menschen in Bewegungssituationen in Form von Verständigen und Vergleichen werden *Sozialerfahrungen* ermöglicht. | ***3. Körpererfahrung:*** Durch Ausdrücken, Anstrengen und Spüren wird durch die direkte Auseinandersetzung mit dem eigenen Körper *Körpererfahrung* mittels Bewegung ermöglicht. |

*Abb. 1: Erfahrungen, die Bewegung ermöglicht*

Geht man von diesen Überlegungen aus, dann sind die anthropologisch basierten Forderungen an die Schule so zu verstehen, dass diese der Bewegung als Grundbedürfnis der kindlichen Entwicklung Rechnung zu tragen hat, indem sie den Kindern einen bedürfnisorientierten Spiel- und Bewegungsraum bietet, der ihnen solche Erfahrungen zuteil werden lässt (vgl. Hildebrandt-Stramann 1999, 14). Der Unterricht muss also, so Hildebrandt-Stramann (1999, 15), „bei den weltoffenen, lernfähigen Sinnen der Kinder ansetzen (...) und auf deren Grundlage erst zu bild- und symbolhaften Lernformen übergehen (...)“. Eine „Bewegte Schule“ kann aus Sicht der Autoren eben solche dem Kind Gelegenheiten der Selbst- und Welterfahrung primär über dessen leiblich-sinnlich-praktische Auseinandersetzung mit der Umwelt bieten (vgl. Laging 1993, 13).

Die anthropologischen Begründungsmuster zusammenfassend lassen sich folgende Argumente für eine Bewegte Schule festhalten (vgl. Kössler 1999, 84):

- Durch Bewegungsformen wie z.B. Laufen, Springen etc. erschließen Kinder die Welt und erweitern dadurch ihren Lebensraum. Bewegung hat also eine instrumentelle Funktion.
- Durch Bewegung lernen Kinder ihren eigenen Körper kennen und entwickeln ein Bild von sich selbst. Bewegung hat also eine personale Funktion.
- Durch Bewegung erkunden Kinder die vorgefundene Umwelt. Bewegung hat also eine explorative Funktion.
- Bewegung ermöglicht den Kindern, die Umwelt entsprechend den eigenen Bedürfnissen zu gestalten. Bewegung hat also eine produktive Funktion.
- Durch Bewegung können sich Kinder mit anderen vergleichen. Bewegung hat also eine komparative Funktion.
- Über Bewegung können Kinder sich ausdrücken und Empfindungen zeigen. Bewegung hat also eine expressive Funktion.
- Durch Bewegung können nachhaltige (Bewegungs-) Erfahrungen gemacht werden. Bewegung hat also eine impressive Funktion.

- Durch Bewegung werden im Körper positive physiologische Prozesse angeregt. Bewegung hat also eine adaptive Funktion.
- Bewegung ermöglicht den Kindern die Auseinandersetzung mit ihrer personalen Umwelt durch Verständigung. Bewegung hat also kommunikative Bedeutung.

### *2.1.3 Sozialökologische Perspektive*

In der sozialökologischen Betrachtungsweise wird die Lebens- und Bewegungswelt von Kindern in der heutigen Gesellschaft thematisiert, die nach Ansicht der meisten Autoren infolge zunehmender Technisierung, Technologisierung und Automatisierung einem starken Wandel unterworfen ist. Vor allem zwei Mangeldiagnosen kennzeichnen dabei die sozialökologischen Gesellschaftsbeschreibungen der (vor allem sportpädagogischen) Analytiker. Zum einen wird festgestellt, dass die Kinder in eine durch Technisierung und Automatisierung der Gesellschaft bedingte Immobilität hinein sozialisiert werden (vgl. Pühse 1995, 417). Zum anderen wird beklagt, dass den Kindern immer weniger Bewegungsräume zur Verfügung stehen, in denen die für eine optimale Entwicklung notwendigen Erfahrungen gesammelt werden und in der sie ihren natürlichen Bewegungstrieb ausleben können (vgl. Balz 1992, 22). Ein zentrales Argument dieser These ist, dass Kinder – wie es Hildebrandt formuliert – heute tendenziell unter Lebensbedingungen aufwachsen, „die durch Zerstückelung und Funktionalisierung der Lebensräume, durch Ausdünnung sozialer Erfahrungsgehalte der kindlichen Außenräume und durch fremdorganisierte Angebote charakterisiert sind.“ (Hildebrandt 1998, 93). Diese Lebensbedingungen stehen nach Ansicht der Autoren jedoch im Widerspruch zu solchen, die aus sozialökologischer Sicht zur Förderung kindlicher Entwicklungsverläufe notwendig sind. Die daraus resultierenden Folgen seien vielschichtig: Kinder verarmen in ihren Bewegungserfahrungen, wichtige soziale Erfahrungen, die durch Bewegung, Spiel und Sport gemacht werden, bleiben begrenzt und phantasievolles, kreatives Spielen wird zunehmend weniger erlernt (vgl. Kottmann/Küpper/Pack 1997, 13).

Folgt man der sozialökologischen Argumentationslinie, dann hat die Schule als Bildungsinstitution, den Entwicklungen der heutigen Gesellschaft Rechnung zu tragen, indem sie den negativen Entwicklungen mit geeigneten Mitteln entgegenwirkt. Eine zentrale Forderung ist dabei zunächst ganz allgemein die nach einer Vernetzung der für die kindliche Entwicklung relevanten räumlichen und sozialen Bereiche sowie beteiligten Personen (Hildebrandt-Stramann 1999; Hinsching/Laging 1997). Speziell im Hinblick auf die Schule wird aus sozialökologischer Perspektive gefordert, diese müsse Gegenstrategien entwickeln, um die defizitäre Lebenssituation der Kinder und Jugendlichen zu verändern. Dies könnte Dienert (1995, 34) zufolge z.B. die be-

dürfnisorientierte Ermöglichung von originären Bewegungen sein, die Kindern ganzheitliche, lebensnahe, kindgemäße, individuelle, variable und vielfältige Erfahrungen verschaffen, bei denen die übliche Trennung von Leben und Lernen, Denken und Handeln aufgehoben ist. Bewegungsanlässe in der Schule bieten nach Ansicht verschiedener Autoren zudem vielfältige Formen des sozialen Miteinanders, die es den Kindern ermöglichen, zu anderen Personen Kontakt aufzunehmen, sich auszutauschen und zu verständigen, um entsprechende Kompetenzen zu entwickeln (vgl. Heiny 1997, 48).
Die sozialökologischen Argumente zusammenfassend soll eine „Bewegte Schule“ vor allem Interventionsmaßnahmen gegen Defizite der heutigen Lebenssituation bereitstellen. Die Schule wird hierfür als geradezu ideal angesehen, da sie als zentraler Lebensort Angebote und Gelegenheiten zum ganzheitlichen Erfahrungserwerb anbietet, die im Alltag nicht mehr möglich sind (vgl. Regensburger Projektgruppe 1999, 5). In diesem Sinne könnte die Schule als Partner bei der Gestaltung des sozialen Lebens fungieren (vgl. Hildebrandt 1999, 17).

## 2.2 Medizinisch-gesundheitswissenschaftliche Begründungsmuster

Die medizinisch-gesundheitswissenschaftlichen Begründungsmuster für eine „Bewegte Schule“ basieren vor allem auf Defizitanalysen. Diese werden genutzt, um von der Institution Schule zu fordern, diese Mängel kompensatorisch zu beheben, bzw. ihnen präventiv vorzubeugen (vgl. Dannenmann 1997, 24). Inhaltlich lassen sich dabei eine medizinisch-orthopädische Perspektive, eine Perspektive der Unfallsverhütung und Sicherheitserziehung sowie eine gesundheitserzieherische Perspektive unterscheiden.

### *2.2.1 Medizinisch-orthopädische Perspektive*

Die medizinisch-orthopädische Argumentationslinie bezieht sich vor allem auf die Feststellung einer Zunahme so genannter „Zivilisationskrankheiten und -beschwerden“ bei Kindern, wie Herz-Kreislauf-Beschwerden, Koordinationsmängel, Adipositas sowie vor allem Haltungsschwächen und Rückenbeschwerden (vgl. Balz 1992; Illi, 1995; Breithecker, 1996; Hundeloh, 1995). Die dabei zugrunde liegende Argumentation unterscheidet sich nur wenig von den beschriebenen sozialökologischen Mängeldiagnosen und lässt sich als Szenario der „Krise kindlicher Lebenswelt“ verstehen. So führen sozialökologische Ursachen, wie z.B. restriktive Wohnverhältnisse, anregungsarme Spielplätze, zunehmende Motorisierung, die konsumorientierte

Freizeitgestaltung mit elektronischen Medien und mangelnde familiäre Anregungen (vgl. Hundeloh 1995, 8), sowie eine wachsende geistige Beanspruchung und zunehmende soziale Isolation der Kinder dieser Argumentationslinie zufolge dazu, dass „die körperliche Bewegung zugunsten abstrahierter und digitalisierter Inanspruchnahme – welche ausschließlich sitzend erledigt werden – aus dem Alltag herausgedrängt“ (Breithecker 1996, 5) wird. Daraus soll insbesondere eine Überbeanspruchung der Wirbelsäule resultieren, die bei ruhigem, monotonem Sitzen, das in der Schule oftmals als Ausdruck von Aufmerksamkeit und geistiger Konzentration gilt, um ein Drittel höher belastet wird, als im Stehen und in der Bewegung. „Sie wird weniger bewegt, weil die rhythmische Gleichgewichtsverlagerung und das typische Beckenkreisen, ausgelöst durch das Gehen, wegfallen. Dadurch fehlen die Reize für die Muskulatur, durch ein immer wiederkehrendes Sich-anpassen an die Schwerkraftwirkungen wach und aktiv zu sein. Auch werden die Bandscheiben durch eine statische Beanspruchung weniger gut versorgt. Ständig gleichbleibender Druck unterbindet den für die Bandscheibenernährung unentbehrlichen Pumpmechanismus“ (Gamp/Illi 1995, 146).
Kinder seien von dieser Problematik weitaus mehr betroffen als Erwachsene, weil stundenlanges Sitzen sie zu einem Zeitpunkt trifft, zu dem „der altersspezifische Bewegungsdrang im Wachstumsprozess für eine gesunde Ausreifung des Bewegungsapparates und des ganzen Organismus von entscheidender Bedeutung wäre. Die wachsende Wirbelsäule reagiert empfindlich auf (...) unphysiologische Belastungen, aber auch auf Überlastungen. Haltungs- und Bewegungsschwächen sind gravierende Folgen dieser Zivilisationserscheinung“ (Gamp/Illi 1995, 145).

Nach Illi (1995, 404) reichen die gesetzlich verankerten drei Sportstunden wöchentlich nicht aus, um diesen Beschwerden effektiv entgegenzuwirken. Die angemessene Lösung dieser Problematik sei ein „Bewegter Unterricht“, in dem in Form „mehrdimensionaler Maßnahmen, Alternativen zum bewegungsarmen und gesundheitsgefährdenden Unterricht geboten werden. Dabei dürfe es, so Illi (1995, 413), nicht nur um die Veränderung der Verhältnisse gehen (z.B. durch ergonomisches Mobiliar dem Sitzen als Belastung entgegenzuwirken), sondern es müsse ebenso eine Veränderung des Verhaltens im Sinne einer präventiven Einflussnahme ins Auge gefasst werden.
„Eine Schule, die nicht selbst noch zu einer Zunahme der Bewegungsmangelerscheinungen beitragen will, muss von der ersten Klasse an den Kindern ein körpergerechtes Verhalten und eine allgemeine Körperausbildung ermöglichen. Dazu gehört zum Beispiel, dass Lernen in der Schule nicht nur im Stillsitzen, sondern auch

in wechselnden Körperhaltungen und in einem sinnvollen Wechsel zwischen Anspannung und Entspannung stattfindet. Darüber hinaus müssen in den entscheidenden Entwicklungsjahren die körperlichen Voraussetzungen für die muskuläre Stabilisierung des Haltungs- und Bewegungsapparates als Möglichkeit der freien Bewegung im umgebenden Raum trainiert werden“ (Kössler 1999, 78).

### *2.2.2 Perspektive der Unfallsverhütung und Sicherheitserziehung*

Mit dem Argument der Unfallverhütung durch Bewegung in Form von Spiel und Sport wird im Grunde eine klar präventive Perspektive eingenommen. Bewegung wird als ein „psychomotorisches Sicherheitstraining“ (Hundeloh 1995, 8) verstanden, in welchem Schüler aufgrund vielfältiger Bewegungserfahrungen eine sicherheitsbezogene Sachkompetenz, Selbstkompetenz und Sozialkompetenz erwerben. Dabei wird davon ausgegangen, dass Kinder ohne ausreichende Bewegungserfahrungen keine Strategien besitzen, um sich in Alltags- oder Bewegungssituationen richtig zu verhalten. Ihnen fehlt die Möglichkeit, aus einem vertrauten Bewegungspotential zu schöpfen und dies auf die neue Situation zu übertragen (vgl. Pettenpaul 2000, 10). Entsprechend wird angenommen, dass vielfältige Bewegungsaktivitäten die Verbesserung von motorischen Fähigkeiten und Fertigkeiten fördern, indem sie erstens zu einer Bewegungssicherheit führen, die in unfallträchtigen Alltagssituationen einen aktiven Sicherheitsfaktor darstellt, zweitens partnerschaftliches und soziales Handeln vermitteln, die sicherheitsbewusstes Verhalten, Rücksichtnahme und die Einhaltung bestimmter Regeln garantieren, sowie drittens Selbstkompetenz ausbilden, die vor allem eine angemessene Einschätzung des eigenen Körpers und dessen Grenzen beinhaltet (vgl. Hundeloh 1995, 8).

Neben dieser eher langfristig orientierten Vermittlung eines Sicherheitsbewusstseins bei Schülern wird von einer entsprechenden Bewegungsschulung außerdem erwartet, das Unfallgeschehen an der Schule auch kurzfristig positiv beeinflussen zu können (vgl. Regensburger Projektgruppe 1999, 4).

„Die hohe Zahl der Unfälle in den Pausen veranlasst viele Schulleiterinnen und Schulleiter, das Spielen und Toben ganz zu verbieten. Eine Maßnahme, die in der Regel das Unfallgeschehen nicht positiv beeinflusst, sondern eher kontraproduktiv wirkt. Aufgrund der vorliegenden Erkenntnisse und bisherigen Erfahrungen ist vielmehr die Annahme berechtigt, dass das Unfallgeschehen in den (...) Pausen vornehmlich durch Bewegungsangebote in einem strukturierten Pausengelände, verbunden mit einem „Bewegten Unterricht“ deutlich reduziert werden kann“ (Hundeloh 1995, 9).

### *2.2.3 Gesundheitserzieherische Perspektive*

Mit der gesundheitserzieherischen Argumentationslinie wird ein in der Schuldiskussion bereits etabliertes Begründungsmuster für eine Integration von mehr Bewegung in die Schule bemüht. Schule soll aus dieser Perspektive zu einem Ort werden, an dem Gesundheit im Sinne der World-Health-Organisation (WHO) als ein Zustand des physischen, psychischen und sozialen Wohlbefindens verstanden wird (vgl. Hildebrandt-Stramann 1999, 23). Dabei soll eine „Bewegte Schule“ die Schüler vor allem dazu befähigen, gesunde Lebensgewohnheiten auszubilden, die sich insbesondere am Bewegungsverhalten, im sozialen Verhalten und im erfolgreichen Umgang mit psychischen Belastungen zeigen sollen (Klupsch-Sahlmann 1995, 17). Hildebrandt-Stramann geht sogar noch darüber hinaus: „Wollte die Schule körperliches, psychisches und soziales Wohlbefinden erfahren und erleben lassen und nicht nur abstrakt darüber belehren, dann müsste sie dies in ihrer Kultur abbilden: in ihren Methoden, in ihrer Architektur und Ausstattung, in ihren Regelsystemen (...). Eine bewegte Schule, die auch den Anspruch erhebt, eine gesunde Schule zu sein, bemüht sich um solche Konkretisierung“ (1999, 24).

Im Mittelpunkt der Argumentation von Hildebrandt-Stramann steht die Forderung nach einer Entwicklung eines Gesundheitsverständnisses, das die Gesundheit und die Suche nach Schutzfaktoren in das Zentrum des Interesses stellt. Den theoretischen Hintergrund dieser Forderung bildet das Salutogenesemodell von Antonovski. Bei diesem Modell wird im Gegensatz zur traditionellen Medizin nicht von einem Dichotom Gesundheits-Krankheitsverständnis ausgegangen (gesund oder krank), sondern von einem bipolaren Kontinuum, an dessen Enden „Gesundheit“ und „Krankheit“ stehen. Die individuelle Platzierung auf diesem Kontinuum, d.h. ob man mehr gesund oder mehr krank ist, kann als Resultat des Spannungsverhältnisses zwischen Stressoren und Ressourcen verstanden werden (vgl. Faltermaier 1994, 104).

Der ressourcenorientierten Sichtweise entsprechend kommt es bei einem salutogenetischen, ganzheitlichen Gesundheitsverständnis nicht darauf an „krankmachende Faktoren zu bekämpfen, indem man mit Schülern Übungen von Rückenschule oder Fitness- bzw. Ernährungsprogrammen bewältigt. Eine gesunde Schule folgt dem salutogenetischen Denkansatz, bei dem es darauf ankommt, gesundheitsfördernde Faktoren zu stärken“ (Hildebrandt-Stramann 1999, 25).[11]

---

[11] Diese Schutzfaktoren können sich zum einen individuumszentriert, im Sinne personaler Ressourcen, aber auch umweltzentriert, im Sinne ökologischer Ressourcen, auf die Gesundheit des Individuums auswirken. Zu den personellen Ressourcen zählen nach Brodtmann (1996, 7) u.a. das Beherrschen von Stressbewältigungsstrategien (wie z.B. Autogenes Training), ein intaktes Immunsystem und

Eine gesunde Schule muss nach Hildebrandt-Stramann vor dem Hintergrund der Forderung nach einer Stärkung gesundheitsprotektiver Ressourcen den „vitalen Bedürfnissen von Kindern ausreichend Rechnung (tragen), so dass diese vielfältige Körper-, Sozial-, und Materialerfahrungen machen können. Hierzu ist es notwendig, dass sie ausreichend Bewegungsraum haben" (1999, 28).
Brodtmann (1996, 10) ergänzt diese Forderung mit dem Hinweis, dass es nicht nur alleine darum geht, Körper zu bewegen, sondern vielmehr darum, sie zu aktivieren, und dies in einer solchen Weise, dass sie sich aus eigenem Antrieb bewegen.

## 2.3 Schulprogrammatische Begründungsmuster

Die schulprogrammatischen Begründungsmuster schließen an die in den vorangegangenen Kapiteln genannten an. Der Fokus liegt dabei allerdings vor allem auf pädagogischen Forderungen, die an die Schule als Institution gestellt werden. Dabei lässt sich zwischen der Forderung nach einem Lebens-, Lern- und Erfahrungsraum, der u.a. auch Kompensationsfunktionen übernehmen sollte, sowie nach Garantierung der mit Bewegung verbundenen kulturellen Implikationen unterscheiden.

### *2.3.1 Schule als Lebens-, Lern- und Erfahrungsraum*

Die Forderung an die Institution Schule, den Schülern neben der Unterrichtsstätte auch ein Lebens-, Lern-, und Erfahrungsraum zu sein, basiert auf der pädagogischen Konzeption der Orientierung am Kinde (vgl. Bründel/Hurrelmann 1996, 178). In dieser pädagogischen Auffassung wird Schule als ein Lebens-, Lern- und Erfahrungsort von Kindern und den sie begleitenden Erwachsenen verstanden, in dem die Kinder so angenommen werden sollen, wie sie sind und ihre Förderung so individuell wie nötig und so ganzheitlich wie möglich, entsprechend ihrer Möglichkeiten vollzogen wird (vgl. Hildebrandt 1998, 89).

---

wichtige gesundheitliche Kenntnisse. Zu den ökologischen Ressourcen zählt Hildebrandt-Stramann (1999, 26) im Zusammenhang mit dem „Lebensraum Schule" die Verbesserung der schulischen Lebensverhältnisse, indem z.B. mit den Schülern gemeinsam über gesundheitsgerechte Lebensbedingungen in und außerhalb der Schule nachgedacht wird und Kompetenzen für ein aktives Eintreten zur Veränderung der vorhandenen Verhältnisse entwickelt werden. Solche Widerstandsressourcen zu besitzen, reicht nach Brodtmann allein aber nicht aus. „Entscheidend ist letztendlich, ob ein Mensch auch bereit ist, seine Ressourcen für das Ausbalancieren von gesundheitsbedrohenden Belastungen zu mobilisieren" (ebd. 1996, 7), was letztendlich stark von dem Kohärenzsinn, der Gewissheit des Individuums über die Sinnhaftigkeit des eigenen Lebens und Tuns sowie der Überzeugung, dass das eigene Leben und die zu bewältigenden Aufgaben sinnvoll sind und es lohnend ist, sich dafür zu engagieren, abhängt.

Das Argument, Schule müsse ein Lebensraum sein, bezieht sich meist auf von Hentig, der die Auffassung vertritt, dass Schule längst kein Aufenthaltsort mehr, sondern vielmehr ein Lebensort für Kinder und Jugendliche geworden ist, in dem man nicht nur leben, sondern auch Lebenserfahrungen machen können muss (vgl. Hinsching/Laging 1997, 156).
Mit der Forderung nach schulischem Lebensraum werden Erziehungsvorstellungen formuliert, denen zufolge das Individuum in der Schule dazu befähigt werden soll, „in selbsttätigem Umgang mit sich, mit anderen Personen und Dingen Erfahrungen zu ermöglichen, die Chancen zur Selbst- und Welterfahrung eröffnen“ (Hildebrandt 1998, 91). Dabei ist zu garantieren, dass die Schule den Kindern einen Raum bietet, in dem sie sich wohl fühlen und in dem sie in einer freien und befreienden Atmosphäre arbeiten, lernen, leben und spielen können (Breithecker 1995, 157). Dieses Argumentationsmuster lässt sich durch das häufig verwendete Kompensationsargument ergänzen. Schule soll als Kompensationsinstanz der defizitären sozialökologischen Bedingungen der heutigen Gesellschaft und der daraus resultierenden Folgen für die kindliche Entwicklung wirken, indem sie die Bedingungen für eine Kompensation der erworbenen Defizite bereitstellt.
„Gerade weil Kinder keine ausreichenden kindgemäßen physischen Umgebungsbedingungen in ihrer Lebenswelt mehr antreffen und so ihre bewegungsmäßige Beziehung sehr restringiert ausformen, ist auch die Institution Schule verstärkt gefordert, neben dem klassischen Sportunterricht auch in den kognitiven Lernfächern Bewegung so oft wie möglich zu arrangieren“ (Breithecker 1995, 153).

Der Gedanke einer Schule, die einen angemessenen Lebensraum für Schüler bietet, geht mit der Forderung nach einer institutionellen Öffnung der Schule noch über die klassisch schulbezogenen Zuständigkeitsbereiche hinaus. „Durch Öffnung von Schule erfahren Kinder ihre soziale Umgebung und lernen, sich mit ihrer Wirklichkeit auseinanderzusetzen. Eltern, Handwerksbetriebe, soziale Einrichtungen und Verwaltungen bieten ein großes Potential an Expertenwissen an und können, wenn Schule auf sie zurückgreift, Kindern helfen, sich ihre Wirklichkeit zu erschließen“ (Bründel/Hurrelmann 1996, 174). Öffnung der Schule ist hier nicht im Sinne einer Ausweitung auf nichtschulische Lebensräume zu verstehen, sondern vielmehr als eine Optimierung des Verhältnisses von Schule zu anderen Institutionen und Organisationen, insbesondere in der Nähe des Schulumfeldes, sowie ihrer Beziehung zur Lebenswelt und Lebenspraxis (vgl. Hildebrandt 1998, 94).
Diesem Gedanken folgend soll eine „Bewegte Schule“ Schülern den Übergang in außerschulische, soziale Lebensvollzüge erleichtern und eine Verbindung zwischen

Lernen und sozialer Wirklichkeit herstellen. Die Schule wird in diesem Zusammenhang als Partner bei der Gestaltung des sozialen Lebens und zugleich als ein Ort der Kooperation und Begegnung verstanden, der Schüler zum Zwecke der Teilhabe am sozialen Leben in ein Netzwerk von außerschulischen Lernorten einbindet (vgl. Hildebrandt 1998, 94). Die Vernetzung des schulischen und außerschulischen Lebensbereiches soll dabei durch die Anbindung der Schule an das Schulumfeld, durch die Kooperation mit Institutionen und Organisationen des Ortsteils verwirklicht werden, so dass ein enger Bezug zur Lebenswelt und Lebenspraxis erstellt wird.

Die Institution Schule soll aber nicht nur Lebensraum, sondern ihrer zentralen Funktion zufolge auch Lernraum sein. Dieses Argument wird z.T. mit dem Lebensraumargument gekoppelt. So beschreibt Klupsch-Sahlmann (1999, 11) Schule in seinem Modell der „Bewegten Schule“ als ein Haus des Lernens, in dem den Bedingungen des kindlichen Lernens und Lebens Rechnung getragen werden soll. Schule soll dabei dem Lern- und Lebensrhythmus der Schüler während des schulischen Vormittags entsprechen und darüber hinaus zum anderen eine von den Schülern mit entwickeltes schützendes „Dach“ bieten, indem die Gestaltung des Schullebens im Schulprogramm, das die schützenden „Außenmauern“ des Hauses des Lernens darstellt, verankert wird.
Expliziter wird die Forderung nach einer effizienten Bereitstellung angemessener Lernbedingungen bei Hildebrandt-Stramann (1999, 22) geäußert, der eine Schule fordert, welche die Bedürfnisse der Kinder nach ganzheitlichen, lebensnahen, kindgemäßen, individuellen, variablen und vielfältigen Erfahrungen ernst nimmt. Eine zentrale Bedeutung nimmt hierbei der Begriff des „praktischen Lernens“ ein, das eine ganzheitliche Entwicklungsförderung der Kinder garantieren soll. Das auf die Pädagogen Fauser/Flintner/Liebau zurückgehende Lernkonzept des „Praktischen Lernens“ ist zum einen geprägt durch den Grundgedanken der Wiederherstellung einer anthropologischen Balance durch die Schule, zum anderen durch die sozialökologische Öffnung der Schule. In dem Grundgedanken der Wiederherstellung einer anthropologischen Balance durch die Schule wird davon ausgegangen, dass Kinder nicht nur Schulwissen, sondern auch Erfahrungen aus dem eigenen Tätigsein brauchen. Kinder lernen und erfahren in großem Maß durch praktisches, spontanes Ausprobieren und Handeln. Handlungsorientiertes Lernen wird von den Kindern als sinnvoll und lebensbedeutsam empfunden. Um dem anthropologischen Entwicklungsstand der Kinder Rechenschaft zu tragen, ist es deshalb notwendig, dem praktischen Lernen in der Schule einen hohen Stellenwert einzuräumen (vgl. Hildebrandt 1998, 99-100).

### *2.3.2 Schule als Kulturphänomen*

Der Kulturbegriff wird im Zusammenhang mit der Institution Schule eng verknüpft mit einer Auseinandersetzung über die Lebenswelt heutiger Kinder und Jugendlicher. Schule wird zum einen als ein Teil des kulturellen Lebens, zum anderen als ein Ort verstanden, in dem kulturelles Leben stattfindet.
Betrachtet man das in der Diskussion um eine „Bewegte Schule“ verwendete Kulturverständnis, dann lässt sich dies vor allem als ein Verständnis von Teilhabe und Mitgestaltung auffassen. Teilhabe und Mitgestaltung sind den Autoren zufolge vor allem deshalb so bedeutsam, weil die Gesellschaft durch den Verlust an Partizipation in gesellschaftlichen (z.B. in der Politik und der Arbeit) und in individuellen Teilbereichen (z.B. durch die Technisierung von Lebensverläufen oder durch die Vereinzelung sozialer Bezüge) gekennzeichnet sei (vgl. Laging 1997, 20). Die Leistungen, die Schule in diesem Zusammenhang erbringen soll, lassen sich nach Laging vom Begriff der „pädagogischen Kultur“, wie ihn Fauser verwendet, ableiten: „Der Begriff der pädagogischen Kultur will hervorheben, dass Schule mehr ist, als nur eine anstaltsförmige Bündelung oder Addition voneinander unabhängiger Funktionen und Angebote. Solche Funktionen werden vielmehr als Aspekte eines praktischen Gesamtzusammenhangs und seiner rationalen Qualität betrachtet. Dieser Zusammenhang ist es, der die pädagogische Kultur einer Schule ausmacht und den Kontext bildet, in den einzelnen Funktionen und Aspekte ihren Sinn erst gewinnen“ (Fauser 1989; zit. nach Laging 1997, 62).
Reflektiert man die in der Literatur geäußerten konkreten Forderungen an die Institution Schule, dann soll Schule zunächst zu einem Ort kultureller Auseinandersetzung mit dem „Anderen des Anderen“ werden. Sie soll die Vielfalt von Lebenseinstellungen und kulturell geprägten Verhaltensweisen in ihre Unterrichtsinhalte und Unterrichtsformen einbeziehen, um dadurch die Heterogenität der Kinder akzeptieren und interkulturelles Lernen ermöglichen zu können (vgl. Laging 1997, 29). Von zentraler Bedeutung sei es dabei, den Kindern frühzeitig Erfahrungen im Umgang mit anderen Nationen, Kulturen, Religionen zu vermitteln (vgl. Bründel/Hurrelmann 1996, 192).
Über dieses Integrationsargument hinaus wird Schule als ein Kulturphänomen vor allem hinsichtlich einer Gestaltung des Schullebens im Sinne einer „Bewegten Schulkultur“ gefordert. Die Interpretation von Schule als bewegte Schulkultur ist nach Laging so zu verstehen, dass Körpererfahrung und Bewegungserziehung als durchgängige Prinzipien der Schulgestaltung aufzufassen sind. „Bewegung und Körper bilden dann im Sinne einer Einheit einen konstruktiven Teil von Lernen und Leben in der Schule, sie sind an dem Zusammenhang des Ganzen beteiligt. Die zur

leibhaftigen Bildung notwendiger Sinnes- und Bewegungsaktivitäten sind für alle Räume der Schule zu durchdenken (...), aber auch für die in den jeweiligen Räumen stattfindenden Aktivitäten (...). Dabei ist immer äußeres Bewegen und Bewegt-Sein gemeint. Bewegung und Körper werden zur Reflexionsebene für die Gestaltung von Schule“ (Laging 1997, 29).
Das Kulturargument für eine institutionelle Verankerung von Bewegung in der Schule wird durch den Hinweis auf die Bedeutung einer Vermittlung von Bewegungskultur aus bildungspolitischer Perspektive ergänzt (Kössler 1999, 92). Der Tenor dieser Aussage ist, dass die Veränderungen der heutigen Lebensumwelt und die bewegungseinschränkenden Bedingungen der Schule zunehmend die Vielfalt der Bewegungskultur in Vergessenheit geraten lassen. Da sich das kulturelle Bewegungshandeln zum größten Teil durch Erziehung und Anleitung ausbildet, wird gefordert, dass die Schule ihrer Aufgabe als Bildungsinstitution gerecht wird, indem sie Bewegungsmöglichkeiten als Kulturgut erhält und weitergibt.

## 2.4 Reflexion

Die kategoriale Analyse der in der Literatur vorzufindenden Begründungsmuster einer „Bewegten Schule“ führte zu drei Hauptkategorien, die wiederum in zwei bzw. drei Unterkategorien unterteilt wurden. Die erste Kategorie bildeten entwicklungs- und lerntheoretische Begründungsmuster, die wiederum nach einer psychologischen, einer anthropologischen Perspektive sowie einer sozialökologischen Perspektive differenzierbar waren. Medizinisch-gesundheitswissenschaftliche Begründungsmuster bildeten eine zweite Hauptkategorie, bei der aus medizinisch-orthopädischer Perspektive, aus einer Perspektive der Unfallverhütung und Sicherheitserziehung sowie aus einer gesundheitserzieherischen Perspektive argumentiert wird. Schließlich fanden sich drittens schulprogrammatische Begründungsmuster, welche die Schule als Lebens-, Lern- und Erfahrungsraum und als Kulturphänomen thematisierten.
Bei der Analyse dieser Argumentationslinien zeigte sich deutlich, dass die Begründungen häufig subjektiven Theorien der Autoren entspringen und es tatsächlich an empirischen Nachweisen über die Effizienz einer Einrichtung wie die „Bewegte Schule“ mangelt, die zur Aufklärung über die Konzeption und zu ihrer Glaubwürdigkeit beitragen würden. Und es erhärtet sich die Frage „ob manche Initiatoren der „Bewegten Schule“ wirklich verlässliche Aussagedaten besitzen, die ihre weitreichenden Vorschläge zur Veränderung der Schule auch tragfähig stützen. (...) Die kaum nachprüfbare Globalität, mit der Sachverhalte unterstellt werden, die der Initiative Berechtigung zu verleihen imstande zu sein scheinen, stellt für den Wissen-

schaftler ein ernst zunehmendes Hindernis bei der Prüfung der propagierten Ansprüche und Heilmittel dar" (Funke-Wienecke 1997, 109). Aus diesem Blickwinkel ist Kritikern Recht zu geben, die fordern, dass ein innovatives Konzept, um überzeugen zu können, seine Berechtigung, Möglichkeiten und Grenzen sorgfältig prüfen und den eigenen Anspruch an der zu untersuchenden Wirklichkeit messen muss (vgl. Funke-Wienecke 1997, 109). Lässt sich diese Forderung nicht einlösen, dann bleibt die Gefahr, dass das Konzept der „Bewegten Schule" unreflektiert als „Therapeutikum mit Breitbandwirkung" und „Allheilmittel gegen alle Übel dieser Welt" glorifiziert wird (Krüger 1999, 327).

Nun bringt die vorangegangene, an den erarbeiteten Kategorien orientierte Reflexion der Begründungsmustern zwar Ordnung in die Vielzahl an Argumentationen. Weil sie Argumente zu gliedern versucht, zeigt sie allerdings auch Redundanzen, Unschärfen und Widersprüche auf. Und sie bestätigt, dass es noch kein umfassendes schultheoretisches Konzept einer „Bewegten Schule" gibt, und es an einer historischen Aufarbeitung bewegungspädagogischer Reformvorhaben in der Schule mangelt, aus der sich Einsichten und Anregungen für die „Bewegte Schule" gewinnen ließen (vgl. Balz 1999, 421).
Die Unverbundenheit verschiedener, disziplinspezifischer Argumentationen ist allerdings äußerst problematisch für eine Umsetzung des Konzepts in der Praxis, zumal Schulen im Grunde eben nur auf der Basis einer solchen Argumentation die Notwendigkeit einer „Bewegten Schule" begründen können und außerdem bei der Konzipierung eines pädagogischen Programms auf eben dies Begründungsmuster angewiesen sind. Entsprechend besteht die Gefahr, „dass eine bloße eklektische Mischung verschiedener Elemente ohne Rückbezug zu der jeweiligen Grundposition zu einer schwierig zu handhabenden Gemengelage führt, die in ebenso unerkennbaren, wie unvermeidlichen Widersprüchen endet" (Funke-Wienecke 1997, 113).
Dieses Problem, das im Grunde nur durch einen pädagogisch-integrativen Zugang, der die verschiedenen theoretischen Grundlagen in Form einer „theoretischen Klammer" miteinander verbindet[12], zu lösen ist (vgl. Balz 1999), wird bei der empirischen Analyse der Umsetzung von „Bewegten Schulen" in der Praxis zu berücksichtigen sein.

12 Balz zufolge müsste dieser Zugang „eine bildungsorientierte Theorie der Schule sein, die Bewegung als unverzichtbare Grundlage ganzheitlicher Entwicklungsförderung einschließt und Schule als Entwicklungs- und Lebensraum versteht" (1999, 421).

Halten wir fest: Die in den vorangegangenen Kapiteln beschriebenen Begründungsmuster geben einen Überblick über die theoretische Grundlegung der Notwendigkeit einer „Bewegten Schule“. Nun ist es auf der Basis dieser Erörterung noch nicht möglich, ein klares Bild zu zeichnen, wie eine „Bewegte Schule“ aussehen sollte. Diese Frage nach den idealtypischen Strukturmerkmalen einer „Bewegten Schule“ (die in der Literatur häufig mit dem Begriff „Bausteine“ bezeichnet werden) soll im Folgenden beantwortet werden.

# 3 Kategorisierung der Strukturmerkmale einer „Bewegten Schule“

Wie sollte eine „Bewegte Schule“ idealer Weise aussehen? Dieser Frage wird im Folgenden nachgegangen. Dabei gilt es vor allem, Strukturmerkmale einer „Bewegten Schule“, wie sie in der konzeptionellen Literatur[13] formuliert werden, zu gliedern und näher zu beschreiben, um damit eine Basis für die spätere empirische Bestimmung des Status Quo der Umsetzung von „Bewegten Schulen“ bei unserer Stichprobe zu entwickeln.

Fragt man nach den Strukturmerkmalen einer „Bewegten Schule“, dann ist zunächst eine Grundlagenarbeit des Schweizers Urs Illi (1995) zu den notwendigen Bausteinen einer „Bewegten Schule“ zu betrachten. Illi zufolge sollte eine „Bewegten Schule“ aus acht „Bausteinen“ bestehen: „bewegtes Lernen“, „bewegtes Sitzen“, „bewegliches Schulmobiliar“, „wohnliche Schulzimmergestaltung“, „mentale Entspannung“, „Entlastungsbewegungen“, „bewegte Pause“ und „wahrnehmungsbezogener Sportunterricht“[14].

Das vor allem kompensatorisch argumentierende Modell Illis lässt sich als eine Grundlage verstehen, die in eine ganze Reihe von Arbeiten zur „Bewegten Schule“, wie z.B. bei Breithecker (1996), Müller (1996) Zimmer (1996), Klupsch-Sahlmann (1997), und Funke-Wieneke (1997) Eingang gefunden haben (vgl. dazu Regensburger Projektgruppe 1999, 5-7). Fasst man die Aussagen dieser Arbeiten zusammen, dann gehen die genannten Autoren bei der Kennzeichnung des als „Bewegte Schule“

13 Unter dem Begriff der „konzeptionellen Literatur“ werden im folgenden all die Arbeiten zur „Bewegten Schule“ verstanden, die sich um die Entwicklung einer Konzeption für die praktische Umsetzung dieser Idee bemühen.

14 In der Literatur divergieren die gewählten Rechtschreibformen der „Bewegten Schule“ und ihrer einzelnen Strukturmerkmale. Im Rahmen dieser Arbeit wird die „Bewegte Schule“, als Eigenname groß und in Anführungsstrichen, die Strukturmerkmale gemäß der Rechtschreibung klein und in Anführungszeichen geschrieben.

bezeichneten Konzepts allerdings über die Kategorisierung Illis hinaus. Und folgt man der Argumentation dieser Autoren, dann ließe sich das Modell Illis um sechs weitere Bausteine ergänzen:

- Bewegungspausen im Unterricht
- Kooperation mit dem außerschulischen Umfeld
- Außerunterrichtliche Bewegungsanlässe
- Schulhausgestaltung
- Pausenhofgestaltung
- Pädagogisches Programm einer „Bewegten Schule“

Der „bewegte Schultag“ sowie die „Formen des Bewegten Lernens“ bezeichnen Strukturmerkmale, die als inhaltliche Aspekte im ursprünglichen Modell Illis nicht explizit Erwähnung finden. Dasselbe gilt für die außerschulischen und -unterrichtlichen Bewegungsanlässe. Weiterhin werden in neueren Arbeiten zur Kennzeichnung von Strukturmerkmalen einer „Bewegten Schule“ infrastrukturelle Aspekte, wie die Schulhaus- und die Pausenhofgestaltung, berücksichtigt, welche die Bedingungen der Möglichkeit einer Umsetzung des Konzepts prägen. Schließlich fließt aus der Sicht der genannten Autoren in ein solches Strukturmodell der pädagogische Rahmen einer Schule mit ein, der allerdings nicht als ein Strukturmerkmal im eigentlichen Sinne zu verstehen ist, sondern vielmehr ein „Rahmenmerkmal“ darstellt, das gewissermaßen das Fundament der Konzeption bildet. Die Erweiterung des Modells Illis auf der Basis der Analyse der genannten Arbeiten lässt sich wie folgt veranschaulichen.

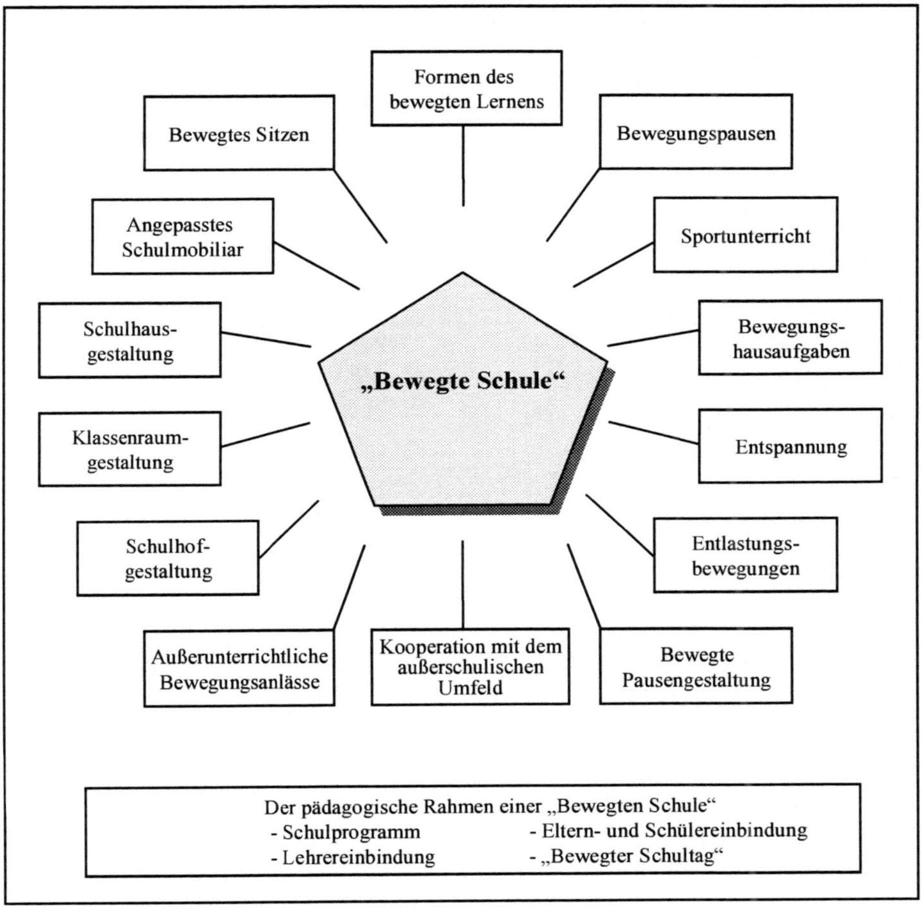


*Abb. 2: Strukturmerkmale einer „Bewegten Schule"*

Nun ist die vorangegangene Skizze nur eine Möglichkeit der strukturanalytischen Darstellung einer „idealen" „Bewegten Schule", die allerdings noch weitgehend unstrukturiert und unübersichtlich bleibt, sowie funktional-strukturelle Gesichtspunkte weitgehend außer Acht lässt.

Eine Alternative zu dieser Skizze bietet ein sehr illustratives Modell von Klupsch-Sahlmann (1999). Er bedient sich für seine Darstellung der Form eines Hauses[15], auf

[15] Die Idee der Verwendung der „Haus-Metapher" ist vor allem in Bezug zur allgemeinpädagogischen Konzeption eines „Haus des Lernens" (Bildungskommission NRW 1995, 77ff.) zu setzen. Mit der Verwendung des Begriffes „Haus" wird hier versucht, eine Assoziation zu einem Ort (z.B. einem Gebäude) zu wecken, an den Kinder und Jugendliche gern gehen und an dem sie sich wohlfühlen, und der „durch die Anordnung und die Gestaltung (der) Räume, durch die Art und Weise, wie diese

dessen (durch das lern- und entwicklungstheoretische Begründungsmuster gebildeten) „Fundament“ sich im Innern des Hauses die Strukturmerkmale der „Bewegten Schule“ befinden, die wiederum durch die stützende Außenmauern des Schulprogramms gehalten werden. Das schützende Dach wird durch das Schulleben gebildet. Die Gefahr bei der Verwendung dieser doch sehr „barocken“ Art der Darstellung von Strukturmerkmalen besteht – zumindest aus der Sicht der Regensburger Projektgruppe – darin, dass für eine Umsetzung der „Bewegten Schule“ sämtlichen Bausteinen eine essentielle Wichtigkeit unterstellt wird[16]. Genau dies ist aber nicht der Fall. So kommen in „Bewegten Schulen“ nicht prinzipiell alle Strukturmerkmale vor, sondern die einzelnen Elemente können ähnlich einem Mosaik in unterschiedlicher Gewichtung eingesetzt werden (vgl. Regensburger Projektgruppe 1999, 7).
Die Kritik der Regensburger Projektgruppe beschreibt einen Sachverhalt, der bei der empirischen Überprüfung der Realisierung von „Bewegten Schulen“ unbedingt zu beachten ist. Ob die Kritik am Modell von Klupsch-Sahlmann allerdings berechtigt ist, scheint fraglich, weist er doch selbst darauf hin: „Welche Bausteine das pädagogische Profil einer „Bewegten Schule“ letztlich bestimmen, hängt wesentlich von den an einer Schule unterrichtenden Lehrkräften ab“ (1999, 11).
Klupsch-Sahlmanns Modell lässt angesichts der metaphorischen Darstellungsweise durchaus die Identifikation von Funktionen einzelner Bausteine und ihrer Notwendigkeit für eine Umsetzung der „Bewegten Schule“ zu. Einschränkend ist hierzu allerdings anzumerken, dass die Struktur der Darstellung nur wenig dazu geeignet ist, einem empirischen Instrumentarium zur Bestimmung des Status Quo einer Umsetzung des Konzepts „Bewegte Schule“ zugrunde zu liegen. Dies ist allerdings eine wesentliche Absicht unserer Arbeit.
Um diese Absicht realisieren zu können, konstruieren wir deshalb im Folgenden eine eigene Darstellung von Strukturmerkmalen einer „Bewegten Schule“. Dabei gehen wir im Wesentlichen von den in der Literaturanalyse eruierten „Schul-Bausteinen“ aus, die wir wiederum – je nach Funktion – in Merkmale, welche die Rahmenorganisation der „Bewegten Schule“ betreffen, und in inhaltliche Merkmale, differenzieren. Die Rahmenmerkmale lassen sich wiederum in einen pädagogisch-personalstrukturellen sowie einen infrastrukturellen Rahmen, die inhaltlichen Merkmale in unterrichtsinterne und unterrichtsexterne Merkmale unterscheiden.

---

mit Leben erfüllt werden“ (Bildungskommission NRW 1995, 78) eine individuelle und unverwechselbare Kennzeichnung erfährt.

16 So kritisiert die Regensburger Projektgruppe, dass diese Darstellung als ein „Bausatz“ für eine „Bewegte Schule“ verstanden werden kann, als Sammlung von „Bausteinen“, die, „richtig“ aufeinandergesetzt, am Ende die „Bewegte Schule“ ergeben (1999, 7).

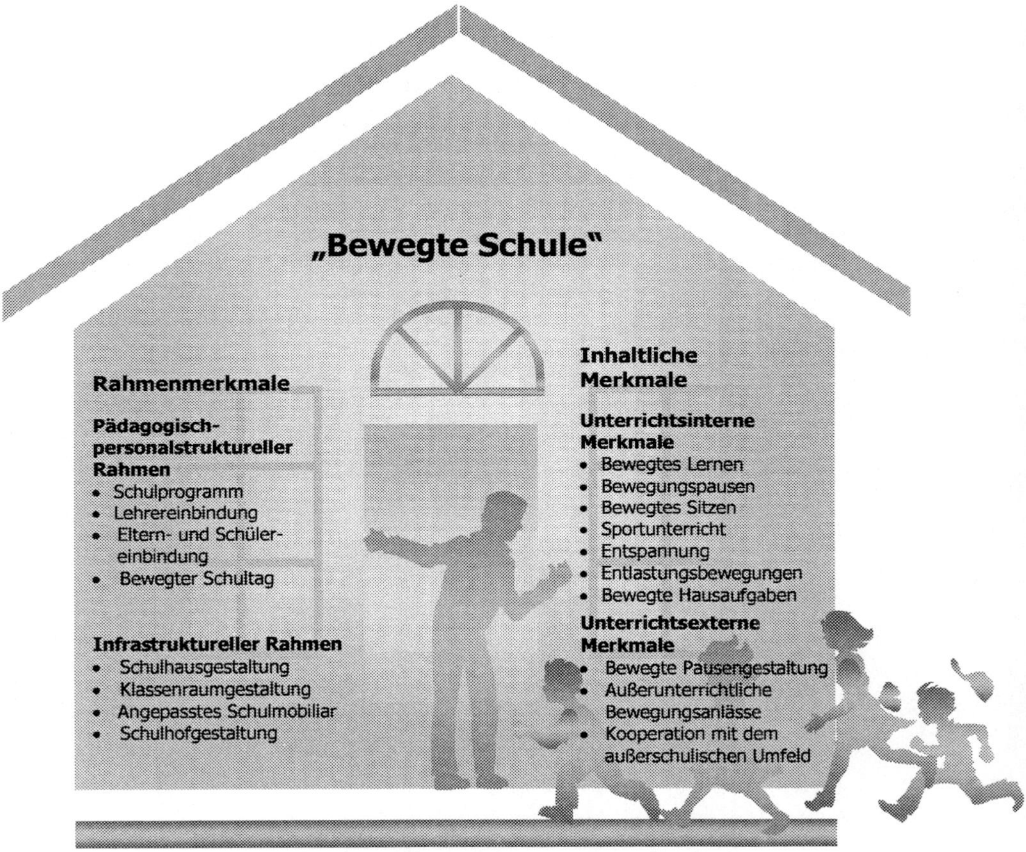


*Abb. 3: Kategorisierung der Strukturmerkmale einer „Bewegten Schule"*

Um konkret ermessen zu können, was in der Literatur unter den genannten Strukturmerkmalen verstanden wird, werden wir diese im Folgenden differenzierter behandeln. Als Grobgliederung dient uns dabei die in Abbildung 3 verwendete Kategorisierung. Dabei gilt es zu bedenken, dass viele Elemente ineinander übergreifen, da sie inhaltlich eng miteinander verbunden sind. Dies gilt z.B. für die Merkmale „angepasstes Schulmobiliar" und „Klassenraumgestaltung" oder „bewegtes Sitzen" und „bewegtes Lernen". Da diese Merkmale in der Literatur jedoch getrennt voneinander beschrieben werden, werden wir die Differenzierung weiterhin beibehalten, was im übrigen den Vorteil mit sich bringt, dass die Konturen und die Komplexität der Konzeption „Bewegte Schule" mit einer solch differenzierten Betrachtung sehr exakt nachvollzogen werden können.

## 3.1 Rahmenmerkmale der „Bewegten Schule“

Zu den Rahmenmerkmalen einer „Bewegten Schule“ zählt auf der einen Seite der pädagogisch-personalstrukturelle Rahmen, der sich erstens auf die pädagogische Grundlegung des Konzepts, zweitens auf die Einbindung der zentralen Bezugsgruppen bezieht. Auf der anderen Seite ist in diesen Zusammenhang ein so genannter „infrastruktureller Rahmen“[17] einzuordnen, der die räumlich-materiellen Bedingungen einer „Bewegten Schule“ beschreibt.

### *3.1.1 Der pädagogisch-personalstrukturelle Rahmen*

Der pädagogisch-personalstrukturelle Rahmen einer „Bewegten Schule“ wird zentral durch die pädagogisch-konzeptionelle Ausrichtung einer Schule, die wiederum im Schulprogramm zu verankern ist, und durch die am Schulleben beteiligten Personen bestimmt. Zum pädagogisch-personalstrukturellen Rahmen ist die zeitliche Strukturierung des Schultags zu rechnen, in welchem Maße ein Schultag also in flexibler Form als ein „bewegter Schultag“ organisiert werden kann.

#### *3.1.1.1 Schulprogramm*

Aussagen zur idealen pädagogischen Konzeption einer „Bewegten Schule“ gibt es einerseits zuhauf, andererseits bleiben diese Aussagen häufig sehr unpräzise und vermischen sich mit Begründungsmustern, mit denen die Notwendigkeit einer solchen schulischen Orientierung verdeutlicht werden.

Unbestreitbar wichtig ist der Sachverhalt, dass eine „Bewegte Schule“ auf eine gemeinsame pädagogische Orientierung der Lehrkräfte dieser Schule angewiesen ist (vgl. Klupsch-Sahlmann 1999). Es ist zu empfehlen, diese pädagogische Orientierung in einem Schulprogramm festzuschreiben. Ein solches Schulprogramm dokumentiert nicht nur die gemeinsame pädagogische Überzeugung aller Beteiligten, sondern ermöglicht es einer Schule außerdem, ihr individuelles Profil festzuschreiben.

---

[17] Der Begriff der „Infrastruktur“ bezeichnet normalerweise im allgemeinen Sprachgebrauch die Gesamtheit der Einrichtungen der sogenannten Versorgungsverwaltung, wie z.B. die Einrichtungen für Verkehr und Beförderung, Fernsprech- und Fernmeldewesen, Gas-, Wasser- und Elektrizitätsversorgung etc. Da die in unserer Untersuchung unter dem Stichwort „infrastruktureller Rahmen“ diskutierten Aspekte im Grunde ebenfalls die Bedingungen der Möglichkeit des Funktionierens einer „Bewegten Schule“ im Sinne von Versorgung mit dazu notwendigen räumlich-materiellen Gegebenheiten beschreibt, wählten wir diesen Begriff zur Bezeichnung der entsprechenden Kategorie.

Schulprogramme stellen im Grunde das einzige Konzept dar, mit dessen Hilfe pädagogische Qualitätssicherung und -entwicklung gleichermaßen möglich sind. Und sie können überdauernd garantieren, dass den pädagogischen Absichten auch bei einem Wechsel der Personen entsprochen wird. Allerdings reicht es nicht aus, „pädagogische Absichten im Rahmen eines Schulprogramms formal festzumachen. Wichtiger ist, dass die pädagogische Orientierung des Schulprogramms im Unterricht und Schulleben einen festen Platz bekommt, so dass die Kinder es als etwas Prägendes erleben. Auch nicht die Summe der einzelnen Bausteine macht das Profil einer Bewegten Schule aus, sondern die Qualität, und das heißt, insbesondere die Wirkung auf die Schüler. Bewährte Bausteine bleiben erhalten, nicht bewährte werden der Rezension unterworfen, neue werden hinzugefügt“ (Klupsch-Sahlmann 1999, 20-21).

Mit dem Schulprogramm sind zwei Prinzipien verbunden, die zu den wirksamsten Faktoren der Weiterentwicklung der Schule gehören. Dies ist zum einen der Aufbau von langfristigen Kooperationsstrukturen im Kollegium, zum anderen die Selbstevaluation, d.h. die kritische Reflexion und regelmäßige Überprüfung und Bewertung der eigenen Arbeit (vgl. Haenisch 1999, 37). „Ziel eines jeden Schulprogramms in diesem Verständnis sollte es sein, einen inneren Verbund zwischen den verschiedenen unterrichtlichen und außerunterrichtlichen Einzelaktivitäten einer Schule herzustellen und vor allem die fachlichen und überfachlichen Aspekte mit den pädagogischen Leitideen zu verknüpfen. Wichtig dabei ist, dass dies von einem breiten Konsens im Kollegium getragen wird“ (Aschebrock 1999, 35). Dabei sollte das Schulprogramm nicht als eine starre Richtlinie, sondern als ein flexibler und variierbarer Handlungsrahmen verstanden und in Zusammenarbeit zwischen dem Lehrerkollegium, den Eltern und den Schülern kontinuierlich reflektiert werden (vgl. Bründel/Hurrelmann 1996, 193).

Das Schulprogramm determiniert letztendlich das Schulleben, d.h. den Bereich, der über den Unterricht hinausgeht und durch seine Atmosphäre das besondere Gefüge einer Schule ausmacht. Ein für die „Bewegte Schule“ ideales Schulleben drückt sich offenbar dadurch aus, dass Schulleitende, Lehrer und Schüler, die Elternschaft sowie die Schulbehörden gemeinsam das Schulleben gestalten, miteinander Projekte planen und realisieren (vgl. Illi 1995, 412). Erst wenn dies funktioniert, lässt sich aus Sicht der Autoren der pädagogische Auftrag einer „Bewegten Schule“ realisieren. „Im Schulleben haben die Kinder vielfältige Chancen, ihre Lebenserfahrungen, und damit auch Bewegungsbedürfnisse einzubringen. Eine Schule, die Leben und Lernen

voneinander trennt oder sogar Leben in der Schule nicht zulässt, kommt ihrem Erziehungsauftrag nicht in hinreichender Weise nach. (...) Die Kinder müssen in ihrem Schulleben spüren, dass ihre Lebensbedürfnisse und damit ihre Bewegungsbedürfnisse ernst genommen werden“ (Klupsch-Sahlmann 1999, 21).
Die Bedeutung, die einem koordinierten Verständigungsprozess aller am Schulleben beteiligten Personen und Institutionen für die Realisierung des pädagogischen Rahmens zukommt, lässt eine nähere Auseinandersetzung mit den beteiligten Personengruppen als lohnenswert erscheinen.

#### *3.1.1.2 Lehrereinbindung*

Auch ein theoretisch noch so gut durchdachtes pädagogisches Konzept einer „Bewegten Schule“ bleibt wirkungslos, wenn nicht jede einzelne Lehrkraft die methodisch-didaktischen Elemente in ihr pädagogisches Handeln aufnimmt. Um dies realisieren zu können, müssen allerdings die Lehrer über hinreichende Kompetenzen sowohl im Hinblick auf eine Kenntnis der Begründungsmuster einer Bewegten Schule als auch die einsetzbaren Inhalte verfügen.
Nun ist das Vorhaben, ein Lehrerkollegium in ein solcherart verändertes Schulprogramm einzubinden, nicht einfach. Aktuell ist z.B. zu bedenken, dass Lehrerinnen und Lehrer heute im statistischen Durchschnitt knapp unter fünfzig Jahre alt sind. Der größte Teil der Lehrkräfte sind länger als zehn Jahre im Schuldienst, die Mehrzahl über zwanzig Jahre, viele arbeiten sogar seit mehr als dreißig Jahren in der Schule. Bei einer solch langen beruflichen Sozialisation ist zu erwarten, dass die betreffenden Lehrer auf der Basis unzähliger Erfahrungen, subjektiver Interpretationen und persönlicher Handlungsgewohnheiten ultrastabile mentale Modelle zur Schulwirklichkeit und zu den Mechanismen methodischen Arbeitens sowie feste Handlungsroutinen im Umgang mit Schülern entwickelt haben, durch die das schulische und unterrichtliche Handeln ganz wesentlich bestimmt wird (vgl. Dannenmann 1997; 28; Ullmann 1997, 180). Will man nun Bewegung in das Schulleben integrieren, dann wird es vor dem Hintergrund erstarrter Strukturen der Schule nicht ausreichen, Wissen in Form von Broschüren zu vermitteln, die es inzwischen von einer Vielzahl von Institutionen gibt (u.a. Kottmann/Küpper/Pack 1996). Soll die Umsetzung einer „Bewegten Schule“ gelingen, dann ist vielmehr die Veränderung subjektiver Theorien der Lehrkräfte, also eine Bewusstseinsänderung in den Köpfen der Lehrenden, anzustreben (vgl. Pühse 1995, 425).
„Die Lehrer werden allgemein (...) vom Wert handlungsorientierten Lernens nicht nur theoretisch überzeugt sein müssen. Sie müssen überhaupt erst einmal Curricula kennen lernen, die sich in wirklich ertragreicher Weise auf Bewegung als Lernhilfe

stützen, und müssen lernen, diese Curricula zu handhaben. Sie müssen darüber hinaus differenzierte Gruppenprozesse leiten, induktive Vorgehensweisen fördern und eigenes praktisches Geschick einbringen (...)" (Funke-Wienecke 1997, 114-115).

Funke-Wieneckes Forderung scheint überzeugend, allerdings stellt sich die Frage, wie Lehrer überhaupt die Curricula einer „Bewegten Schule" kennen lernen können. Bei jungen Kollegen kann dies über das Studium oder das Referendariat laufen, ältere Kollegen könnten sich über entsprechende Lehrerweiterbildungen, aber auch durch selbständige Lektüre von Büchern und Fachzeitschriften informieren. Während nun die formale Ausbildung eine solche Kenntnisvermittlung sichern kann, bleibt die Weiterbildung der älteren Kollegen ihnen selbst überlassen und kann nicht garantiert werden.
Aus diesem Grund empfiehlt es sich, Kompetenzen für eine bewegungsfreundliche Ausgestaltung des Schulprogramms und des Schullebens mittels eines kollegialen Erfahrungsaustauschs in schulischen Gremien, durch Konferenzen und informellen Gesprächen sowie über eine Zusammenarbeit von Kollegen verschiedener Fächer und Lernbereiche bei dem Bemühen um förderliche Rahmenbedingungen zu vermitteln. Aus solchen Gesprächen kann sich das Profil einer „Bewegten Schule" entwickeln. „Grosse Schritte sind dabei gar nicht erforderlich, vielleicht am Anfang sogar hinderlich. Zunächst gilt es, einen Minimalkonsens herzustellen, der es interessierten Kolleginnen und Kollegen ermöglicht, erste Schritte auf dem Weg zu einem bewegungsfreundlicher gestalteten Schulalltag zu gehen" (Klupsch-Sahlmann 1995, 21). Konkrete Beispiele für den Austausch innerhalb des Kollegiums gibt z.B. Böttges (1997, 43), indem sie vorschlägt, Spielideen z.B. für die Bewegungspause in Karteikartenform sammeln und auch andere Ideen zur Bewegung im Unterricht zu sammeln und in Konferenzen vorzustellen und zu erproben.
Eine wichtige Stellung bei der Umsetzung der „Bewegten Schule" kommt der Schulleitung zu. Diese ist zumeist fachlich hoch qualifiziert, rekrutiert sich in der Regel aus dem Lehrerkollegium und zeigt über viele Jahre hinweg überdurchschnittlich starkes Engagement.
Trotz zu erwartendem Engagement können sich allerdings gerade die fachlichen Qualifikationen als ein Hemmschuh für eine Umsetzung der „Bewegten Schule" auswirken (vgl. Dannemann 1997, 28), indem fachorientierte Prioritätensetzungen zu Entscheidungen, die der Integration von mehr Bewegung in die Schule entgegenwirken, wie z.B. bei einem naturwissenschaftlich orientierten Schulleiter der Vorzug eines neuen Chemielabors gegenüber Anschaffungen im Sport- und Bewegungsbereich. Daher gilt es, die Schulleitung von der Bedeutung von Bewegung für

die ganzheitliche Entwicklung von Kindern und Jugendlichen zu überzeugen, um so den Grundstein für eine Umformung der Schule in einen „Bewegungsraum“ zu legen.

Beim Versuch, mentale Modelle und Handlungsroutinen zu Gunsten einer Implementierung von mehr Bewegung in der Schule zu verändern, kommt dem Sportlehrer, als dem Experten für Körper und Bewegung, eine Mittlerrolle zu (Müller/Volkmer 1996, 124). Der Sportlehrer sollte über seine Fachaufgaben hinaus als „Impulsgeber“ Denkanstösse geben und anregend, ermunternd, bekräftigend und motivierend auf seine Schüler und Kollegen einwirken, vor allem aber die Schulleitung dazu bewegen, die Initiative für die Integration von mehr Bewegung in den Schulalltag zu übernehmen.

### *3.1.1.3 Eltern- und Schülereinbindung*

Eltern setzen meist hohe Erwartungen in die Schule. Zum einen wünschen sie eine möglichst individuelle, ganzheitliche Förderung ihres Kindes, zum anderen möchten sie aber auch die Gewähr, dass ihr Kind nach der Grundschule auf eine möglichst anspruchsvolle weiterführende Schule wechselt und einen hochwertigen Abschluss erwirbt (vgl. Cachay/Thiel 1995; Bründel/Hurrelmann 1996, 156). „Der schulische Erfolg von Kindern wird als entscheidende Vorbedingung zumindest für die Sicherung des sozialen Status Familie und möglichst für den erwünschten sozialen Aufstieg gewertet. Dadurch steigt in der Wahrnehmung der Eltern die lebensgeschichtliche Bedeutsamkeit der Schulzeit ihrer Kinder und des schulischen Leistungserfolges“ (Bründel/Hurrelmann 1996, 159).
Es ist zu erwarten, dass Bewegung, Spiel und Sport hinsichtlich des Lebenslaufs eines Kindes im Vergleich mit anderen Unterrichtsfächern als mit am wenigsten wichtig eingeordnet werden. Vor dem Hintergrund des Sachverhalts, dass Eltern, die Sport und Bewegung eine hohe Bedeutung für die optimale Entwicklung ihres Kindes einräumen, auch dazu bereit sind, hohe Investitionen in diesen Bereich zu tätigen (vgl. Cachay/Thiel 1995; 2000), gilt es, Eltern für die Bedeutung von Bewegung für die kindliche Entwicklung zu sensibilisieren. Dies nicht zuletzt deshalb, weil Eltern zu keinem anderen Zeitpunkt mehr Bereitschaft aufbringen, sich zu engagieren, als in der Grundschule (Bründel/Hurrelmann 1999, 193).

Der Prozess der Integration von Bewegung in die Schule darf an den Schülern, die ja die primären „Nutznießer“ einer „Bewegten Schule“ sind, nicht vorbei gehen. Aus diesem Grund sind die Ideen und Bedürfnisse der Schüler zu erfragen und zu berücksichtigen. Wie es Schulversuche[18] zeigen, sind Schüler durchaus dazu in der Lage, ihre Bewegungsbedürfnisse zu artikulieren und Vorschläge für eine Veränderung des Schulhofs zu machen (vgl. Dienert 1995).

#### *3.1.1.4 „Bewegter Schultag"*

Ein wichtiger pädagogischer Grundsatz der „Bewegten Schule" ist es, dem Lern- und Lebensrhythmus der Schüler während des Schultags gerecht zu werden. In diesem Zusammenhang wird immer wieder darauf hingewiesen, dass ein Schultag, der in dem klassischen 45-Minuten-Unterrichtstakt strukturiert ist, nicht den Wechsel von Bewegung und Ruhe, sitzendem und bewegtem Arbeiten berücksichtigen kann (vgl. Laging 1997, 63). Um einen solchen Wechsel zu ermöglichen, wird u.a. vorgeschlagen, längere Unterrichtsblöcke zu schaffen, die von langen Pausen unterbrochen werden (Laging 1997). Um den Schultag zeitlich möglichst individuell zu gestalten, wird außerdem die Einführung von flexiblen Pausen im Unterricht vorgeschlagen, die von der jeweiligen Lehrkraft den individuellen Bedürfnissen der Schüler entsprechend entweder in Form von kurzen Bewegungspausen im Unterricht, oder als flexible Pausenzeit in Form einer „bewegten Pause" angeordnet werden können.

Ein „bewegter Schultag" soll sich manchen Autoren zufolge durch einen gleitenden Schulbeginn auszeichnen, wobei die Gleitzeit etwa eine halbe Stunde vor dem Unterrichtsbeginn beginnt und eine halbe Stunde in die Unterrichtszeit hinein reicht. Diese Zeit können Schüler zum Austausch mit anderen, zum Spielen und Bewegen oder zum ruhigen Sitzen nutzen (vgl. Laging 1997, 63)[19].

### *3.1.2 Der infrastrukturelle Rahmen*

Die räumlich-materiellen Strukturmerkmale einer „Bewegten Schule" beziehen sich auf das gesamte Schulgebäude und Schulgelände. Entsprechend zählen dazu die Ausstattung des Schulgebäudes, insbesondere der Klassenzimmer und deren Einrichtungsgegenstände, aber auch das Außengelände der Schule, hier vor allem die

---

[18] Das Beispiel einer „Bewegten Schule" in Greifswald (Drenckhan/Hinsching 1995) zeigt, wie Schüler eigenverantwortlich und aktiv an der Gestaltung des bewegungsfreundlichen Profils ihrer Schule mitwirken und wie sie dabei von Eltern und Lehrkräften unterstützt werden (vgl. Klupsch-Sahlmann 1995, 22).

[19] Gleitzeit wurde in Schulversuchen durchaus bereits ausprobiert. So schreibt Nellessen: „Der gleitende Unterrichtsbeginn kostet mich als Lehrer zwar einige Zeit. Diese Zeit aber, in der früher die ersten Rangeleien bereits vor dem Unterricht stattfanden und anschließend die Lernbereitschaft vieler Kinder hemmten, wird heute zur Herstellung einer wohligen Lernatmosphäre genutzt" (Nellessen 1995, 43).

Ausstattung des Schulhofes. Ziel der bewegungsorientierten Ausstattung ist es, dass die von den Schulen entwickelten Raumkonzeptionen mit dem Bewegungsbedürfnis ihrer Schüler korrespondieren (Heiny 1997, 49) und durch anregende Bewegungsräume zum Sich-Bewegen herausfordern (vgl. Hildebrandt 1996, 511). „Kinder und Jugendliche benötigen einen Lebensraum, der ihrem natürlichen Bewegungsdrang entgegenkommt, der ihre Entwicklung und ihr Lernverhalten positiv beeinflusst. Dazu gehören u.a. genügend große und wohnlich eingerichtete Schulzimmer, ergonomisches und bewegliches bzw. angepasstes Schulmobiliar, aber auch Pausen- und Außenräume, die ein bewegtes, naturbezogenes Unterrichten, bzw. eine aktive Pause erlauben“ (Illi 1995, 412).
Die einzelnen Strukturmerkmale werden im Folgenden gesondert betrachtet.

### *3.1.2.1 Schulhausgestaltung*

Folgt man den in der Literatur erhobenen Forderungen, dann sollten in einer „Bewegten Schule“ neben den klassischen Bewegungsorten wie Schulhof und Sporthalle auch Räume für Bewegung und Entspannung erschlossen werden, die bisher nicht dafür ausgewiesen sind (vgl. Kottmann/Küpper/Pack 1997, 62), wie z.B. das Schulgebäude mit seinen Hallen, Fluren oder Treppenhäusern. Flure könnten dabei als Ausweichräume genutzt werden, „um sich Platz zu verschaffen zum Räkeln, Arbeiten, Schlendern, Fußbodenrutschen“ (Laging 1993, 8), weitere Bewegungserfahrungen im Schulhaus könnten durch feste Installationen, die zum Klettern, Verstecken, Springen, Rutschen einladen, oder Vorrichtungen, wie z.B. Haken zum Einhängen von Schaukeln, ermöglicht werden (vgl. Laging 1997, 62), und während Regenpausen könnten bewegliche, ausleihbare Spielgeräte zum Bewegen im Schulgebäude animieren (vgl. Rieger 1998).
Die Schaffung der Bedingungen der Möglichkeit einer solchen Umsetzung müssten bereits bei der baulichen Gestaltung des Schulgebäudes berücksichtigt werden (vgl. Heiny 1997, 49), indem z.B. glatte Böden für Fahrgelegenheiten und Teppichböden für Übungen und das Liegen am Boden miteinander kombiniert werden sowie durch ansprechende Wandfarben und Beleuchtungsinstallationen eine gemütliche Atmosphäre geschaffen wird, die zum Bewegen, Verweilen und Entspannen einlädt. Solche Bedingungen könnten z.B. ergänzt werden durch – wie es Krummschmid am Beispiel seiner eigenen Schule vorschlägt – die Nutzung von Kellerräumen, die als speziell geplante Bewegungsräume (mit festen Installationen, die zum Klettern, Hangeln, Schaukeln etc. einladen, sowie frei beweglichen Geräte, die den Bau eigener Bewegungslandschaften und -herausforderungen erlauben) für kurze Bewegungspausen im Unterricht zur Verfügung stehen.

### *3.1.2.2 Klassenraumgestaltung*

Die Nutzung von Klassenräumen als Bewegungslandschaften ist eine elementare I-dee der Konzeption „Bewegte Schule". Nichtsdestotrotz ist sie extrem schwer zu realisieren. „Viele Lehrkräfte (...) sehen im Klassenraum den Ort, wo Kinder an ihren Plätzen sitzend das machen, was in der Schule vorrangig wichtig ist: lernen. (...) Die Lehrkräfte verlangen von den Kindern, dass sie an den Tischen festgesetzt, eine aufmerksame Haltung annehmen, um konzentriert mitarbeiten zu können. (...) Doch im Gegensatz zu den Kindern, die sich nicht bewegen dürfen, bewegen sich die Lehrkräfte selbst im Verlauf der Unterrichtsstunden unentwegt" (Klupsch-Sahlmann 1999, 14-15).

Haben Klassenzimmer tatsächlich nur die Funktion einer „Lernfabrik" (Illi 1995, 409), bzw. genauer gesagt einer „Lernfabrikhalle", dann lässt sich die Idee der „Bewegten Schule" mit dem Ziel einer identitätssichernden Entwicklungsförderung nicht realisieren (vgl. Heiny 1997, 48). Entsprechend wird gefordert, dass der Klassenraum eine wohnliche, den „Schutzcharakter" des eigenen Zuhause simulierend Atmosphäre aufweisen sollte, in der sich die Schüler wohlfühlen, was u.a. durch eigene, von zu Hause mitgebrachte Gegenstände, wie beispielsweise Pflanzen, erreicht werden könnte. „Diese von den Kindern als vertraut erlebten Gegenstände werden für sie zu Stützpunkten in einer zunächst unbekannten Welt, in der sie sich nun angstfrei bewegen können" (Heiny 1997, 47).

Die bewegungsbezogene Klassenraumgestaltung hat allerdings durchaus nicht nur die Funktion, Wohlfühlen zu garantieren. Zentralen Raum nimmt das Ziel der sinnbezogenen Lernförderung ein, die durch das Schaffen aufgabenbezogener Arbeitssituationen mit unterschiedlichen, individuell eingerichteten Arbeitsplätzen, angeregt werden soll (vgl. Illi 1995, 409). Hier finden sich eine ganze Reihe von Vorschlägen, so z.B. die Ausstattung separater Bereiche und individueller Arbeitsplätze im Klassenraum mit Teppichböden, Kissen, Matten, Decken etc., die sowohl zum Sitzen auf dem Boden, als auch zum Lernen im Liegen einladen, oder die Platzierung der Schultische in unterschiedlichen Formationen, je nach Arbeitssituation z.B. als Gruppentische oder in U-Form. Diese Raumgestaltung ist durch die Einrichtung von Ecken und Nischen, wie z.B. Lese- oder Kuschelecken, Spiel- oder Experimentierecken (vgl. Hildebrandt 1996, 511) zu ergänzen, welche die Verwirklichung individuellen Lernens und Bewegens in einem handlungsorientierten Unterrichts durch die Notwendigkeit, verschiedene Lernplätze ansteuern und dort in selbstgewählter Körperhaltung handelnd tätig werden zu müssen, garantieren. Durch dieses hohe Maß an Selbststeuerung „können hier Wissensbegierde, Forschungsinteresse, Problembewusstsein, Lösungsstrategien aber auch pragmatische Fertigkeiten und nicht zuletzt Kooperationsfähigkeit gelernt werden“ (Heiny 1997, 47).

Eine ganz zentrale Rolle spielt bei der Schulzimmergestaltung das Mobiliar. Es ermöglicht und fordert erst Bewegung. Insbesondere dem Sitzmobiliar wird in der Literatur viel Beachtung zuteil. Dies ist nicht verwunderlich, weil Schule zunächst als ein Ort verstanden wird, in dem viel gesessen wird.

#### *3.1.2.3 Angepasstes Schulmobiliar*

Unter Schulmobiliar ist „Lernmobiliar“, wie z.B. Tische und Stühle u.ä., zu verstehen. Die in der Literatur diskutierten Schulmöbel lassen sich in drei Kategorien unterteilen: Erstens wird das traditionelle Schulmobiliar, das herkömmliche Schultische und Stühle umfasst, genannt. Die zweite Kategorie bildet das funktionsangepasste, ergonomische Mobiliar, zu dem höhenverstellbare Tische und Stühle, Keilkissen, Sitzbälle, Stehpulte etc. zählen. Zu der dritten Kategorie gehören alternative Sitzgelegenheiten, wie verbaubare, vielseitig einsetzbare Möbelelemente, aus denen Sitzgelegenheiten u.ä. gebaut werden können.
Die erste Kategorie, die traditionellen Schulmöbel, wird in der Literatur zur „Bewegten Schule“ nur am Rande behandelt, da solche Möbel zum einen als durch Mobiliar der anderen beiden Kategorien ersetzbar, zum anderen als ohnehin gegeben angesehen werden.
Zu der zweiten Kategorie, zum kindgerechten, ergonomischen Mobiliar, zählen vor allem Tische und Stühle, die dem Körper angepasst und den Aufgaben entsprechend möglich verstellbar sein sollten (vgl. Illi 1995, 409). Die Schreibtischplatte sollte mindestens 16°, besser noch 21° neigbar sein, bei den Stühlen sollte sowohl die Lehnenhöhe als auch die Sitztiefe verstellbar sein (vgl. Müller 1999, 82). Das Mobiliar sollte insgesamt möglichst optimale Bewegungsfreiheit und einfache Handhabung garantieren (vgl. Illi 1995, 409). Weiterhin sollten Keilkissen, Sitzbälle und Aufsatzpulte für Schultische der Belastung des unfunktionellen Sitzens und Arbeitens entgegenwirken, wobei darauf zu achten ist, dass die Sitzhöhe mit der Arbeitshöhe des Tisches korrespondiert. Das Sitzmobiliar ist durch Stehpulte zu ergänzen, die eine Veränderung der Arbeitshaltung – vom Sitzen ins Stehen – unterstützen und damit zum „bewegten Sitzen“ und „bewegten Lernen“ beitragen. Weiterhin wird vorgeschlagen, dass Sitzbälle nicht als Stuhlersatz fungieren, sondern vielmehr als ergänzende Objekte, die zum aktiv-dynamischen Sitzen animieren. Dazu reiche es, wenn lediglich für jedes dritte Kind ein Ball vorhanden wäre. Diese sollten im Verlauf des Unterrichts gewechselt werden, so dass zeitweise auch eine passive Ruhe-

haltung auf einem herkömmlichen Stuhl mit Lehne möglich wird (vgl. Breithecker 1996, 58).

Bei den in der dritten Kategorie beschriebenen, variabel verbaubaren Möbelelementen handelt es sich um alternative Sitzelemente, wie z.B. angefertigte Grundelemente aus Hartschaum in Form von Würfeln, Quadern, Halbwalzen, die durch Bretter zusätzlich miteinander verbunden werden können (vgl. Sobczyk 1995; Landau/Sobczyk 1996). Solche Sitzelemente sind gerade aufgrund ihres funktionalen und bewegungsunterstützenden Charakters als ergonomisch zu bezeichnen und können in unterschiedlichster Art und Weise eingesetzt werden:

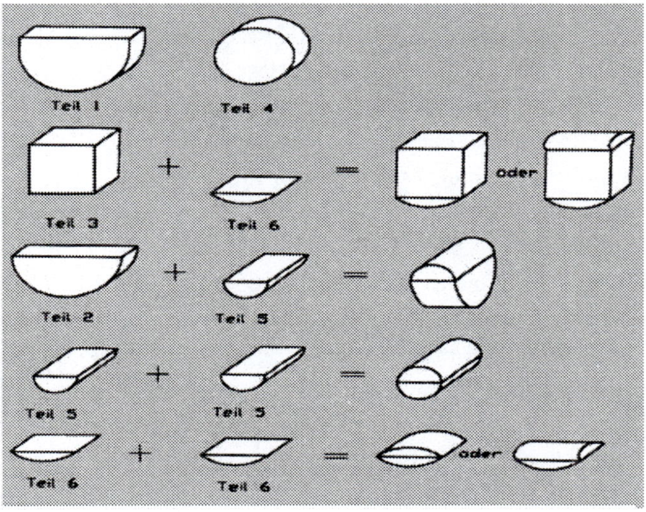


*Abb. 4: Alternative Sitzgelegenheiten in Form verbaubarer Möbelelemente (aus: Müller 1999, 80)*

Insgesamt gesehen ist zum so genannten „neuen Schulmobiliar“, wie z.B. zu Sitzbällen und alternativen Sitzgelegenheiten, anzumerken, dass der Nutzung dieses Mobiliars zunächst eine Eingewöhnungsphase zum freien Ausprobieren und anschließender gemeinsamen Reflexion vorausgehen sollte, da diese Gegenstände gerade zu Beginn einen großen Aufforderungscharakter für die Schüler haben (Breithecker 1995, 154; Sobczyk 1995, 47). Der Einsatz des angepassten Schulmobiliars wird dann als optimal angesehen, wenn die Schüler dazu in der Lage sind, ihre Arbeitsplätze selbständig auszuwählen, individuell zu gestalten und auf die eigenen Größenverhältnisse einzustellen (Müller 1999, 76).

### *3.1.2.1 Schulhofgestaltung*

Dem Schulhof wird im Zusammenhang mit einer „Bewegten Schule“ vor allem in der neueren Literatur viel Bedeutung beigemessen. Schulhöfe bieten den Schülern während der Pausen regenerative Bewegungs- oder Ruhemöglichkeiten, können jedoch auch, bei entsprechender Witterung, von den Schülern während unterrichtsintegrierter Bewegungspausen genutzt werden. Die Möglichkeit einer Nutzung von Schulhöfen während des Unterrichts wird übrigens auch in der Praxis mittlerweile in verstärktem Maße erkannt. So richten immer mehr Schulen auf Schulhöfen bzw. auf dem Außengelände der Schulen so genannte „grüne“ Klassenzimmer zum Unterrichten im Freien ein. Doch in der Literatur zur „Bewegten Schule“ ist vorgesehen, dass der Schulhof auch nach Ende der Schulzeit Kindern aus dem Stadtteil zur Verfügung stehen soll.

Damit ein Schulhof den Ansprüchen im Sinne einer „Bewegten Schule“ gerecht wird, darf er weder monoton noch bewegungsfeindlich sein. Vielmehr soll er bewegungsaktiv gestaltet und genutzt werden (vgl. Illi 1995, 13).

„In den Pausen sollen die Schüler die Möglichkeit erhalten, sich nach ihren Interessen und Bedürfnissen zu bewegen und zu beschäftigen: neben dem Ausruhen, Frühstücken, Sich-Unterhalten oder Lesen, können sie sich auch dann für Bewegungsaktivitäten entscheiden. Dazu ist ein Pausengelände notwendig, dass durch eine sinnvolle Strukturierung die groß- und kleinräumigen Spiele und sonstigen Aktivitäten deutlich voneinander trennt und auf dem die Schüler verschiedene Kletter-, Rutsch- und Spielgeräte vorfinden. Vielfältige Kleingeräte sollten leicht zugänglich sein“ (Hundeloh 1995, 9).

Dabei geht es nicht darum, den Pausenhof wie einen Kinderspielplatz auszustatten, d.h. mit verschiedenen Spielgeräten zu versehen. Daraus ergeben sich nicht zwangsläufig bessere Spielmöglichkeiten, und auch den individuellen Bewegungsbedürfnissen der Kinder wird damit nicht unbedingt Rechnung getragen. Wichtiger als eine quantitative ist vielmehr eine qualitative Gestaltung des Schulhofes (vgl. Dienert 1995, 31). „Das Schulgelände sollte so gestaltet sein, dass Kinder spielen und über Bewegung Natur in Erfahrung bringen können“ (Hildebrandt 1996, 514).

In der Literatur finden sich viele Berichte von Schulen, die ihren Schulhof von einem monotonen, bewegungsfeindlichen Platz in ein naturnahes Bewegungsgelände umgewandelt haben[20]. Aus diesen Berichten über die Pausenhofgestaltung lassen

[20] Ein sehr anschauliches Beispiel hierfür gibt Dienert (1995). Ausgangspunkt des von ihr beschriebenen Projekts war die Aufforderung an ihre Schüler herauszufinden, wo und womit sie gerne spielen und sich bewegen. Ein zentrales Ergebnis war, dass Schüler Erfahrungen in der Natur, im Gegensatz zum Bewegen auf Beton, als besonders erlebnisträchtig darstellten. Auf der Grundlage dieser Erfah-

sich weitere Forderungen an den Schulhof ableiten: Dieser sollte möglichst in verschiedene Aktivitätszonen (genannt werden dabei: Spielfläche, Baufläche, Kletterzone mit Möglichkeiten zum Klettern, Balancieren, Hangeln, Steigen, Fahrfläche, Sitzecke, Ruhezone; vgl. Dienert 1995, 32; Klupsch-Sahlmann 1999, 18; Laging 1993, 8) strukturiert sein, um den unterschiedlichen Pausenbedürfnissen und den verschiedenen Altersstufen der Schüler gerecht zu werden. Die Zonen sollten dabei so gestaltet sein, dass verschiedene elementare motorische Fertigkeiten wie z.B. Klettern, Hüpfen, Springen, Laufen möglich sind. Für die Gestaltung der einzelnen Bereiche des Schulhofes sollten unterschiedliche landschaftliche Gestaltungsmaterialien wie beispielsweise Rasen, Sand, Wasser, Holz und Möglichkeiten wie Hügel, Gruben, Pflanzen, Büsche genutzt werden, um vielseitige, naturnahe Spiel- und Bewegungsräume zu schaffen (vgl. Dienert 1995, 32; Fieblinger 1999, 28ff)[21] und dem Schulhof nicht nur den Charakter eines Bewegungs-, Spiel- und Erfahrungsraums, sondern auch eines Naturerfahrungsraums, mit unterschiedlichen Bodenbeschaffenheiten, verschiedenen Pflanzen und evtl. einem Biotop, zu verschaffen. Ein solcher Schulhof bietet den Kindern sowohl die Möglichkeit des naturnahen Spielens, als auch des Erkundens, Spürens und Wahrnehmens der Natur (vgl. Pettenpaul 2000, 21) und ermöglicht damit eine Vielzahl an Erfahrungsmöglichkeiten aus erster Hand.

## 3.2 Inhaltliche Merkmale der „Bewegten Schule"

Bei den inhaltlichen Strukturmerkmalen einer „Bewegten Schule" steht die Absicht im Vordergrund, dass eine „Bewegte Schule" als ein Lebensraum erfahren wird (Illi 1995, 412), in dem das Wahrnehmen, Denken, Fühlen und Bewegen als ganzheitliches Handeln aufgefasst wird. Dementsprechend sind erweiterte Lehr- und Lernformen ebenso wie eine bewusste Rhythmisierung durch einen ausgewogenen Wechsel von Spannungs- und Entspannungsphasen integrierte Bestandteile eines „bewegten Unterrichts".

---

rungen entwarf Dienert gemeinsam mit ihren Schülern einen Gestaltungskatalog und arbeitete mit ihnen heraus, wie ihr neuer Schulhof gestaltet werden soll. Eine solche aktive Einbeziehung in die Planung der Umgestaltung eines Schulhofs hat, wie es die Studie Dienerts zeigt, nicht nur den Lerneffekt, dass Lebensbedingungen nicht unbeeinflussbar sind (1995, 34), sondern ermöglicht den Schülern eine persönliche Identifikation mit ihrem Schulhof.

21 Dienert (1995, 34) unterteilt die Gestaltungselemente in vier Kategorien: „natürliche Dinge" wie Wald, Hügellandschaften, Sandbereich; „Müll" wie beispielsweise Lasterreifen; „zweckfreie Gegenstände" wie Baumwurzeln, Steine; „normierte Gerätschaften" wie fest installierte Spielgerüste, Vorrichtungen für Ballspiele (Basketballkorb, Volleyballnetz, Tischtennisplatte) aber auch aufgemalte Hüpfkästchen.

Auf die inhaltlichen Elemente einer „Bewegten Schule“ wird im folgenden konkreter eingegangen, wobei zwischen unterrichtsintegrierten Elementen und Elementen, die außerhalb des Kernunterrichts zu verorten sind, unterschieden wird.

### *3.2.1 Unterrichtsinterne Merkmale*

Die unterrichtsinternen Merkmale einer „Bewegten Schule“ beziehen sich konkret auf das, was an Bewegung in den regulären Unterrichtsablauf mit eingebracht werden kann. Dies reicht von Elementen, die in den Prozess der Wissensvermittlung integriert werden können, wie z.B. die „Formen des bewegten Lernens“ oder das „bewegte Sitzen“, bis hin zu Elementen, welche die Wissensvermittlung unterbrechen, aber dennoch in den Unterricht eingebunden sind, wie die „Bewegungspause im Unterricht“ oder „Entspannungsübungen“.

#### *3.2.1.1 Formen des „bewegten Lernens“ im Unterricht*

„Bewegtes Lernen“ ist – entsprechend des Sachverhaltes, dass der Unterricht das zentrale Element des Schultags darstellt – ein basales Strukturmerkmal einer „Bewegten Schule“, das in der Literatur als Ausgangspunkt für weitere „Bausteine“ der „Bewegten Schule“ angesehen wird.

„Bewegtes Lernen“ basiert auf der Annahme, dass eine kindgerechte Unterrichtsgestaltung die Rhythmisierung von Konzentration und Entspannung, von Ruhe und Bewegung sowie von geistiger und körperlicher Aktivität beachten soll (Illi 1995, 409). Voraussetzung für ein solches Lernen ist eine „bewegte Unterrichtssituation“, die es den Schülern in Grenzen ermöglicht, sich frei im Raum zu bewegen und ihren Lernplatz und ihre Lernhaltungen selbst zu bestimmen (vgl. Hildebrandt 1996, 511). Die Schwierigkeit, eine solch gravierende Strukturveränderung in der Schule umzusetzen, sowie die potentielle Folgeträchtigkeit einer solchen Öffnung möglichen Verhaltens, macht die Formalisierung dessen, was als Bewegung im Klassenraum zulässig ist, notwendig und setzt eine entsprechende Verständigung zwischen den unterrichtenden Lehrern und den Schülern voraus.

„Bewegtes Lernen“ öffnet den Unterricht im Idealfall für folgende Verhaltensmöglichkeiten (Klupsch-Sahlmann 1999, 15):

- Kinder holen bei Lehrkräften und anderen Kindern Informationen ein. Sie gehen dorthin.
- Nicht die Lehrkräfte verteilen Arbeitsblätter und Materialien, sondern die Kinder holen sich diese von dem vorher bekannt gegebenen Platz selbst.

- Kinder können für bestimmte Arbeitsphasen ihren Platz verlassen und die gestellte Aufgabe an anderen Orten als dem Klassenraum, wie zum Beispiel im Flur, erledigen.
- Kindern ist es erlaubt, ihre Sitzposition häufig und ihren Bedürfnissen entsprechend zu ändern. Das Aufstehen, das Verstellen des Stuhls oder ein „verkehrtes“ Sitzen sind erlaubt.
- Den Kindern werden alternative „Sitzformen“ bei der Erledigung von Aufgaben erlaubt. Schreiben und Lesen erfolgen nicht nur sitzend am Platz, sondern auch liegend oder stehend.

Fragt man nun nach den Inhalten eines „bewegten Lernens“, dann werden in der Literatur zwei unterschiedliche Ansätze verfolgt: zum einen das Lernen durch Bewegung, d.h. ein Lerngegenstand wird mit Hilfe zusätzlicher Informationszugänge erschlossen, zum anderen das Lernen mit Bewegung, wobei Bewegung nicht der direkten Erkenntnisgewinnung dient, sondern als konzentrations- und motivationsförderndes Mittel eingesetzt wird (vgl. Müller 1999, 65; Pettenpaul 2000, 16).

Beide Ansätze sollen im Grunde einem zentralen Defizit des traditionellen Unterrichts entgegenwirken, nämlich dem Sachverhalt, dass Lernen vorrangig durch Informationsaufnahme über die Analysatoren des äußeren Regelkreises geschieht: Das Kind sieht den neuen Buchstaben an der Tafel stehen, es hört den entsprechenden Laut.

„Doch der Mensch hat mehr als diese zwei Sinne. Riechen, Schmecken und Tasten ergänzen diese oft zitierten fünf Sinne. Je nach Literaturquelle findet man Unterteilungen in mehr als zehn Sinne. Das Konzept der bewegten Schule sieht vor allem den „Bewegungssinn“ (kinästhetischer Analysator) als wertvollen, zusätzlichen Informationszugang an. Hinzu kommt ein weiterer zum inneren Regelkreis gehörender Sinn - der Gleichgewichtssinn. Die Rezeptoren des kinästhetischen Analysators liegen über den ganzen Körper verteilt in den Muskeln, Sehnen, Bändern und Gelenken. Informationen erfolgen also nicht über die Umwelt, sondern über den Körper und die eigene Bewegung“ (Müller 1999, 52).

Um diesem Sachverhalt gerecht zu werden, soll das im Unterricht erworbene Wissen über vielfältige sinnliche Wahrnehmungen in innere Bilder transformiert und damit als ganzheitliche Erfahrungen abgespeichert werden. Eine solche ganzheitliche, lebendige und kindgemäße Gestaltung des Unterrichts setzt wiederum eine bewusste Einbeziehung von Bewegung voraus (vgl. Pühse 1997, 418).

Lernen mit Bewegung kann in diesem Sinne als „Erweiterung traditioneller Formen des Unterrichtens eingeordnet werden. Neben der verbesserten Sauerstoffversorgung des Gehirns tragen psychische Komponenten (nicht mehr still sitzen zu müssen sowie die Motivationserhöhung durch die eigene Aktivität) dazu bei, das Lernen zu erleichtern und eine Schule zu gestalten, die wirklich vom Kinde ausgeht" (Müller 1999, 65).

Wie ein solches bewegtes Lernen aussehen kann, verdeutlichen u.a. Klupsch-Sahlmann (1998), Müller (1999), Nellessen (1999):

- Das „Erhüpfen" von Wörtern auf Buchstabentabellen in Hüpfkästchenform, wobei von einem Buchstaben eines Wortes zum nächsten gehopst wird.
- Selbstkontrolle von Arbeitsergebnissen in verschiedenen Ecken der Klasse anhand von Kontrollmaterial, z.B. Wanderdiktat.
- Schreib- und Wahrnehmungsübungen in Partner- und Kleingruppenarbeit auf dem Rücken der anderen.
- Erschließung von Gedichten und Geschichten durch Bewegung.
- Tastübungen zur Sicherung der Zahlen- und Buchstabenkenntnis.
- Das Hüpfen von Rechenaufgaben und ihrer Ergebnisse.
- Größenvorstellung im Bereich von Zeit und Längen durch Laufaufgaben entwickeln lassen.
- Durchführung von Aufgaben mit Bewegungselementen zu den entsprechenden Fächern (*Mathematik:* z.B. einen Flieger aus Papier bauen, auf dem Schulhof fliegen lassen und Flugstrecke messen. *Kunstunterricht:* z.B. auf dem Schulhof Blätter sammeln etc.).
- Durchführung von Aufgaben aus den aktuellen Themen des Sportunterrichts (z.B. Rückenschaukel, Rollen, Handstände etc.).
- Durchführung von Aufgaben am Platz: Däumchendrehen in beide Richtungen, mit verschiedenen Fingern etc.
- Integration von Bewegungsaufgaben in die Freiarbeit.
- Vergabe von Bewegungshausaufgaben. Hierzu können sowohl Entspannungsphasen vor den eigentlichen Hausaufgaben oder Auflockerungsminuten und Aufgaben zum „bewegten Lernen" gegeben werden.

Da Erfahrungen, wie sie durch „bewegtes Lernen" gefördert werden sollen, sich nicht an Fachgrenzen des Unterrichts halten, ist der Gedanke des „bewegten Lernens" eng mit dem lernbereichsübergreifenden Unterricht verbunden. Das heißt, der Unterrichtsgegenstand wird parallel aus der Sichtweise unterschiedlicher Fächer behandelt. Dadurch können Verknüpfungen von Lerninhalten in ihrer ganzen Komplexität verdeutlicht werden. Die Erfahrungen sind umso unmittelbarer und nachhaltiger, je mehr sie der Lebenswirklichkeit der Kinder entsprechen und „körpernah" erlebt werden (vgl. Laging 1993, 13ff). Dabei können drei verschiedene Formen unterschieden werden:

1. Lernziele eines Lernbereichs werden in einem anderen Lernbereich wieder aufgegriffen und vertieft. Ein Beispiel wird in Abbildung 8 für das Thema *richtiges Verhalten im Straßenverkehr* gegeben:

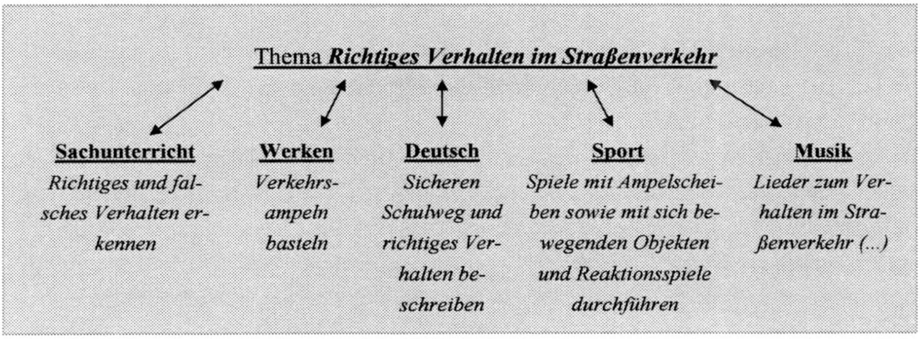


*Abb. 5: Beispiel für lernbereichsübergreifendes Unterrichten (aus: Müller 1999, 171)*

2. Ein Gegenstand, der aus einem Lernbereich stammt, wird im Sinne einer stofflichen Klammer für die mehrperspektivische Bearbeitung eines Sachverhalts in verschiedenen Lernbereichen benutzt.
   *Beispiel:* Ein Bilderbuch wird fächerübergreifender Gegenstand für z.B. die Fächer Sprache, Kunst, Musik und Sport (vgl. Deutsch/Kleindienst-Cachay 2001, 132-136).
3. Fächerübergreifende Projekte werden durchgeführt, für die in einer „Bewegten Schule“ ein dem Gesamtkonzept angepasster spezifischer Rahmen abgesteckt wird. Im Mittelpunkt stehen hier Themen und Ziele, bei denen das Erkunden, Verändern, Arrangieren bzw. Gestalten von Bewegungssituationen und durch Bewegungshandlungen einen Schwerpunkt bildet (vgl. Müller 1999, 172). Dabei können Projekte *äußere/externe* Produkte, wie z.B. das Anfertigen alternativer Sitzmöbel, eines Pausenspielbuches etc., oder *innere/interne* Produkte aufweisen. Müller (1999, 172) unterteilt diese Projekte nochmals in solche, die in sich weitgehend abgeschlossen sind (beispielsweise der Erwerb bestimmter Fertigkeiten, wie Tänze anderer Kulturen erlernen), und in solche, die einen eher offenen Charakter haben (wie beispielsweise Erfahrungen sammeln, die Verbindung zwischen Natur und Bewegung erleben, Erkenntnisse zum Zusammenhang von Gesundheit und Bewegung erlangen etc.).

### *3.2.1.2 Bewegungspausen im Unterricht*

Bewegungspausen im Unterricht werden in so gut wie allen Veröffentlichungen zur Thematik als ein integraler Bestandteil der Konzeption „Bewegte Schule“ genannt. Unter einer Bewegungspause wird die Unterbrechung des momentanen Unterrichtsstoffes zugunsten einer kurzen Bewegungszeit für die Schüler verstanden. Dem liegt die Erkenntnis zugrunde, „dass Kinder sich nur eine begrenzte Zeit mit einer Sache konzentriert beschäftigen können, zum anderen, dass aktives Sichbewegen bereits nach wenigen Minuten eine neue leib-seelische wie geistige Frische hervorrufen kann“ (Dannenmann 1997, 26).
Bewegungspausen werden bei allen denkbaren Unterrichtsformen als notwendig erachtet, selbst beim „bewegt“ gestalteten Unterricht, in welchem es ebenfalls Unterrichtsphasen gibt, die eine lehrerzentrierte, statische Konzentration aller auf eine bestimmte Sache erfordern. Erfordert Unterrichten eine konzentrierte sitzende Tätigkeit, dann ist die psycho-physische Belastungsgrenze bereits nach 15-20 Minuten erreicht (Breithecker 1997, 67). Eine optimale Förderung von Lern- und Leistungsbereitschaft der Schüler erfordert somit den Einsatz gezielter, den körperlichen, psychischen und sozialen Bedürfnissen der Schüler entsprechende Bewegungspausen (vgl. Klupsch-Sahlmann 1995, 18). Eine effektive Bewegungspause, die dazu führt, dass sich die Schüler anschließend wieder konzentriert dem Lerngegenstand zuwenden können, bringt auch für die Lehrkräfte eine Entlastung mit sich (vgl. Balster 1995, 12).
Die vorgeschlagene Zeitdauer einer Bewegungspause im Unterricht schwankt in der Literatur zumeist zwischen 5 und 15 Minuten (vgl. u.a. Klupsch-Sahlmann 1995, 18; Kössler 1999, 102). In diesem Zusammenhang ergibt sich für den Lehrer die Schwierigkeit, den situativ angemessenen Zeitpunkt zu finden, zu dem eine Bewegungspause stattfinden kann. Richtlinie soll die Beobachtung von psychischen und physischen Überforderungsanzeichen bei den Schülern durch den Lehrer sein (Breithecker 1995, 155). Als Anzeichen gelten dabei Unaufmerksamkeit, Lustlosigkeit oder motorische Unruhe (vgl. Klupsch-Sahlmann 1995, 18).
Der Lehrer hat nicht nur hinsichtlich der Auswahl des Zeitpunkts einer Bewegungspause eine wichtige Funktion, er muss außerdem Vorbild sein, helfen, korrigieren und mitmachen. Lehrer sollen die Bewegungspause in ihr professionelles Handeln aufnehmen.

Eine Bewegungspause kann sowohl alleine als auch mit Partnern oder in der Gruppe durchgeführt werden. Methodisch lassen sich Bewegungspausen, je nach Grad der Gelenktheit durch den Lehrer sowie nach ihrem Intensitätsgrad, folgendermaßen differenzieren (vgl. Pettenpaul 2000, 18): In einem direktiven Verfahren werden Bewegungsformen und -ausführungen von der Lehrkraft vorgegeben und gelenkt. Dies können aktive Bewegungsübungen oder -formen, wie beispielsweise Gymnastikübungen, Tänze, Bewegungslieder, Fingerspiele etc., sein (vgl. Müller 1999, 85ff). Das nicht-direktive Verfahren ist mit einem freien Bewegungsangebot an die Kinder verbunden. Die Lehrkraft setzt lediglich Anreize durch räumliche und/oder materielle Vorgaben, die z.B. in einer Anregung zum freien, selbstbestimmten Spielen und Bewegen oder zur Entspannung bestehen.

Eine Bewegungspause kann an verschiedensten Orte der Schule durchgeführt werden, vorausgesetzt, die Störung von anderen Klassen kann vermieden werden (vgl. Kössler 1999, 102). Der in der Literatur am häufigsten genannte Ort innerhalb des Schulhauses ist das Klassenzimmer, empfohlen werden aber auch die Flure, die Pausenhalle, die Sporthalle, ein spezieller Bewegungsraum, die Aula, der Schulhof sowie vorhandene Rasen- oder Spielflächen (vgl. Klupsch-Sahlmann 1995, 18; Krummschmid 1998).

Hinsichtlich der in Bewegungspausen verwendbaren Materialien gibt es keinerlei Beschränkungen. Hauptkriterium ist ein pragmatisches, nämlich das der Zugänglichkeit von Materialien. Verwendbar sind so z.B. Schulmaterialien, wie etwa Radiergummi und Lineal zum Tennis spielen, Alltagsmaterialien, wie Zeitungen, Bälle und Joghurtbecher, spezielle Bewegungs- und Sportspielgeräte, wie Tennisschläger, Bälle, Pedalos, Inlineskates etc. oder im Rahmen von Projekten oder Unterrichtsfächern speziell für die Bewegungspause selbst hergestellte Geräte (vgl. Laging 1997, 62).

#### *3.2.1.3 „Bewegtes Sitzen“*

„Bewegtes Sitzen“ kann als ein Strukturmerkmal der „Bewegten Schule“ kaum unabhängig von anderen Elementen, wie dem „bewegten Lernen“ und dem „angepassten Mobiliar“, gesehen werden. Unter „bewegtem Sitzen“ wird die Unterbrechung einer monotonen Sitzphase durch Veränderung der Sitzposition auf vielfältige Weise sowie das Einnehmen von alternativen Arbeitshaltungen verstanden.

Hintergrund der Forderung nach einem „bewegten Sitzen“ ist der Sachverhalt, dass trotz der Lockerung körperbezogener Regeln im Klassenraum, die Schulkinder zumeist noch in einem pädagogisch nicht zu vertretenden Rahmen zur Disziplinierung ihres Körpers durch Stillsitzen angehalten werden (Laging 1993, 9). Um dem entgegenzuwirken, sind Arbeitshaltungen regelmäßig mittels vielfältiger Sitzvarianten zu wechseln, außerdem sind der Aufgabenstellung entsprechend alternative Stellungen im Liegen, Knien, Stehen und Gehen ins Arbeitsverhalten zu integrieren (Illi 1995, 409).

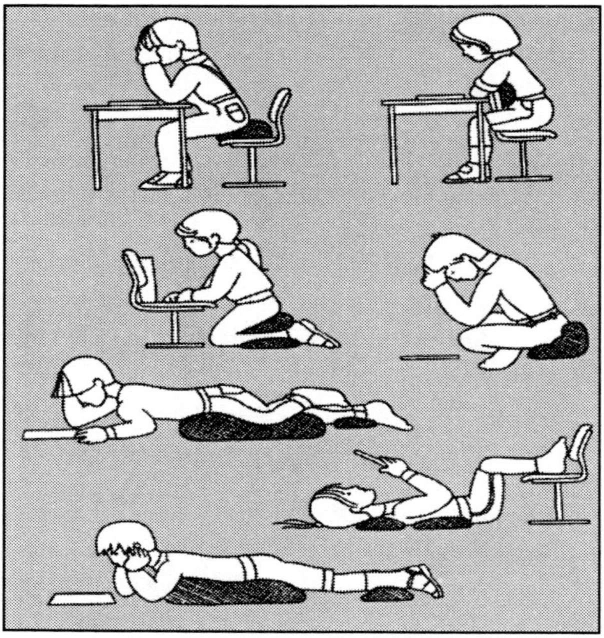

*Abb. 6: Beispiele des Lernens in verschiedenen Sitzpositionen (aus: Müller 1999, 74)*

Das aktiv-dynamische Sitzen soll folgende positive Effekte mit sich bringen (Gamp/Illi 1995, 146):

- Es regt die Wahrnehmung der kinästhetischen Sinnesempfindungen an.
- Es fördert die Bewusstwerdung und damit die Selbststeuerung des eigenen Sitzverhaltens.
- Es bietet ein natürliches Training der Rumpfmuskulatur.
- Es gewährleistet eine gesunde Wirbelsäule durch die Versorgung der Bandscheiben.
- Es unterstützt die Durchblutung und die Funktion der inneren Organe.
- Es vermindert die Druckbelastung auf die Gewebe.
- Es ermöglicht die Venenentlastung.
- Es provoziert entspannte Schultern.
- Es verhilft zum Abbau von inneren Spannungen und von Stress.
- Es aktiviert die geistigen Kräfte zum Lernen.
- Es verbessert das Konzentrationsvermögen.

Das für die Umsetzung „bewegten Sitzens“ notwendige funktionelle und „einladende“ Mobiliar erfordert eigentlich hohe finanzielle Investitionen. Lassen sich diese nicht realisieren, ist die durch die Lehrkraft gesteuerte Erarbeitung alternativer Sitzpositionen auf herkömmlichen Stühlen durch die Schüler Voraussetzung (Gamp/Illi 1995, 147).

Bei der Umsetzung „bewegten Sitzens“ wird empfohlen, die Sitzanordnung im Klassenzimmer je nach Arbeitssituation variabel zu gestalten, etwa durch Veränderung der Sitzanordnung in einen Gesprächskreis, in U-Form, Arbeitstische, Frontalaufstellung etc. Die jeweilige Lehrkraft sollte ihre Schüler zur Veränderung und Variation ihrer Sitzhaltung anregen und dies möglichst bereits in der Unterrichtsplanung berücksichtigen. Darüber hinaus sollten während des Unterrichts gemeinsam spezielle Übungen zur Auflockerung des langen Sitzens durchgeführt werden (vgl. Regensburger Projektgruppe 1999, 5).

„Bewegtes Sitzen“ zu realisieren setzt Kenntnisvermittlung über „richtiges“ Sitzen voraus. Die Schüler müssen ein Gespür für die eigene Befindlichkeit am Arbeitsplatz entwickeln und Wissen darüber erwerben, wie sie präventiv dem häufigen, zu langen, zu passiven und statischen Sitzen entgegenwirken können (vgl. Gamp/Illi 1995, 146). Diese Wissensvermittlung ist an Wahrnehmungsübungen zu koppeln, mit denen erreicht werden soll, dass die Schüler ihre Wahrnehmung auf die Sitzhaltung richten, um so ein Gefühl für das jeweils „richtige“ Sitzen zu entwickeln.

#### *3.2.1.4 Entspannung*

Entspannung, als ein Element der „Bewegten Schule“, ist ähnlich der Bewegungspause im Unterricht ein Inhaltsmerkmal, das nicht in den eigentlichen Unterricht im Sinne einer Vermittlung curricularer Vorgaben mit eingebunden wird, außer es findet im Sportunterricht statt, sondern den Unterricht aus funktionalen Gründen unterbricht. Hinsichtlich dessen, was Entspannungsverfahren in der Schule genau leisten sollen, gibt es zwei Argumentationsrichtungen. Entspannung wird einerseits als ein Kompensationsmedium zum Ausgleich von Anspannungen und Aggressionen der Schüler – und auch der Lehrer – sowie zum Ausgleich von permanenten Bewegungsunruhen und Konzentrationsunfähigkeit thematisiert (vgl. Kolb 1995; Laging 1993). Entspannungsübungen sollen vor allem erreichen, „dass sich die Person von hektischen, permanent durch den Kopf strömenden Gedanken lösen kann“ (Kolb 1995, 62) und dass sich der Organismus dadurch von Anstrengungen und Stress erholt. Andererseits wird Entspannung als präventiv-gesundheitsfördernde Aktivität angesehen, über die ein Bewusstsein für die Verfügbarkeit von Methoden zum Stressabbau und der Wiedererlangung geistiger Leistungsfähigkeit geweckt werden soll (vgl. Illi 1995, 409).

Entspannung als kompensatorisches oder als präventiv-gesundheitsförderndes Medium in der Schule einzusetzen, setzt sowohl praktische Erfahrung als auch Wissen voraus, wie durch selbstkontrolliertes Stressmanagement die Lern- und Leistungsfähigkeit des Organismus erhöht werden kann. Will man Entspannungsverfahren in den Unterricht integrieren, dann sind also Voraussetzungen zu schaffen, wie beispielsweise die Förderung von Selbstwahrnehmung, damit sich Schüler überhaupt auf die Entspannung einlassen und davon profitieren können (vgl. Kolb 1995, 62).

Um Entspannung zu erreichen, eignen sich zunächst geistige Übungen, bei denen über das *Einstellen äußerer Bewegung* der Zugang zu Stille und Entspannung ermöglicht wird. Die Entspannungsformen der Stille sollen mittels konzentrativer und meditativer Anteile andere, bisher im Unterricht vernachlässigte Hirnareale von Kindern anregen, deren Vorstellungskraft stärken und die Kinder dazu befähigen, ganzheitlich, mit allen Sinnen, aufzunehmen und erfahrungsbezogen zu lernen (Bründel/Hurrelmann 1996, 187). Hierzu eignen sich vor allem Maßnahmen in Form von Phantasie-, Traum- oder Körperreisen. „In Ruhe und Entspannungsphasen werden äußere Bewegungen eingestellt, um die Konzentration auf innere Bewegung zu lenken. Sie sind somit als innere Bewegungsprozesse zu verstehen mit dem Ziel, sich selbst zu finden. Sich selbst wahrnehmen und sich selbst erfahren kann beim Erkennen und Lösen von Problemen nützlich sein. (...) Ruhe und Entspannung tragen viel zum Wohlbefinden des Menschen bei und helfen, sich selbst zu finden“ (Kindermann/Wieske 1999, 12).
Organisatorisch sollte der Beginn von Entspannungsformen der Stille „harmonisch in den Gesamtablauf eingebettet sein. Rituale erleichtern den Einstieg in Stilleübungen. Sie geben Sicherheit sowie Vertrauen in die eigenen Fähigkeiten und helfen Ängste abzubauen. Es ist eine angenehme Atmosphäre zu schaffen, z.B. durch entspannende Sitzhaltungen, geschlossene und evtl. verdunkelte Fenster, ausgeschaltetes Licht“ (Müller 1999, 151).
Eine Alternative zu den Entspannungsformen der Stille bieten *Bewegungsformen,* wie beispielsweise Progressive Muskelrelaxation, Yoga, Tai-Chi, Streching etc., die auf eine durch bestimmte motorische Aktivitäten induzierte Entspannung abzielen.

*Tab. 3: Übersicht über zwei Zugangsweisen zur Entspannung mit Schülern*

| | | |
|---|---|---|
| ***Zugangsweisen zur Entspannung*** | *1. Maßnahmen, durch die durch* ***Einstellen der äußeren Bewegung*** *zur Stille gelangt wird* | • *Geistige Übungen,*<br>• *Stilleübungen,*<br>• *Phantasiereisen,*<br>• *Autogenes Training* |
| | *2. Über* ***Bewegungsübungen*** *zur Entspannung gelangen* | • *Progressive Muskelrelaxation*<br>• *Yoga,*<br>• *Tai-chi*<br>• *Stretching* |

### *3.2.1.5 „Entlastungsbewegungen“*

Entlastungsbewegungen werden als Element einer „Bewegten Schule“ nur am Rande thematisiert. Sie sollen die bewusste Beachtung der für eine ungehinderte Entwicklung des wachsenden Organismus des Kindes notwendigen Belastungs- und Entlastungswechsel garantieren (Illi 1995, 409). Sie sind als gezielte Maßnahmen zu verstehen, die eine zwischenzeitliche Entlastung des Körpers bewirken sollen, vor dem Hintergrund des physikalischen Sachverhalts, dass der Rumpfschwerpunkt, auf eine möglichst große Unterstützungsfläche aufgelegt, keine Haltearbeit mehr leisten muss und somit eine entsprechende Erholung vom belastendem Sitzen erfährt (vgl. Breithecker 1996, 175). „Bei Entlastungsbewegungen wird der Bewegungsapparat durch sanfte harmonische Gegenbewegungen entlastet, z.B.: im Sitzen Arme nach oben strecken, anschließend Oberkörper auf die Knie legen; (...). Bei Entlastungsbewegungen wird ein großer Teil des Körpergewichtes auf die Unterstützungsfläche abgegeben und dadurch eine Entlastung der Bandscheiben erreicht, z.B.: den Oberkörper mit verschränkten oder gestreckten Armen auf den Tisch legen“ (Müller 1999, 75).

Für die Realisierung von Entlastungsbewegungen wird der Einsatz körperfreundlicher Einrichtungsgegenstände (als Entlastungsgelegenheiten zur Regeneration) sowie gesundheitsgerechtes Arbeitsverhalten oder Sitz- und Schreibhilfen empfohlen. Voraussetzung für den angemessenen Einsatz von Entlastungsbewegungen ist, dass die Lehrer fundiertes Wissen über Alltagsbelastungen besitzen und dazu bereit sind, dieses Wissen in ihr eigenes, vorbildhaftes Verhalten aufzunehmen (vgl. Illi 1995, 409). Entlastungsbewegungen können im Grunde nicht unabhängig von den Elementen „bewegtes Sitzen“, „angepasstes Mobiliar“, und „bewegtes Lernen“ gesehen werden, sie sind eher sogar integrativer Bestandteil. Dies zeigt sich in der Literatur vor allem daran, dass Entlastungsbewegungen in der Regel eben im Zusammenhang

mit diesen Strukturelementen beschrieben werden (vgl. Müller 1999; Breithecker 1996).
Entlastungsbewegungen können in den Bewegungspausen im Unterricht, in den Pausen auf dem Schulhof und im Sportunterricht durchgeführt werden.

### *3.2.1.6 Sportunterricht*

Der Sportunterricht könnte gleichermaßen als Rahmenmerkmal wie als inhaltliches Element einer „Bewegten Schule" aufgefasst werden. Ihn als inhaltliches Merkmal zu thematisieren, liegt daran, dass an den Sportunterricht, als einem Bestandteil der Bewegten Schule, ganz spezifische inhaltliche Forderungen gestellt werden, die über die traditionellen Inhalte eines Sportunterrichts hinaus gehen.
Wenn man die im Zusammenhang mit der „Bewegten Schule" an den Sportunterricht gestellten Forderungen betrachtet, dann erweisen sich diese als sehr umfangreich und differenziert, was vermutlich daran liegt, dass die Diskussion um die „Bewegte Schule" überwiegend in der sportwissenschaftlichen Literatur stattfindet. In dieser Diskussion wird die „Bewegte Schule" nicht etwa als eine Konkurrenz zum Sportunterricht angesehen, sondern der Sportunterricht wird vielmehr als ein Fundament dieser Konzeption angesehen: „Einen qualitativ hochwertigen Sportunterricht, der die Freude am sich Bewegen stimuliert, der durch fachlich qualifizierte Pädagogen in drei Einzelstunden, ergänzt durch Sportförderunterricht erteilt wird, sehen wir als die Grundlage für eine Bewegte Grundschule an" (Müller 1999, 225; Hervorh. im Original).
Die speziellen Bedingungen des Sportunterrichts (Sporthalle, Sportplatz, Sportbekleidung, Fachlehrer) machen es möglich, fächerübergreifende Ziele der „Bewegten Schule" - wie die Förderung der sinnlichen Wahrnehmung, die Koordinationsschulung, die Herausbildung der Sozial- und Selbstkompetenz, die stärkere Einbeziehung des kinästhetischen Analysators oder die Vermeidung von Haltungskonstanz - zu ergänzen und zu erweitern (vgl. Müller 1999, 226). Eine Reihe von Autoren vertritt dabei sogar die Meinung, dass sich der Sportunterricht einer „Bewegten Schule" vom traditionellen Sportunterricht, dessen Zielstellung zumeist in der Vermittlung sportartenbezogener Bewegungsfertigkeiten liegt, unterscheiden müsse (vgl. Klupsch-Sahlmann 1999, 19). So schränke ein an traditionellen Sportarten ausgerichteter Sportunterricht diesen Autoren zufolge die Eigenaktivität der Schüler ein, was dazu führe, dass „eine der grundlegenden Formen der Weltaneignung immer schwerer zugänglich (wird). Der Bewegungsunterricht muss Räume schaffen, um diese grundlegende Aneignung über Bewegung zu erhalten und zugleich Räume im

und außerhalb des Schulgeländes aufsuchen, die die Kinder in ihrem Sinne nutzen können“ (Laging 1993, 13).

Damit Kinder wieder lernen, sich ihre Bewegungsräume selbst einzurichten und vorhandene Räume als Bewegungsräume zu definieren, soll der Sportunterricht nach Ansicht der Autoren so gestaltet sein, dass er Bewegungserfahrungen in drei für die kindliche Entwicklung relevanten Bereichen vermittelt:

1. dem Erkunden und Gestalten,
2. dem Verständigen und Vergleichen
3. dem Ausdrücken, Anstrengen und Sich-Spüren

Eine effiziente Vermittlung solcher Bewegungserfahrungen setzt allerdings voraus, dass der Sportunterricht einer „Bewegten Schule“ *individualisiert und differenziert* wird, indem Körper- und Bewegungserfahrungen an den biografischen Bewegungsgeschichten der Schüler anknüpfen, und sie dort fördern, wo sie auf individuellem Weg zu immer anspruchsvolleren Erfahrungsmöglichkeiten gelangen (vgl. Laging 1993, 14). Eine mögliche Form der Realisierung wäre beispielsweise der neigungsbezogene Wunschunterricht oder die Freiarbeit im Sportunterricht.

Die Auseinandersetzung mit Sportunterricht aus der Perspektive der „Bewegten Schule“ lässt bei aller scheinbar „neuen“ Bewegungsorientierung eine Nähe zum Konzept der mehrperspektivischen Vermittlung von Handlungsfähigkeit im Sport (vgl. Kurz 1992), das auch für den „herkömmlichen“ Sportunterricht Orientierungsgrundlage ist, erkennen. „Er (der Sportunterricht; d.V.) akzentuiert deshalb nicht nur die Leistungsdimensionen des Sports, sondern zeigt auf und lässt erfahren, dass Bewegung psychoregulative, entspannende, erfreuende, belebende und ähnliche Wirkungen hat und dass er spezifische Erfahrungen im Bereich der Geselligkeit, der Leistung, des Wohlbefindens, der Gesundheit, des Ausgleichs, der Spannung und des Abenteuers und vieles mehr ermöglicht“ (Pühse 1995, 425).

Entsprechend sollen auch im Sportunterricht einer „Bewegten Schule“ vielfältige, sinnesaktive Bewegungserfahrungen die Wahrnehmung und das Bewusstsein für eine körpergerechte Haltung und Bewegung sensibilisieren und damit einen verantwortungsvollen Umgang mit dem eigenen Körper im Sport fördern. Diese Sensibilisierung soll über ein gestärktes Selbstvertrauen zu einem ausgewogenen Körperbild führen (vgl. Illi/Pühse 1997, 48).

Trotz aller Integrierbarkeit der Konzepte wird allerdings von einigen Autoren im Zusammenhang mit der „Bewegten Schule“ eine radikale Veränderung des Sportunterrichtes, wie z.B. die Ausrichtung auf spezielle gesundheitsfördernde Maßnahmen, Haltungsprophylaxe oder die Schulung des Gesundheitsverständnisses, gefordert (vgl. Breithecker 1996, 188), oder es wird vorgeschlagen, den Sportunterricht als Ausgangspunkt für lernbereichsübergreifendes Arbeiten zu nutzen, indem fächerübergreifende Projekte mit den Fächern Deutsch, Mathematik, Kunst, Sachunterricht, Religion durchgeführt werden oder indem im Sportunterricht Pausenspielgelegenheiten entwickelt werden.

### *3.2.1.7 Bewegungshausaufgaben*

Hausaufgaben ergänzen den Unterricht. Sie werden im Unterricht gestellt und führen anschließend wieder zu ihm zurück, sind also originär als unterrichtsinternes Merkmal zu verorten und dienen der Verarbeitung, Vertiefung und der Anwendung des Unterrichtsstoffs.

Zu einem bedeutenden Strukturmerkmal der „Bewegten Schule" werden sie, indem die zu erfüllenden Aufgaben mit Bewegungsaufträgen verknüpft werden. Auf diese Weise wird die Beschäftigungszeit mit dem Thema „Bewegung" in den Nachmittag hinein verlängert und die zentralen Anliegen einer „Bewegten Schule" werden in zeitlicher Hinsicht gestreckt.

Bewegungshausaufgaben als Strukturmerkmal der „Bewegten Schule" lassen sich dabei mit einer Vielzahl anderer Strukturmerkmale der „Bewegten Schule" verknüpfen:

Im Hinblick auf die *unterrichtsinternen Merkmale* der „Bewegten Schule" können sie z.B. die Ziele des „Bewegten Lernens" ergänzen, indem sie die Beschäftigung mit bewegungsbezogenen Aufgaben, wie etwa dem Verbinden von Bewegung und mathematischen Operationen, dem Sammeln von Naturmaterialien für den Sachunterricht oder dem Einüben eines Tanzes für den Musikunterricht in die außerschulische Zeit ausdehnen. Aber auch im Sportunterricht selbst ist die Vergabe von Bewegungshausaufgaben denkbar, wie Deutsch (2003) veranschaulicht. So können die Hausaufgaben etwa dazu anregen,

- ein am Ende des Unterrichts abgebrochenes Spiel in der Freizeit wieder aufzugreifen und zu Ende zu führen,
- Explorationserfahrungen vor Beginn einer Unterrichtseinheit zu sammeln,
- kreative Bewegungsideen oder eine kleine Bewegungsfolge zu entwickeln,
- einen Bewegungsparcours bereits zu Hause zu entwickeln und auszuprobieren, ihn in der Schule nach den mitgebrachten Skizzen aufzubauen und dann mit anderen Kindern auszuprobieren,
- sportmotorische Fertigkeiten zu üben und motorische Fähigkeiten zu trainieren (vgl. Deutsch 2003, 132).

❖ Hausaufgaben können aber auch, wenn z.B. im Sportunterricht das Thema Entspannung behandelt wird, als Anregung zur häuslichen Entspannung allgemein dienen.

In zeitlicher Hinsicht können diese „Bewegten Hausaufgaben" dabei entweder von einem Tag auf den anderen, von einer Sportunterrichtsstunde zur anderen oder über einen längeren Zeitraum hinweg, wie das vor allem für Übungs- und Trainingsprozesse sinnvoll ist, erteilt werden (vgl. Deutsch 2003).
Ferner sind Bewegungshausaufgaben mit dem Strukturmerkmal der „Bewegungspausen im Unterricht" verknüpfbar, und zwar in zweifacher Weise: Erstens, indem die Auswertung der Hausaufgaben als thematische Bewegungspause genutzt wird, und zweitens, indem die Hausaufgaben auf inhaltliche Aspekte der Bewegungspause abzielen, etwa wenn die Schüler für den Deutschunterricht „Entspannungsgeschichten" schreiben, die dann in einer späteren Bewegungspause eingesetzt werden.

Neben den unterrichtszentrierten Strukturmerkmalen sind „Bewegungshausaufgaben" aber auch anschlussfähig an *unterrichtsexterne Merkmale* der „Bewegten Schule", und zwar, indem sie z.B. dazu auffordern, außerschulische Bewegungsangebote, wie z.B. eines Sportvereins oder eines Jugendzentrums aufzusuchen und an ihnen teilzunehmen. Oder indem sie anregen, alltägliche Orte und Räume zu Bewegungsräumen „umzufunktionieren", so dass die „Alltagswelt", etwa eine Treppe, ein Garagenhof, ein Garten oder ein Kinderzimmer, durch die Hausaufgabe zu einem Ort der Bewegung werden (vgl. Deutsch 2003, 136). Bewegungshausaufgaben dienen also nicht nur der zeitlichen Streckung des Unterrichts, sondern führen darüber hinaus auch zu einer räumlichen Ausdehnung und personal-sachlichen Öffnung des Unterrichts: Die Hausaufgabe eröffnet den Kindern damit Lernchancen, Bewegung, Spiel und Sport an ihre alltägliche Umgebung anzupassen (vgl. Deutsch 2003, 136).

Blickt man auf die bei Bewegungshausaufgaben mit beteiligten Bezugsgruppen, so wird im Sinne der hier zugrunde gelegten Systematisierung von Strukturmerkmalen auch der Bezug zum *pädagogisch-personalstrukturellen Rahmen* der „Bewegten Schule" deutlich. So können z.B. die Eltern und weitere Schüler in die Hausaufgabe eingebunden werden und zwar entweder in der Rolle der Kommunikationspartner oder der Mitübenden – sie führen gemeinsam mit den Kindern Bewegungsaufgaben durch – oder in der Rolle der Unterstützer, indem sie z.B. helfen, ein Fahrrad zu reparieren oder ein anderes Sportgerät zu beschaffen, oder indem sie den Transport zu einem Sportvereinsangebot organisieren.

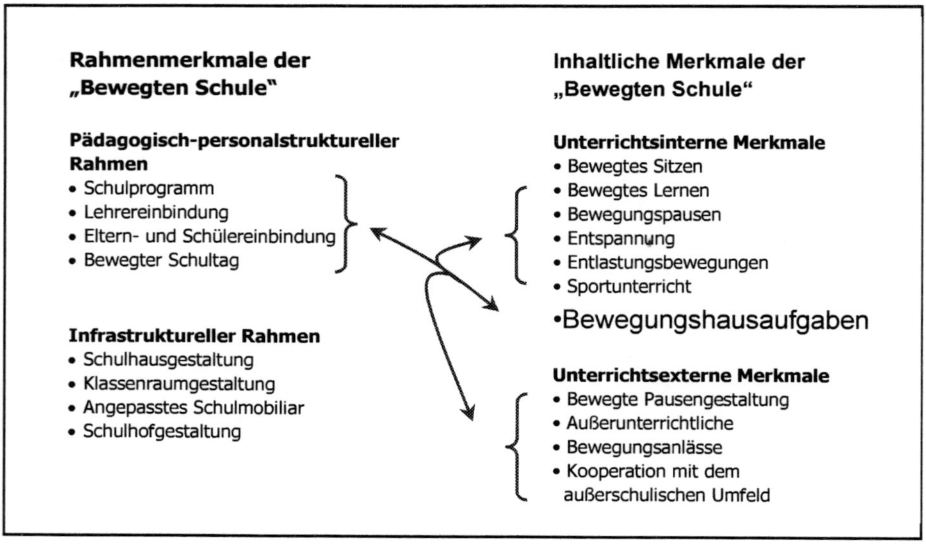


*Abb. 7: Anschlussmöglichkeiten von Bewegungshausaufgaben*

Mit dem Konzept der Bewegten Schule soll im Rahmen der Forderung nach „Öffnung der Schule“ (vgl. Hildebrandt-Stramann 1999) auch gezeigt werden, dass Bewegung als Lebensprinzip im Alltag zu verstehen ist. Diese Zeigefunktion kann durch Hausaufgaben wirkungsvoll unterstützt werden.

### 3.2.2 *Unterrichtsexterne Merkmale*

Die unterrichtsexternen Merkmale einer „Bewegten Schule“ sind dadurch gekennzeichnet, dass sie außerhalb des Kernunterrichts stattfinden, also Zusatzveranstaltungen, die Pausengestaltung oder die Kooperation mit dem außerschulischen Umfeld thematisieren.

#### *3.2.2.1 Bewegte Pausengestaltung*

Die Pausen zwischen den Unterrichtsstunden (nicht zu verwechseln mit den Bewegungspausen im Unterricht) stellen im schulischen Alltag einen Raum für selbstbestimmtes, freies Bewegen dar. Der Bewegung in der Pause wird in den Arbeiten zur „Bewegten Schule“ dabei nicht nur eine Regenerationsfunktion für die kognitiven Anforderungen des Unterrichts zugeschrieben, sondern die Pause wird als eigenständiger Lebensraum angesehen, der sich durch ein bedürfnisorientiertes Spielen und Bewegen auszeichnet (vgl. Klupsch-Sahlmann 1999, 10) und in dem die Schü-

ler Handlungsfähigkeit erwerben, die frei zur Verfügung stehende Zeit selbstbestimmt und nach Wunsch gemeinsam mit anderen Schülern nutzen zu können.
„Die spiel- und bewegungsaktiven Pausen tragen wesentlich zur Rhythmisierung des Schulalltags und damit zur Förderung des Wohlbefindens bei. Der Stellenwert im Gesamtkonzept Bewegungserziehung kann vor allem auch durch intrinsische Motivation und Spontanität gekennzeichnet werden. Das Spiel selbst, die Freude am Spielen werden zum Handlungsziel und nicht ein außerhalb des Handlungsgeschehens stehender Zweck“ (Müller 1999, 192).
Bei den konzeptionellen Überlegungen zur „bewegten Pausengestaltung“ wird insbesondere auf die Möglichkeit zur Ausbildung sozialer Kompetenzen hingewiesen, indem z.B. Kontakt zu Mitschülern aufgenommen wird, Gruppen gebildet werden, sich beraten wird, Regeln gemeinsam vereinbart und anerkannt werden, Aufgaben und Rollen übernommen werden, sich aufeinander eingestellt und rücksichtsvoll verhalten wird, Spielkonflikte angemessen gelöst und Spielideen weitergegeben werden (vgl. Müller 1999, 191). In der konzeptionellen Literatur zur „bewegten Pausengestaltung“ finden sich aber durchaus auch motorische oder emotionale Zielbereiche, indem z.B. verschiedene motorische Fähigkeiten und Fertigkeiten geschult oder im gemeinsamen Spiel Freude und Wohlbefinden empfunden werden sollen (vgl. Ortlieb 1997, 178). Der emotionale Aspekt wird in der jüngeren Literatur verstärkt diskutiert, wenn z.B. auf die Funktion von „bewegten Pausen“ zum Abbau von Aggressionen durch spielerisches Kräftemessen und die Wiederbelebung einer beinah vergessenen Spielkultur hingewiesen wird.
Schreibt man einer „bewegten Pause“ derart viele Funktionen zu, dann ist die Pausengestaltung nicht mehr nur als eine organisierte Regenerationsmaßnahme für die Schüler zu sehen, sondern vielmehr ein komplexes soziales Geschehen, das über den Klassenrahmen hinausgeht.
Eine „bewegte Pause“ findet überwiegend auf dem Schulhof statt, sie kann aber auch, etwa bei schlechter Witterung, im Schulgebäude oder in der Sporthalle stattfinden (vgl. Riegger 1998). Um die der „bewegten Pause“ zugeschriebenen Funktionen erfüllen zu können, sollten, neben den festen Installationen auf dem Schulhof, in der Pause auch Kleingeräte und Materialien zum Spielen und Bewegen zur Verfügung gestellt und dezentral zugänglich gemacht werden. Vorgeschlagen wird in diesem Zusammenhang die Anschaffung einer Spielkiste oder Spieltonne, in der verschiedene Geräte (Eigenbau/Gekauftes; Bewegliches/Fixiertes etc.), wie Bälle, Jongliergeräte, Federball, Stelzen, Pedalos und Frisbees, enthalten sind, die von den Schülern genutzt werden können. Besonders herausgestellt wird dabei außerdem die Aufforderung, Materialien der außerschulischen Bewegungskultur der Schüler zu

nutzen, wie z.B. Skateboards, Inliner, Kickboards etc.[22] Voraussetzung dafür, dass sämtliche Bewegungsgeräte allen Schülern zugänglich gemacht werden können, ist allerdings die formale Festlegung eines bestimmten Ausleihmodus sowie die Klärung, ob die Verantwortung für die Geräte von Schülern oder Lehrern übernommen wird (vgl. Klupsch-Sahlmann 1999, 18; Kössler 1999, 101; Müller 1999, 196).

Zur „bewegten Pause“ finden sich folgende methodischen Hinweise (vgl. Hundeloh 1995, 9; Klupsch-Sahlmann 1999, 19; Kössler 1999, 101; (vgl. Müller 1999, 192); Riegger 1998, 42ff):

- Es ist zu entscheiden, ob die „bewegte Pause“ (bzw. einzelne Teile der Pause) in *direktiver* Form, also von der Lehrkraft vorgegeben und gelenkt, oder in *nicht-direktiver* Form, als freies Bewegungsangebot an die Kinder, stattfinden.
- Mit den Schülern sind gemeinsam Regelungen für die bewegte Pause zu vereinbaren, sie sind für deren Einhaltung zu sensibilisieren. Bei der Vereinbarung der Regelungen sind Sicherheitsaspekte zu berücksichtigen.
- Auf dem Schulgelände sollten vielfältige, freiwillige Bewegungsangebote geschaffen werden, die die Eigeninitiative und Selbstorganisation der Schüler ermöglichen (keine Vermittlung von Fertigkeiten, keine Lehre).
- Die „bewegte Pause“ sollte von Schülern, Lehrern, Schulpersonal und Eltern gemeinsam geplant und umgesetzt werden.
- Lehrerinnen und Lehrer sollten die bewegte Pause in ihr professionelles Handeln aufnehmen. Sie sollten Bewegungsaktivitäten zulassen, unterstützen und betreuen, sich anregen lassen, mitmachen, Vorbild sein, helfen, im Unterricht Bewegungsformen aus der Pause aufgreifen etc. Ihre Funktion sollte dabei keine observierende, sondern eine helfende und betreuende sein.
- Die Lehrer sollten Ideen/Material für eine Regenpause bereithalten.
- Die Umgestaltung des Schulgeländes muss ständig möglich sein. Es sollten zukünftige Modifikationen vorgesehen werden, wobei zu bedenken ist, dass vielfältige Geräte und Konstruktionen sicher wünschenswert, für viele Schulen jedoch finanziell unrealistisch sind.

[22] Laging (1997, 62) schlägt außerdem vor, dass im Rahmen einer „bewegten Schulkultur“ Schüler und Lehrer gemeinsam Geräte und Gegenstände für die Pause bauen und somit weitere Bewegungsanlässe schaffen.

#### *3.2.2.2 Außerunterrichtliche Bewegungsanlässe*

Unter „außerunterrichtlichen Bewegungsanlässen" sind Bewegungsgelegenheiten außerhalb des Kernunterrichts und der Pause zu verstehen, die aber im Rahmen der schulischen Organisation stattfinden.
Solche Bewegungsgelegenheiten gibt es nicht nur in „schulischen Feiertagssituationen", wie z.B. bei Exkursionen, Klassenfahrten, Wander-, Schwimm- und Wintertage oder Schulfesten mit Schwerpunkt Bewegung (vgl. Ehni 1997, 102; Hoppstädter/Heine 1995, 52; Laging 1993, 15), sondern auch in Spiel- und Sport- AGs (vgl. Dienert 1995; König 1995; Laging 1997, 62) oder bei außerunterrichtlichen Bewegungsformen, wie Theater- und Tanzaufführungen, Zirkus, Akrobatik, Sport am freien Samstag oder Sportwettkämpfen und -turnieren.
Methodisch können diese zahlreichen außerschulischen Bewegungsformen vom Kollegium, aber auch mit den Schülern und/oder den Eltern geplant und mit den Kindern durchgeführt werden. Seitens der Lehrkräfte sei dabei weniger die Kunst des Unterrichtens, als vielmehr die des Erziehens in pädagogischen Außenräumen, einer „Kunst, die als Gratwanderung zwischen Unterstützen und Gegenwirken, Lassen und Eingreifen, Anregen und verbieten (...) zu verstehen ist", gefragt (Ehni 1997, 102).

#### *3.2.2.3 Kooperation mit dem außerschulischen Umfeld*

Die Kooperation mit dem außerschulischen Umfeld umfasst außerschulische Bewegungsgelegenheiten für Schüler, die zwar von schulischen Akteuren angeregt werden, allerdings außerhalb des Rahmens schulischer Organisation stattfinden, sowie die Integration von Personen des Umfeldes in die eigenen Programme oder eine Empfehlung außerschulischer Aktivitäten an die Schüler.
Bei der Kooperation mit dem außerschulischen Umfeld im Rahmen einer „Bewegten Schule" geht es nach Ansicht der Autoren vor allem darum, die Lebensbereiche, in denen die Schüler aufwachsen, miteinander zu vernetzen bzw. gemeinsam mit den Schülern nach Möglichkeiten der Vernetzung zu suchen, um den negativen Tendenzen, die durch verschiedene Problematiken der heutigen Lebenswelt von Kindern entstehen, entgegenzuwirken (vgl. Hildebrandt-Stramann 1999, 16-17).
Bei der Kooperation mit dem außerschulischen Umfeld kann zwischen zwei Formen unterschieden werden: Die Schule kann erstens als Ort der Begegnung und Kooperation wirken, sie kann aber zweitens auch in ein Netzwerk von außerschulischen Lernorten eingebunden werden (vgl. Hildebrandt-Stramann 1999, 96).

Soll die Schule als Ort der Begegnung und Kooperation für außerschulische Aktivitäten geöffnet werden, dann lassen sich folgende Vorschläge finden:

- Der Schulhof soll zu außerschulischen Zeiten für alle Menschen zugänglich gemacht werden.
- Durch Spiel- und Sportfeste soll eine bewegungsbezogene Öffnung zu ihrem Umfeld geschafft werden.
- Das Schulgebäude ist für Spiel und Sport zu öffnen.
- Bewegungsgeräte, die außerschulische Bewegungsmöglichkeiten unterstützen, sind auf dem Schulgelände zu installieren
- (vgl. Hildebrandt-Stramann 1999; Klupsch-Sahlmann 1999, 18).

Soll die Schule in das soziale Leben eingebunden werden, lassen sich folgende Vorschläge umsetzen:

- Die Schule kann durch pädagogische Angebote und Veranstaltungen oder die Bereitstellung von Räumen und Personal soziokulturelle Leistungen für das Gemeinwesen erbringen.
- Die Schule kann mit örtlichen Sportvereinen kooperieren (vgl. Hildebrandt-Stramann 1999, 18).

## 3.3 Reflexion

Die vorangegangene Analyse zeigt die Vielfältigkeit dessen, was unter einer „Bewegten Schule“ verstanden wird. Mit der Strukturierung und Systematisierung der so genannten „Strukturmerkmale“ liegt nun ein Überblick vor, der die Grundlage für eine empirische Auswertung der in den zu untersuchenden Schulen vorzufindenden Bedingungen bilden kann, also eine Erhebung des Status Quo der Realisation des Konzepts ermöglicht.

Fasst man eine „Bewegte Schule“ so auf, wie dies in den vorangegangenen Ausführungen deutlich wurde, dann erweisen sich Begründungsmuster und Strukturelemente als kompatibel (was in den Ausführungen einer Reihe von Autoren übrigens nicht klar erkennbar ist), nicht zuletzt deshalb, weil sich die Konzeption eben nicht nur auf das Unterrichtsgeschehen, sondern auch auf die Schule als Lebensraum, als Ort des Lernens bezieht. Damit betrifft sie das schulische und außerschulische Leben der Schüler und bemüht sich auf vielfältige Weise um eine Verknüpfung dieser beiden

zentralen Lebensbereiche, wobei nicht nur die Lehrer, sondern alle an der Entwicklung des Kindes beteiligten Personen mit einbezogen werden[23].
Eine Erfüllung der in der konzeptionellen Literatur formulierten Ziele einer „Bewegten Schule“ setzt die kindgerechte Gestaltung der Institution Schule voraus, und zwar in dem Sinne, dass so gut wie jeder Bereich der Schule, der für die Erschließung von Bewegung genutzt werden kann, Bewegung auch zugänglich gemacht wird. Realistisch betrachtet wird eine umfassende Umsetzung aller Vorschläge in hohem Maße von den baulichen Gegebenheiten und den finanziellen Möglichkeiten der Schulen abhängen und setzt großes Engagement der Lehrer, Eltern und Schüler voraus. Gerade dieses Engagement wird von manchen Autoren skeptisch beurteilt, wie z.B. von Balz (1999, 422), der zu bedenken gibt, dass die Lehrer mit der Konzeption überfordert sein könnten, oder von Funke-Wienecke, der hinsichtlich der „Bewegten-Schule-Euphorie“ eine realistische Reflexion fordert, „welche prinzipiellen Beziehungen zwischen der Schule und der menschlichen Bewegung möglich und denkbar sind und auf welche davon man sich mit Aktionen und Programmen wirklich einlassen möchte, um einem gut gemeinten, aber letzten Endes wenig durchdachten Aktionismus vorzubeugen, der nur zu Enttäuschungen führen muss und dem Anliegen eher schadet“ (Funke-Wienecke 1997, 109)[24].
Diese Kritik ist durchaus berechtigt, wird doch die bislang eher verhaltene Resonanz in der Praxis auf die Konzeption unter anderem auf eine fehlende Sensibilisierung und fehlende Handlungskompetenz der Lehrer bezüglich der Gestaltung von Bewegungsaktivitäten sowie auf ein traditionelles Unterrichtsverständnis, aus dem die Angst resultiert, den vorgeschriebenen Unterrichtsstoff nicht bewältigen zu können, zurückgeführt (Müller/Volkmer 1996, 120).

Insgesamt gesehen lässt sich festhalten, dass der Erfolg des Gesamtkonzepts nur mit Hilfe aller am System „Schule“ beteiligten Personen und Institutionen gewährleistet werden kann. Welche Strukturmerkmale in den Schulen tatsächlich realisiert und konkretisiert werden, wird von Schule zu Schule verschieden sein. Entsprechend ist es wichtig, dass die Schulen von Seiten der Kultusbehörden mehr Autonomie be-

---

[23] Dabei werden nicht etwa neue didaktische Entwürfe präsentiert, sondern es werden häufig passende vorhandene übernommen, wie z.B. die Bewegungspausen, die an Sonderschulen bereits seit Jahren praktiziert werden (vgl. Balster 1995, 12) oder die Durchführung von offenem Unterricht (Wochenplan und Freiarbeit), die im Grunde traditioneller Gegenstand der Reformpädagogik ist (vgl. Bründel/Hurrelmann (1996, 187).

[24] Funke-Wienecke führt an dieser Stelle beispielhaft die Anschaffung von Sitzbällen an, bei deren Nutzung mit einem Mal viele unvorhergesehene Regelungsprobleme auftreten können und Unruhe verursacht wird, was schließlich zu der Überzeugung führen kann, dass der Unterricht ohne diese Bewegungsgelegenheiten besser organisiert werden könnte.

kommen, damit sie sich gemäß ihrer jeweiligen Voraussetzungen „bewegen“ können (vgl. Ehni 1997, 104).
Die Möglichkeiten und Grenzen einer Umsetzung der „Bewegten Schule“ werden allerdings erst mit Hilfe durchdachter empirischer Studien zu bewerten sein. Dies gilt übrigens auch für die von manchen Kritikern der „Bewegten Schule“ geäußerte Befürchtung, dass durch die Integration von Bewegung in alle Schulbereiche der Sportunterricht für überflüssig erachtet und infolgedessen die Stundenzahl gekürzt wird. Ob die „Bewegte Schule“ den Sportunterricht beeinflusst, ob die Inhalte des Sportunterrichts von der Konzeption gänzlich unberührt bleiben, ob der Sportunterricht sich in eine Bewegungserziehung umwandelt oder zu einem „Erziehender Sportunterricht“ wird (vgl. Balz 1999, 422), lässt sich zum jetzigen Zeitpunkt nicht beurteilen. Bereits heute zu thematisieren ist aber Krügers überspitztes Szenario, in dem der Grundschulsport im Konzept „Bewegte Schule“ zum Schulsonderturnen wird, bei dem nicht das motorisch „normal“ oder überdurchschnittlich begabte Kind, sondern das motorisch und koordinativ defizitäre Kind der Maßstab ist (1999, 329). Krügers Warnung ist durchaus ernst zu nehmen, bedenkt man den defizitären Tenor mancher Autoren zu den Begründungen einer „Bewegte Schule“. Um eine solche Entwicklung zu verhindern, sind die Gestalter der „Bewegten Schule“ bereits heute, im planerischen Vorfeld, gefordert. Weniger berechtigt ist dagegen Krügers Behauptung, dass das Erlernen anspruchsvoller motorischer Fähigkeiten und Fertigkeiten im Sportunterricht einer „Bewegten Schule“ kein Thema mehr sei, dieser lediglich als Ausgleich von Defiziten angesehen würde[25]. Die Literaturlage, wie sie wir vorgefunden haben, zeigte uns ein Bild, das dieser Behauptung widerspricht. So wird sogar dann, wenn defizitär orientierte Begründungsmuster angeführt werden, um der Notwendigkeit einer „Bewegten Schule“ Nachdruck zu verleihen, in den Vorschlägen für die praktische Ausgestaltung des Sportunterrichts häufig auf die Idee der Ausbildung zur Handlungsfähigkeit im Sport Bezug genommen. Entsprechend wundert es auch nicht, dass Krüger seine folgende Diagnose nicht mit fundierten Quellennachweisen belegt: „Die Mehrzahl der Autorinnen und Autoren (...) versteht das Konzept „Bewegte Schule“ als eine Ergänzung zum Sportunterricht; wenn auch mit der - mehr oder weniger deutlich ausgesprochenen Konsequenz, dass dieser Sportun-

25 Die (allerdings nur von einem Teil der Autoren vertretene) defizitäre Orientierung sieht auch Brodtmann kritisch. „Es geht nicht darum, junge Körper irgendwie zweckmäßig in Bewegung zu bringen, sondern darum, junge Menschen zu aktivieren und dies in einer Art und Weise, dass sie sich aus eigenem Antrieb bewegen und nicht nur, weil sie durch Drohen mit schlimmen Folgen der Bewegungsträgheit oder durch Überredung oder mittels methodischer Raffinesse dazu manipuliert worden sind“ (1997, 53).

terricht überflüssig wird, wenn das Modell „Bewegte Schule" sich erst einmal durchgesetzt haben sollte" (Krüger 1999, 328).

Die Konzeption „Bewegte Schule" lässt sich dann, wenn man alle angeführten Begründungsmuster und Bausteine ordnend zusammen fasst, als ein praxisnaher und zukunftsfähiger Entwurf auffassen, der versucht, möglichst alle Bereiche des schulischen Alltags an der Individualität der Kinder zu messen und auf eine möglichst ganzheitliche Entwicklungsförderung der Kinder ausgerichtet ist. Die Offenheit eines solchen Konzepts ermöglicht es Schulen, die zu einer „Bewegten Schule" werden wollen, das zu realisieren, was in ihr pädagogisches Profil passt und was sie angesichts personeller und materieller Gegebenheiten verwirklichen kann. Der Nachteil dieser Offenheit ist, dass sie einen regelrechten Wildwuchs erlaubt. So finden sich in der Literatur kaum konzeptionelle Vorschläge für eine Umsetzung, geschweige denn strukturierte Handlungsanweisungen. Für Schulen bedeutet dies, dass es im Extremfall sogar jedem einzelnen Lehrer möglich ist, das zu realisieren, was er selbst für am besten hält, ohne sich an irgendwelche Qualitätsrichtlinien halten zu müssen.

Welche Schwierigkeiten dabei auftreten, wenn die Konzeption „Bewegte Schule" in die Praxis umgesetzt wird, wird im Folgenden in einer empirische Untersuchung zum Status Quo der Umsetzung des Konzepts behandelt. Diese Studie wird Aufschluss darüber geben, in welchem Maße fachdidaktische Ansprüche und schulische Wirklichkeit divergieren.

# Teil II Empirische Untersuchung: Innovationsforschung an Grundschulen zur „Bewegten Schule“

Inwieweit stimmen fachdidaktische Ansprüche an und strukturelle Vorstellungen von einer „Bewegten Schule“ mit der schulischen Realität überein? Diese Frage steht im Mittelpunkt der folgenden empirischen Untersuchung. Dabei geht es nicht darum, die Wirksamkeit einzelner Strukturmerkmale der „Bewegten Schule“ auf die Kinder zu überprüfen, sondern vielmehr darum, den Status Quo dieser Konzeption zu beleuchten, also einen Überblick darüber zu erhalten, ob und in welchem Maße die pädagogische Diskussion der „Bewegten Schule“ in der schulischen Praxis bereits Einzug gehalten hat. Nach einer Beschreibung der Untersuchungsmethodik und der untersuchten Stichprobe folgt zunächst eine Analyse, in welchem Maße fachdidaktische Begründungsmuster einer „Bewegten Schule“ im Denken der an den untersuchten Schulen beschäftigten Pädagogen repräsentiert sind. Dieser Frage nach individuellen mentalen Modellen der Lehrerinnen und Lehrer folgt eine Untersuchung der strukturellen Entsprechung der im theoretischen Teil systematisierten idealtypischen Bausteine einer „Bewegten Schule“ in der schulischen Praxis. Dabei wird, den theoretischen Überlegungen entsprechend, zwischen Rahmenmerkmalen und inhaltlichen Merkmalen unterschieden.

## 4 Konstruktion der Untersuchung und Verfahren der Datengewinnung

Im folgenden Kapitel werden die Leitfragestellungen der empirischen Untersuchung, die Konstruktion des verwendeten Untersuchungsinstrumentariums, die untersuchte Stichprobe sowie die Verfahren der Datenauswertung beschrieben.

### 4.1 Untersuchungsinstrumentarium

Angesichts des Mangels an detaillierten Aussagen über den Status Quo der Umsetzung erschien es uns sinnvoll, möglichst viele quantitative und repräsentative Daten zur strukturellen Verankerung der Bausteine einer „Bewegten Schule“ sowie zu Einstellungen der Lehrer zu gewinnen. Da in einer schriftlichen Befragung Verhaltens- und Einstellungsdimensionen präziser formuliert werden als in einem zeitaufwendi-

gen Interview (vgl. Singer 1985, 114), ein Interview darüber hinaus für eine umfassende Eruierung der strukturellen Verankerung des Konzepts in der Praxis forschungsökonomisch zu aufwendig wäre, entschieden wir uns für die Durchführung einer (postalischen) Befragung anhand der Fragebogenmethode.
Die formale Gestaltung des Fragebogens orientierte sich an den Kriterien von Singer (1985) und Schnell/Hill/Esser (1988). Bei der Konstruktion der Fragebogeninhalte gingen wir zunächst von folgenden, theoriegeleitet erarbeiteten, empirischen Leitfragestellungen aus:

- Welche Begründungsmuster einer „Bewegten Schule“ werden von der Lehrerschaft in der schulischen Praxis vertreten?
- Welche der im Theorieteil beschriebenen Strukturmerkmale finden in der schulischen Praxis Anwendung?
- Wie bewerten die Lehrer die Umsetzung einzelner Strukturmerkmale?
- Welche Unterschiede zeigen sich zwischen verschieden großer Schulen hinsichtlich der Umsetzung der Konzeption?
- Welche Unterschiede zeigen sich zwischen einer Groß- und einer Kleinstadt hinsichtlich der Umsetzung der Konzeption?

Die Operationalisierung dieser Leitfragen erfolgte in enger Anlehnung an die vorangegangene kategoriale Analyse. Um den Fragebogen den in der Praxis relevanten Bedingungen anzupassen, wurde außerdem eine Interview- und Beobachtungsstudie als Examensarbeit in Auftrag gegeben (Kindermann/Wieske 1999), die quasi als eine Voruntersuchung vier ausgewählten Grundschulen der Stadt Bielefeld analysierte. Die Ergebnisse dieser Studie flossen ebenfalls in den Prozess der Fragebogenkonstruktion mit ein. Weiterhin fanden Anlehnungen an Teile des Fragebogens von Meier (1998) statt, der in seiner Diplomarbeit eine Strukturanalyse zur präventiven Bewegungserziehung an Kindergärten vornahm, und schließlich ließen wir uns durch einen von der Regensburger Projektgruppe (1999) erarbeiteten Leitfaden zur Anfertigung eines Schulprofils anregen.
Die auf diese Weise gewonnenen Frageinhalte lagen der Erstellung eines Itempools zugrunde.
Die im Fragebogen verwendeten Fragen selbst wurden überwiegend in geschlossener Form konstruiert. Bei sechs solcher geschlossen gestellter Fragen eröffneten wir den Untersuchungspersonen außerdem die Möglichkeit, unter „Sonstiges“ eigene Gedanken hinzuzufügen, um so Aspekte erfassen zu können, die im Prozess der Fragebogenkonstruktion nicht berücksichtigt wurden. Offene Fragen wurden an-

sonsten nur dann gestellt, wenn z.B. die Anzahl der Sportlehrkräfte pro Schule oder Unterrichtsfächer des Beantworters erfragt wurden.
Um die Passung der Fragekonstruktion mit dem empirischen Feld, die Verständlichkeit und Angemessenheit der Frageformulierung sowie Redundanzen zu überprüfen, unterzogen wir die Itemsammlung einem dreistufigen Expertenrating, an dem Experten zur Theorie und zur Untersuchungsmethodik sowie Praxisvertreter beteiligt wurden. Auf der Basis der Ergebnisse dieser Ratings veränderten, ergänzten und erweiterten wir die Itemsammlung mehrfach.
Bei der Konstruktion der Antwortvorgaben für die geschlossen formulierten Fragen unterschieden wir nominalskalierte Antwortvorgaben, bei denen die Merkmale hinsichtlich ihrer Identität differenziert werden (z.B. ...in der Schule „vorhanden"/„nicht vorhanden"), sowie ordinalskalierte bzw. intervallskalierte Antwortvorgaben. Ordinalskalierte Antwortvorgaben wurden für die Fälle gewählt (vgl. Willimczik 1993, 14), in welchen neben der Identität des Merkmals noch eine Ordnungsbeziehung erhoben wurde (z.B. die zeitliche Dauer einer Bewegungspause oder die Funktion des Lehrers, der vom Beantworter als Initiator der „Bewegten Schule" bezeichnet wird). Intervallskalenniveau (in Form von Ratingskalen) sollten die Fragen haben, in welchen es um die Erfassung von Merkmalen in gleichmäßig abgestuften, unterschiedlichen Ausprägungsformen ging. Die Abstufung der Intervalle der Ratingskalen erfolgte je nach erfragtem Thema in drei- oder in fünfstufigen Intervallabschnitten. (z.B. „trifft voll zu" – „trifft gar nicht zu", „sehr häufig" – „nie" etc). Auch die Antwortvorgaben wurden einem Expertenrating unterzogen, um die Angemessenheit der Abstufung sowie die Passung von Antwort- und Frageformulierung zu überprüfen.
Der endgültige Fragebogen ist in zwei Teile untergliedert. Teil 1 erhebt allgemeine Daten über die jeweilige Schule, Teil 2 enthält Items, die sich konkret auf die „Schule als Bewegungsraum" beziehen. Mit der Zweiteilung sollte gesichert werden, dass der Fragebogen von unterschiedlichen Personen ausgefüllt werden konnte (falls dem zu befragenden Lehrer allgemeine Daten der Schule, wie z.B. durchschnittliche Klassengröße, Schülerzahl pro Schule etc. nicht bekannt waren), was im Begleitschreiben explizit erwähnt wurde. Teil 1 umfasst lediglich acht Fragen, der Rest der Fragen findet sich im zweiten Teil. Aufgrund des Umfangs wurde dieser Teil in sechs inhaltliche Unterkapitel unterteilt:

*Teil A* erhebt folgende Fragebereiche:
- die Begründungsmuster einer „Bewegten Schule“,
- Aspekte des pädagogisch-personalstrukturellen Rahmen, und zwar insbesondere
  - die bewegungsbezogenen Inhalte des Schulprogramms und
  - allgemeine Fragen zur Integration von Bewegung in die Schule.

*Teil B* fragt nach infrastrukturellen Rahmenbedingungen der betreffenden Schule,
*Teil C* erfragt Items, die sich auf die Integration unterrichtsinterner Strukturmerkmale in den Kernunterricht beziehen,
*Teil D* ist auf die Ermittlung von unterrichtsexternen Merkmalen einer „Bewegten Schule“ ausgerichtet.

In *Teil E* werden ergänzende Fragen zum pädagogisch-personalstrukturellen Rahmen gestellt, wie z.B. zur Häufigkeit der Teilnahme an Lehrerfortbildungen zu Inhalten der Konzeption der „Bewegten Schule“ oder zu Einschätzungen der Lehrer zu einzelnen Aspekte zur Konzeption, die vor allem Rückschlüsse auf die Einbindung der Lehrerschaft in den pädagogischen Rahmen erlauben sollen.

In *Teil F* werden abschließend Fragen zur Person des Beantworters erhoben.

## 4.2 Untersuchungsgruppe

Die empirische Untersuchung wurde als eine regionale, flächendeckende Totalerhebung konzipiert. Diese Vorgehensweise wurde deshalb ins Auge gefasst, weil die Innovationsbereitschaft von Schulen in einem gesamtstädtischen

Zusammenhang erkundet werden sollte und sich die Möglichkeit ergab, sämtliche Grundschulen der Stadt Bielefeld zu befragen. Die Stadt Bielefeld ist mit 350.000 Einwohnern die größte Stadt in Ostwestfalen-Lippe. Sie eignet sich insbesondere deshalb für die Untersuchung, weil sie gleichzeitig Universitätsstadt ist, innerstädtischen Ballungs- und Brennpunktgebiete aufweist, sowie eine Reihe ländlicher Stadtteile eingemeindet hat. Dies bedeutet, dass es sowohl Schulen gibt, die mitten im Stadtzentrum liegen, als auch ländlich gelegene Schulen. Damit repräsentiert Bielefeld eine sehr große Bandbreite regionaler Spezifika. Insgesamt gibt es in Bielefeld 47 Grundschulen in städtischer Trägerschaft.

Um den Datenpool zu vergrößern und einen Vergleich mit einer von Bielefeld unabhängigen, eher dezentral gelegenen, kleineren und nicht an eine Universität angebundene Stadt ziehen zu können, wurden Vergleichsschulen in der Stadt Porta

Westfalica mit dem gleichen Untersuchungsinstrumentarium analysiert[26]. Bei der Stadt Porta Westfalica handelt es sich um eine ländlich gelegene Kleinstadt mit 38.000 Einwohnern und zehn städtischen Grundschulen.

Die Untersuchungsgruppe umfasste somit 57 Grundschulen und repräsentiert die Realisation der Konzeption in zwei voneinander unabhängigen Städten in Ostwestfalen-Lippe.

Jede der Grundschulen der beiden Städte erhielt einen Fragebogen zugesendet. Wie Tabelle 4 veranschaulicht, beträgt die Rücklaufquote in Bielefeld 89,36% (42 beantwortete Fragebögen), in Porta Westfalica 100% (zehn beantwortete Fragebögen). Insgesamt schickten also 91,23% aller angeschriebenen Schulen den Fragebogen zurück. Aufgrund des hohen Rücklaufes kann von einer aussagekräftigen Totalerhebung gesprochen werden.

Eine Rücklaufquote, wie sie unsere Untersuchung aufweist, wird bei empirischen Erhebungen nur äußerst selten erreicht. So liegt die Rücklaufquote bei postalischen Befragungen je nach Thema und Untersuchungsgruppe zwischen 20% und 80% (vgl. Singer 1985). Die ausgezeichnete Quote unserer Untersuchung ist möglicherweise mit darauf zurückzuführen, dass es sich bei den Befragten um eine relativ homogene Bevölkerungsgruppe von gehobenem Bildungsstand handelt, was in der Regel die Bereitschaft zur Teilnahme an wissenschaftlichen Studien erhöht (vgl. Singer 1985, 114). Noch bedeutsamer ist aber vermutlich das außerordentlich hohe Interesse der Befragten am Gegenstand der Untersuchung.

26 Für die Datenerhebung danken wir Frau Pettenpaul.

*Tab. 4: Anzahl der ausgewerteten Fragebögen unterschieden nach Stadt und Stadtteil*

| Stadt | Stadtteil | Fragebögen ausgeteilt | Fragebögen erhalten | Rücklauf [%] | Kum [%] |
|---|---|---|---|---|---|
| **Bielefeld** | Mitte | 10 | 6 | 89, 36% | 80,8% |
| | Schildesche | 5 | 5 | | |
| | Stieghorst | 4 | 4 | | |
| | Brackwede | 5 | 5 | | |
| | Heepen | 7 | 6 | | |
| | Jöllenbeck | 4 | 4 | | |
| | Sennestadt | 3 | 3 | | |
| | Senne | 3 | 3 | | |
| | Dornberg | 5 | 5 | | |
| | Gadderbaum | 1 | 0 | | |
| | *ohne Angabe* | --- | 1 | | |
| **Porta Westfalica** | --- | 10 | 10 | 100% | 19,2% |
| **TOTAL** | | **57** | **52** | **91,23%** | **100%** |

Bei der Verteilung der Fragebögen überließen wir es den einzelnen Schulen, wer den Fragebogen ausfüllen sollte. Die einzige Vorgabe war, dass versucht werden solle, bei unbekannten Fragen aussagefähige Akteure zur Rate zu ziehen, was, wie stichprobenweise Überprüfungen zeigten, auch gemacht wurde.

Der Schule die Wahl des Fragebogenbeantworters freizustellen (im Gegensatz zur Vorgabe, dass z.B. nur der Rektor oder der Fachleiter Sport antworten dürften) erschien uns einerseits mit Blick auf eine höhere Rücklaufquote, andererseits im Hinblick darauf, dass auf diese Weise die bei der Umsetzung der Konzeption engagierten Lehrkräfte erreicht würden, sinnvoll. Uns ist durchaus bewusst, dass eine solche Freistellung eine Störvariable darstellt, die allerdings den telefonischen, stichprobenweisen Nachfragen zufolge offensichtlich bedeutungslos war.

Wie Tabelle 5 veranschaulicht, wurden die Fragebögen zum überwiegenden Teil von Rektoren und Sportlehrer in unterschiedlichen Funktionen beantwortet: In 44,2% der Fälle antworteten die Schulrektoren, 11,5% der Fragebögen wurden von den Konrektoren beantwortet, 42,3% der Bögen wurden von Sportlehrern ausgefüllt, von denen 7,7% die Funktion des Fachleiters Sport innehaben und 5,8% der Fachkonferenz angehören.

*Tab. 5: Übersicht über die Funktion des Fragebogenbeantworters*

<table>
<tr><th colspan="2">Funktion des Beantworters</th><th colspan="2">Anzahl [N]</th><th colspan="2">Prozent [%]</th></tr>
<tr><td colspan="2">Rektor</td><td colspan="2">23</td><td colspan="2">44,2%</td></tr>
<tr><td colspan="2">Konrektor</td><td colspan="2">5</td><td colspan="2">9,6%</td></tr>
<tr><td rowspan="3">Sportlehrer</td><td>Fachleiter Sport</td><td>4</td><td rowspan="3">22</td><td>7,7%</td><td rowspan="3">42,3%</td></tr>
<tr><td>Fachkonferenz Sport</td><td>3</td><td>5,8%</td></tr>
<tr><td>Sportlehrer</td><td>15</td><td>28,8%</td></tr>
<tr><td colspan="2">Fehlende Werte (m.v.)</td><td colspan="2">2</td><td colspan="2">3,8%</td></tr>
<tr><td colspan="2">TOTAL</td><td colspan="2">52</td><td colspan="2">100%</td></tr>
</table>

Was die vorangegangene Häufigkeitsverteilung nicht zeigt, ist, dass einige Rektoren und Konrektoren neben ihrer Funktion ebenfalls das Fach Sport unterrichten. Rechnet man diesen Sachverhalt mit ein, dann sind 78,3% der Befragten als Lehrkräfte im Sport tätig. Sport ist somit das von den Befragten meist genannte Unterrichtsfach, gefolgt von Mathematik (60,9%), Sprache (56,5%), Sachunterricht (47,8%), Kunst/Textil (24,1%), Musik (23,4%), Religion (13,3%).

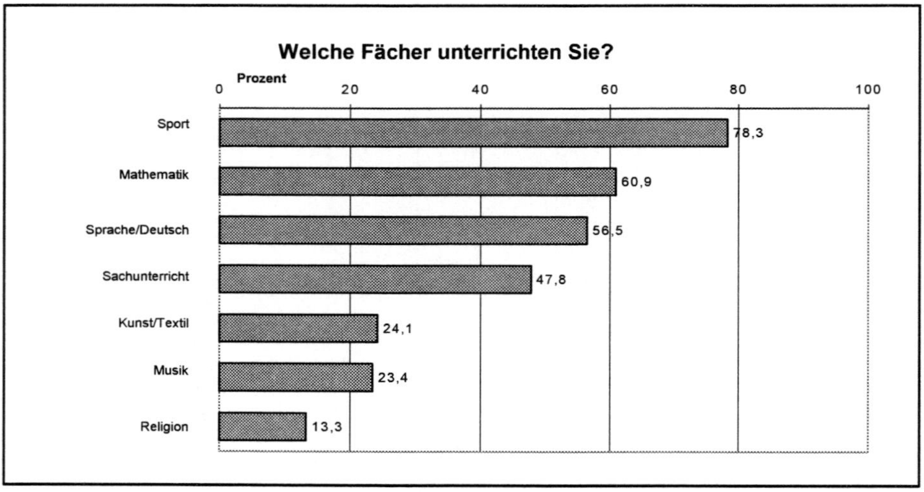


*Abb. 8: Unterrichtsfächer der Fragebogenbeantworter*[27]

Dass von den Befragten so häufig das Fach Sport genannt wird, lässt sich vermutlich auf die Freistellung der Beantwortung zurückführen. So ist davon auszugehen, dass Sportlehrer aufgrund ihrer fachlichen Qualifikation und des Sachverhalts, dass die Diskussion um die Konzeption „Bewegte Schule“ vor allem in der sportwissenschaftlichen Literatur stattfindet, als Experten für die Umsetzung von Bewegung in der Schule gelten und deshalb die Beantwortung der Fragebögen übernommen haben.

Dieser Befund spricht für die Angemessenheit unserer Entscheidung, der Schule frei zu stellen, wer den Fragebogen beantworten solle.

## 4.3 Untersuchungsdurchführung

Für die Durchführung der Datenerhebung wurde ein Zeitraum gewählt, der weder in die Ferienzeit noch in die für die Lehrer sehr zeitaufwendige Phase des Zeugnisschreibens fiel. Die erste Kontaktaufnahme erfolgte durch den Bielefelder Stadtschulsportbeauftragten Herrn Zimmer, der über die anstehende Untersuchung unterrichtet wurde und die Lehrerschaft im Rahmen einer Lehrerfortbildung auf die Wichtigkeit der Teilnahme an der anstehenden Untersuchung hinwies.

27 Der Übersicht halber werden in Graphiken zur Ergebnisdarstellung ausschließlich aufgerundete Zahlenwerte verwendet. Die genaue Dezimalzahl ist dem Text zu entnehmen.

Der Fragebogenversand erfolgte auf postalischem Weg. Neben dem Fragebogen enthielt die Sendung ein Begleitschreiben, das auf die Inhalte der Untersuchung und auf die Anonymität der Befragung hinwies sowie eine Antwortfrist von 21 Tagen vorgab. Dem Schreiben wurde außerdem ein frankierter Rückumschlag sowie eine frankierte Antwortpostkarte beigelegt. Um den Fragebogenrücklauf rekonstruierbar zu machen und damit eine Nachfassaktion zu ermöglichen, wurden die Schulen gebeten, unabhängig vom Fragebogen die beigelegte Antwortpostkarte mit dem Schulnamen versehen zurück zu senden. 25 Tage nach der Fragebogenversendung erfolgte eine schriftliche Erinnerung an die Untersuchung an diejenigen Schulen, deren Antwortpostkarten bis dato noch nicht eingetroffen waren.

## 4.4 Verfahren der Datenaufbereitung und der Datenanalyse

Die Daten wurden mit dem Programm *SPSS 9.0 für Windows* ausgewertet. Da die Untersuchung als eine Totalerhebung konzipiert ist, was angesichts der hohen Rücklaufquote von 91,23% gesichert werden konnte, entfällt die Notwendigkeit inferenzstatistischer Berechnungen. Die erhobenen Unterschiede sind somit als repräsentativ für die Grundgesamtheit zu werten, ohne dass Signifikanzberechnungen angestellt werden müssten[28]. Diesem Sachverhalt entsprechend kamen bei der Datenverarbeitung vor allem deskriptiv-statistische Verfahren zur Anwendung. Neben der Bestimmung der Kollektivmaße und der Häufigkeitsberechnungen wurde die Frage zu den Begründungsmustern einer „Bewegten Schule“ einer Faktorenanalyse unterzogen.

Gruppenvergleiche wurden einerseits mit Blick auf die durch unterschiedliche regionalspezifische Charakteristika gekennzeichneten Städte Bielefeld/Porta Westfalica, aber andererseits auch nach Größe der Schulen gezogen[29]. Dieser Vergleich sollte

---

28 Hierzu ist noch einmal anzumerken, dass es sich bei der empirischen Studie um eine regionalspezifische Fallstudie handelt, die Aussagen über eine Umsetzung der Konzeption in einem ganz bestimmten Gebiet, nämlich den Städten Bielefeld und Porta Westfalica erlauben soll und es nicht um eine Übertragbarkeit auf eine Grundgesamtheit aller Grundschulen in Nordrhein-Westfalen oder Deutschland ging.

29 In diesem Zusammenhang könnte man prinzipiell durchaus empfehlen, trotz Totalerhebung die Durchführung von zweifaktoriellen Varianzanalysen empfehlen, um mit Blick auf eine „hypothetische“ Grundgesamtheit ein „härteres“ Unterscheidungsmaß zu erhalten (vgl. dazu Cachay/Thiel 1995; 1999). Dies ließ sich im vorliegenden Fall allerdings nicht realisieren, da die hierfür notwendige Zellenbesetzung in vielen Fällen zu klein für angemessene Aussagen war und die Anwendungsvoraussetzungen für Verfahren nach dem allgemeinen linearen Modell zumeist nicht gegeben wurden. Verteilungsfreie Verfahren, die eine angemessene mehrfaktorielle Auswertung erlaubt hätten, liefert das Programm SPSS nicht, außerdem sind mit der Anwendung solcher Analysen verschiedene Probleme verbunden, welche den Nutzen eines härteren Unterscheidungsmaß bei einer Totalerhebung ad absurdum geführt hätten.

Aufschluss darüber geben, ob ein Zusammenhang zwischen der Schulgröße und der Umsetzung einzelner Elemente der Konzeption besteht, wobei von der Überlegung ausgegangen wurde, dass eine kleine Schule leichter und mit einem geringeren organisatorischen Aufwand Elemente der „Bewegten Schule“ umsetzen könnte als eine große. So ist anzunehmen, dass aufgrund der geringeren Anzahl an Lehrkräften die Möglichkeit des Austauschs in einem informellen Rahmen einfacher zu bewerkstelligen sein müsste als in einem großen Lehrerkollegium.
Abbildung 8 zeigt die Verteilung der Schulgrößen: Wie das Schaubild zeigt, geben 25,0% der Schulen an, bis 180 Schüler an ihrer Schule zu unterrichten, 61,5% der Schulen haben zwischen 181 und 360 Schüler und 13,5% geben an, mehr als 360 Schüler zu haben.

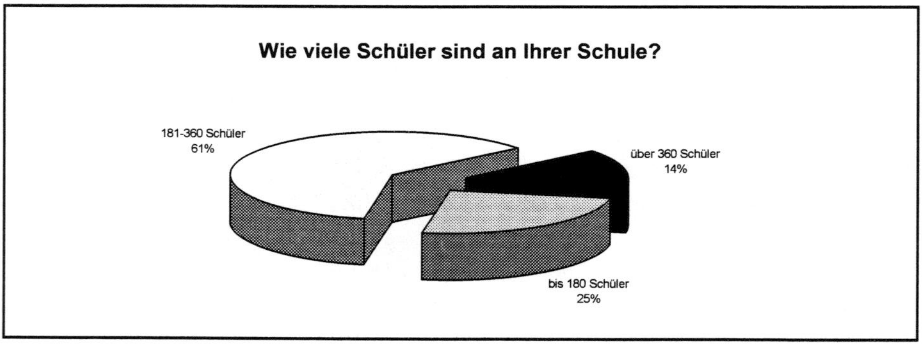


*Abb. 9: Verteilung der Schulgrößen in den Städten Bielefeld und Porta Westfalica*[30]

Zur Datenanalyse ist schließlich anzumerken, dass offene Fragen nach theoriegeleitet erarbeiteten Kategorien codiert und wie geschlossene Fragen behandelt wurden.

[30] Im Fragebogen war die erste Kategorie der Schulgröße nochmals unterteilt in bis 80 Schüler und 81-180. Aufgrund der kleinen Zellenbesetzungen wurden diese beiden Kategorien zusammengefasst.

# 5 Ergebnisdarstellung und Interpretation

Die Darstellung und Interpretation der Ergebnisse erfolgt auf der Basis der theoriegeleitet erarbeiteten Leitfragen der empirischen Untersuchung. Hierbei geht es:

1. um die Repräsentanz der Begründungsmustern für die „Bewegte Schule“ im Denken der Befragten sowie
2. um die Umsetzung von Strukturmerkmalen einer „Bewegten Schule“, und zwar:
   a. um die Realisierung des pädagogisch-personalstrukturellen Rahmens,
   b. um den infrastrukturellen Rahmen,
   c. um die inhaltlichen Merkmale.

Zur Auswertung ist anzumerken, dass aus Gründen einer Erleichterung des Lesens und der Vermeidung von Redundanzen in der Ergebnisdarstellung verschiedene Strukturmerkmale in zusammengefasster Form dargestellt wurden. Dabei handelt es sich um Strukturmerkmale „bewegtes Sitzen“, „Entspannung“ und „Entlastungsbewegungen“, die sämtlich im Kapitel *Formen des „bewegten Lernens*“ diskutiert werden.

## 5.1 Die kognitive Repräsentanz der Begründungsmuster einer „Bewegten Schule“

Wie in den theoretischen Überlegungen ersichtlich wurde, ist die konzeptionelle Fundierung der „Bewegten Schule“ durch sehr heterogene und unstrukturierte Begründungsmuster aus unterschiedlichen wissenschaftlichen Disziplinen gekennzeichnet, was ein zentrales Problem der Konzeption darstellt.
Nun ist davon auszugehen, dass die in der Literatur und auf Lehrerfortbildungen regelmäßig vorgestellten Begründungsmuster der Lehrerschaft weitgehend geläufig sind. Für unsere empirische Untersuchung ist daher die Frage relevant, an welchen der vielen Begründungsmuster der „Bewegten Schule“ sich die Lehrer in der schulischen Praxis orientieren.
Um diese Frage beantworten zu können, wurden in einer stichprobenhaften Voruntersuchung an exemplarischen Grundschulen (in Interviewform) mögliche Erwartungen an eine „Bewegte Schule“ erfragt. Die sich hieraus ergebenden Erwartungsmuster wurden in aussagekräftige Sätze gefasst und durch die in der theoretischen Analyse kategorisierten Begründungsmuster ergänzt. Die endgültige Itembatterie zur Untersuchung der Erwartungen an eine „Bewegte Schule“ legten wir den Probanden als Teil des Fragebogens, in Form einer Katalogfrage vor. Dabei sollten die Befrag-

ten auf einer fünfstufigen Skala von 4 (*für in sehr hohem Maße zutreffend*) bis 0 (*für gar nicht zutreffend*) angeben, in welchem Maß aus ihrer Sicht die jeweiligen Begründungsmuster als Zielsetzungen für die Umsetzung einer „Bewegten Schule“ von Relevanz seien[31].

Um die Komplexität der Itemaussagen zu reduzieren und gleichzeitig die empirische Entsprechung der theoretisch gefundenen Kategorisierung zu überprüfen, wurde eine Faktorenanalyse mit anschließender Varimax-Rotation gerechnet. Nach dem KAISER-Kriterium empfahl sich dabei eine 3-Faktorenlösung, die drei gut interpretierbare und voneinander unterscheidbare Faktoren repräsentiert, welche gemeinsam 69,193% der Gesamtvarianz aufklären. Sämtliche Items wiesen dabei eine Faktorladung von über 0.4 auf, können damit als „hoch ladend“ bezeichnet werden (vgl. Überla 1968), was bedeutet, dass kein Item eliminiert werden musste.

Die Aussagen der drei Faktoren bestätigen die theoretische Kategorisierung und bilden den Überlegungen des Kapitels 2 entsprechend die Dimensionen:

- entwicklungs- und lerntheoretische Begründungsmuster,
- medizinisch-gesundheitswissenschaftliche Begründungsmuster und
- schulprogrammatische Begründungsmuster ab.

Die letzte Dimension, so ist einschränkend anzumerken, ist zwar durch Begründungsmuster gekennzeichnet, die auch theoretisch in den betreffenden Zusammenhang eingeordnet wurden, allerdings ist diese Dimension nur durch drei Items gekennzeichnet, repräsentiert also nicht die gesamte Breite der in der Theorie diesem Bereich zugeordneten Begründungen.

Faktor I (31,41% aufgeklärte Varianz) fasst die *Begründungen mit entwicklungs- und lerntheoretischem Inhalt* zusammen. Dabei kommen allgemeinpsychologische, entwicklungs- und lernpsychologische, aber auch anthropologische sowie im Ansatz sozial-ökologisch basierte Forderungen an eine „Bewegte Schule“ zum Ausdruck.

---

31 Um die Messgenauigkeit der Gesamtskala sowie die Eignung der Einzelitems zu untersuchen, unterzogen wir diese Fragebatterie einer Reliabilitätsanalyse. Durch die Reliabilität wird die Zuverlässigkeit eines Tests, bzw. einer Frage, abhängig von den Antworten der Probanden beschrieben. Sie wird definiert als der Grad der Genauigkeit, mit dem ein Test ein Persönlichkeits- oder Verhaltensmerkmal misst, gleichgültig, ob er dieses Merkmal auch zu messen beansprucht (vgl. Lienert 1969, 14). Zur Bestimmung der Reliabilität können verschiedene Methoden herangezogen werden. In dieser Untersuchung wird die Methode der inneren Konsistenz gewählt, welche durch den Cronbach Alpha-Wert die durchschnittliche Korrelation zwischen den Items darstellt. Dabei werden alle Items, deren Part-Whole-Korrelation kleiner als 0.3 liegt, auspartialisiert. Die Analyse zeigte, dass keine Items auspartialisiert werden mussten. Der Reliabilitätskoeffizient der Analyse liegt bei 0.813. Die Fragebatterie ist somit als hoch reliabel zu bezeichnen.

Betrachtet man die Werte der Einzelitems, dann weisen mit Ausnahme eines Items sämtliche Items hohe Mittelwerte auf, werden von den Befragten also als *in hohem Maße zutreffend* befunden.

Die höchste Zustimmung erfährt mit M=3,45 im Mittel das Item 1 „Spannungsabbau". Bewegung in der Schule dient also den Befragten zufolge in sehr hohem Maße dem Abbau von Spannungen und Aggressionen, die mit einer Bewältigung der entwicklungsbedingten Anforderungen einher gehen. Ebenfalls als in sehr hohem Maße bedeutsam, im Mittel mit M=3,20 bzw. M=3,30 bewertet, werden die Items 2 und 7 eingeschätzt, die sich beide auf das ganzheitliche Lernen beziehen. Bewegung in der Schule unterstützt also aus Sicht der Lehrer das kindliche Lernen mit allen Sinnen und unterstützt das Konzept des ganzheitlichen Lernens in hohem Maße. Item 4 „Wahrnehmungsfähigkeit" liegt mit einem Mittelwert von M=3,14 etwas darunter und beschreibt den Sachverhalt, dass Bewegung aus Sicht der Lehrer die Wahrnehmungsfähigkeit in hohem Maße fördert. Die Items 3 und 6, die Mittelwerte von 3,00 und 3,04 aufweisen, repräsentieren die Aussage, dass aus der Sicht der befragten Lehrerschaft Bewegung Kindern in eher hohem Maße eine positive Lebenseinstellung zu regelmäßig ausgeübtem, selbständigen Bewegungshandeln vermitteln kann und für die kognitive und sozial-emotionale Entwicklung bedeutsam ist.

Die geringste Zustimmung erfährt mit einem Mittelwert von M=2,69 das Item 5 „positives Selbstkonzept". Aus der Sicht der befragten Lehrer ist Bewegung also nur in mittlerem Maße dazu geeignet, Kindern ein positives Selbstkonzept zu vermitteln.

Fasst man die Aussagen des Faktors zusammen, dann scheint die Konzeption „Bewegte Schule" als in hohem Maße anschlussfähig an die Absicht, Voraussetzungen für optimales Lernen zu schaffen, erachtet zu werden. Für die Kerntätigkeit der Lehrkräfte, nämlich die Vermittlung der Kulturtechniken Lesen, Schreiben und Rechnen, kann eine „Bewegte Schule" aus deren Sicht also durchaus unterstützend wirken, eröffnet sie doch Methoden, die zumindest einen indirekten Beitrag zur effizienteren Realisation ihrer Ziele leisten könnten.

Dass der Faktor der entwicklungs- und lerntheoretischen Begründungsmuster den höchsten Faktormittelwert aufweist, spiegelt die Bedeutsamkeit dieser Aspekte in der schulischen Realität wider. Lehrerinnen und Lehrer stehen in der Praxis der Grundschule gerade im Hinblick auf diese Zielbereiche unter großem Druck, der von verschiedenen Seiten auf sie einwirkt. Die Pädagogisierung des kindlichen Lebenslaufes (Pollak 1991) führt vor allem bei den Eltern zu extrem hohen Erwartungen an eine adäquate, der kindlichen Entwicklung angemessene und möglichst effiziente, aber gleichzeitig pädagogisch wertvolle Vermittlung der Inhalte der Lehrpläne.

„Die Erwartung an die Schule besteht meist darin, Kinder intellektuell zu fördern und auf das spätere Leben vorzubereiten. Es hat häufig den Anschein, als würde jede Minute, die nicht für das Lösen von Rechenaufgaben oder das Lesen und Schreiben von Texten genutzt wird, einen ungünstigen Einfluss auf die Entwicklung haben" (Breithecker 1996, 63).

Der elterliche Anspruch ist durchaus nachvollziehbar, geht es doch darum, dass die Schüler nach der Grundschule eine anspruchsvolle weiterführende Schule, möglichst das Gymnasium, besuchen sollen, um somit optimale „Zukunftschancen" zu haben (vgl. Cachay/Thiel 1995). Große Bildungssurveys wie PISA oder IGLU sowie länderspezifische Lernstandserhebungen wie VERA verstärken den auf der Lehrerschaft lastenden Druck noch weiter. Diese hochgespannten Erwartungen zu erfüllen, ist allerdings in dem Maße schwierig, in dem Schüler tatsächlich zunehmend unruhiger und aggressiver werden, wie es viele Lehrer behaupten (Fölling-Allbers, 1992). Dass Lehrerinnen und Lehrer von strukturellen Umgestaltungen – wie eben der Bewegten Schule – erwarten, dass diese den Lernprozess der Kinder fördern, verwundert vor diesem Hintergrund nicht.

*Tab. 6: Items des Faktor I: Entwicklungs- und lerntheoretische Begründungen*

| **Bewegung in der Schule...** | **[M]** | **[s]** | **Ladung auf Faktor I** |
|---|---|---|---|
| 1. ...dient dem Spannungs- und Aggressionsabbau | 3,45 | 0,78 | 0.804 |
| 2. ...unterstützt das Konzept des ganzheitlichen Lernens | 3,20 | 0,89 | 0.765 |
| 3. ...vermittelt Kindern eine positive Lebenseinstellung zu regelmäßig ausgeübtem, selbständigen Bewegungshandeln | 3,00 | 0,96 | 0.760 |
| 4. ...fördert die Wahrnehmungsfähigkeit | 3,14 | 0,84 | 0.860 |
| 5. ...soll den Kindern ein positives Selbstkonzept vermitteln | 2,69 | 0,99 | 0.792 |
| 6. ...ist für die kognitive und sozial-emotionale Entwicklung bedeutsam | 3,04 | 0,90 | 0.769 |
| 7. ...unterstützt das Konzept „Lernen mit allen Sinnen" | 3,30 | 0,91 | 0.609 |

Im Faktor II (26,70% aufgeklärte Varianz) laden Items, die sich auf *medizinisch-gesundheitswissenschaftliche Begründungsmuster* beziehen. Dabei finden sich Items, die konkret medizinisch-orthopädische Argumente (1, 3, 4, 5) bzw. die Perspektive der Unfallverhütung und Sicherheitserziehung beschreiben (6). Es finden sich aber auch stärker gesundheitserzieherisch akzentuierte Argumente, bei denen der Gesundheitsbezug eher implizit zum Ausdruck kommt, indem sie als Voraussetzung aufzufassen sind, um präventiv Bewegungsmangelerkrankungen vorbeugen zu können (Items 2, 7).

Die im Faktor II enthaltenen Begründungen werden insgesamt gesehen von den befragten Lehrern als zwischen *in mittlerem* bis *in hohem Maße bedeutsam* bewertet. Der Faktormittelwert liegt damit deutlich niedriger als im Faktor I.

Betrachtet man die Items einzeln, dann erhält das Item 4 „Vorbeugung vor Bewegungsmangel" mit dem Mittelwert von M=3,16 (s=0,88) am meisten Zustimmung. Die Behauptung, dass Bewegung in der Schule dazu beitragen soll, Bewegungsmangel vorzubeugen, wird also als in hohem Maße zutreffend angesehen. Diese Einschätzung der Lehrer hat durchaus politische Brisanz, bedenkt man die immer wieder diskutierten Forderungen nach einer Streichung von Sportstunden vor dem Hinterrund der „Krise kindlicher Bewegungswelt" (Cachay/Thiel 1995), die als wesentliche Ursache für den enormen Anstieg von Bewegungsmangelerkrankungen angesehen wird. Dasselbe gilt für das Item 1 „Haltungsschäden/-schwächen vorbeugen" (M=2,94) oder das Item 5 „konditionell-koordinative Entwicklung" (M=3,04), die ebenfalls relativ hohe Zustimmung erfahren, aber auch für das Item 7 „Spiel- und Sportkultur", dem mit einem Mittelwert von M=3,04 ebenfalls eine eher hohe Bedeutung zugeschrieben wird.

Die Funktion der Schule als Institution zur Prävention von Bewegungsmangelerkrankungen im Grundschulbereich wird also zumindest in der Praxis noch immer als eine hoch bedeutsame angesehen, ungeachtet des Sachverhalts, dass auf politischer Ebene dieser Aspekt zunehmend in den Hintergrund der Diskussion gerät. Und dabei ist der Kompensationsaspekt nicht einmal der bedeutendste, sondern in viel stärkerem Maße wird Schule als eine Institution angesehen, die unbedingt notwendig ist, um die Voraussetzungen zu schaffen, Bewegungsmangel vorzubeugen, sei dies durch die Vermittlung von konditionell-koordinativen Fähigkeiten oder einfach nur durch die Einführung in die Bewegungs-, Spiel- und Sportkultur.

Deutlich weniger bedeutsam, aber immer noch von mittlerem Bedeutungsgrad werden interessanter Weise die Items 2, 3 und 6 eingeschätzt. Die explizit auf die Prävention einer konkreten Erkrankung (die in diesem Altersbereich bei den meisten Kindern allerdings noch in relativ weiter Ferne liegt) gerichtete Funktion von Bewegung steht ebensowenig im Vordergrund wie der Aspekt der Verhinderung von Unfällen oder die Stärkung gesundheitsfördernder Netzwerke. Diese Argumente werden vor allem in der sportwissenschaftlichen Diskussion immer wieder bemüht, in der schulischen Praxis wird ihnen zwar immer noch Bedeutung zugeschrieben, doch diese ist eine eher sekundäre.

*Tab. 7: Items des Faktor II: Medizinisch-gesundheitswissenschaftliche Begründungen*

| **Bewegung in der Schule...** | **[M]** | **[s]** | **Ladung auf Faktor II** |
|---|---|---|---|
| 1. ...soll Haltungsschäden/-schwächen vorbeugen | 2,94 | 0,96 | 0.448 |
| 2. ...dient durch die Verbindung zwischen schulischen - und außerschulischen Bewegungsangeboten als Partner bei der Gestaltung des sozialen Lebens | 2,34 | 1,11 | 0.717 |
| 3. ...dient als Vorbeugemaßnahme vor Herz-Kreislauf-Erkrankungen | 2,36 | 1,12 | 0.829 |
| 4. ...beugt allgemeinem Bewegungsmangel vor | 3,16 | 0,88 | 0.772 |
| 5. ...dient zur Verbesserung der konditionellen und koordinativen Entwicklung | 3,04 | 0,95 | 0.819 |
| 6. ...dient als Schutz vor Unfällen | 2,37 | 1,04 | 0.803 |
| 7. ...soll in die Bewegungs-, Spiel- und Sportkultur einführen | 3,04 | 0,95 | 0.428 |

Der Faktor III (11,09% aufgeklärte Varianz) fasst *schulprogrammatische Begründungen* zusammen. Dabei findet sich ein Item (2), das Schule als Voraussetzung für ein „Lernen mit allen Sinnen", also eine geradezu klassische pädagogische Begründung für eine „Bewegte Schule", thematisiert, ein Item (1), in welchem Schule als Rahmen für den aktiven Austausch mit Lernpartnern aufgefasst wird, sowie ein Item (3), das Schule als ein Ort zur Einführung in die Spiel- und Sportkultur begreift.

Betrachtet man die Mittelwerte der einzelnen Items, dann treten sehr starke Differenzen in der jeweiligen Wertigkeit zu Tage. So weist das Item 2 einen Mittelwert von M=3,30 auf, was in Zusammenhang mit der Gesamtaussage des Faktors III so aufgefasst werden kann, dass Schule als Ort, an welchem Bewegung zum Lernen mit allen Sinnen beitragen kann, von hoher Bedeutung ist. Dies ist insofern nicht erstaunlich, als damit eine der zentralen grundschulpädagogischen Reformmaßnahmen zum Ausdruck kommt. Etwas weniger, aber immer noch relativ bedeutsam wird die Rolle der Schule bei der Einführung in die Bewegungs-, Spiel- und Sportkultur eingeschätzt. Eine eher geringere Bedeutung (übrigens die unter allen Begründungsmustern insgesamt geringste Bedeutung) wird der Schule als ein Ort, an dem Bewegung vermehrt Gelegenheiten zum aktiven Austausch mit Lernpartnern schafft, zugemessen. Dies ist überraschend, kommt Bewegung doch nicht nur in der sportwissenschaftlichen Literatur, sondern auch im Allgemeinverständnis der Öffentlichkeit eine hohe Bedeutung bei der Förderung sozialer Kontakte zu. Möglicherweise liegt dieser Befund darin begründet, dass der Austausch zwischen Lernpartnern in einem bewegungsorientierten Rahmen von Lehrern eher als störend und die Verfolgung der Lernziele behindernd wahrgenommen wird.

*Tab. 8: Items des Faktor III: Schulprogrammatische Begründungen*

| **Bewegung in der Schule...** | **[M]** | **[s]** | **Ladung auf Faktor III** |
|---|---|---|---|
| 1. ...schafft vermehrt Gelegenheiten des aktiven Austauschs mit Lernpartnern. | 2,17 | 0,97 | 0.856 |
| 2. ...unterstützt das Konzept „Lernen mit allen Sinnen". | 3,30 | 0,91 | 0.418 |
| 3. ...soll in die Bewegungs-, Spiel- und Sportkultur einführen. | 2,80 | 1,12 | 0.417 |

Zusammenfassend lässt sich für die Analyse der kognitiven Repräsentanz von Begründungsmustern bei den Lehrern festhalten, dass Bewegung in der Schule aus der Sicht der Lehrer am stärksten bei der Förderung kindlicher Entwicklung und des individuellen Lernens wirkt. Dass medizinisch-gesundheitswissenschaftlichen Begründungsmustern, die nicht nur in der sportwissenschaftlichen Literatur, sondern mittlerweile auch im Alltagsverständnis eine deutliche Dominanz im Hinblick auf die Funktion von Bewegung einnehmen, eine zwar noch immer hohe, vergleichsweise aber deutlich geringere Bedeutung zukommt, überrascht doch und verdeutlicht die doch sehr differenzierte, vermutlich durch die umfangreichen Publikationen zur „Bewegten Schule" geförderte Auseinandersetzung der befragten Lehrer mit diesem Thema. Sehr unterschiedlich wird schließlich die Bedeutung schulprogrammatischer Begründungsmuster wahrgenommen. Hier dominiert eine eher lerntheoretisch akzentuierte Funktionszuschreibung, während andere schulprogrammatische Elemente einer „Bewegten Schule" doch deutlicher in den Hintergrund treten.

## 5.2 Rahmenmerkmale einer „Bewegten Schule"

Der theoretisch erarbeiten Kategorisierung zufolge lassen sich die Rahmenmerkmale einer bewegten Schule differenzieren in Merkmale, die einem pädagogisch-personellen Rahmen zuzuordnen sind sowie in Merkmale, die sich auf den infrastrukturellen Rahmen der Schule beziehen.

### *5.2.1 Der pädagogisch-personalstrukturelle Rahmen*

Die Analysen zum pädagogisch-personalstrukturellen Rahmen einer „Bewegten Schule" lassen sich in drei Kategorien unterteilen: das Schulprogramm, die Einbindung der Bezugsgruppen (vor allem der Lehrer) sowie den „bewegten Schultag". Im Folgenden wird darauf eingegangen, wie sich dieser Rahmen in den untersuchten Schulen zeigt.

#### *5.2.1.1 Schulprogramm*

Das Schulprogramm ist den theoretischen Überlegungen zufolge die Grundlage für eine Auseinandersetzung des Lehrkörpers mit der „Bewegten Schule". Als solches legt es die Umsetzung fest und kann für eine Überprüfung der Realisierung eingesetzt werden.

Um die Verankerung der Konzeption „Bewegte Schule" in diesem pädagogischen Leitbild zu überprüfen, wurden die Schulen befragt, ob und welche Elemente dieses Konzepts sie in ihrem Schulprogramm verankert. Von den Schulen, die auf diese Fragen auswertbare Antworten gaben, geben insgesamt 68,8% an, Elemente der „Bewegten Schule" im Schulprogramm festgeschrieben zu haben, 31,3% verneinen dies (vgl. Abbildung 9).

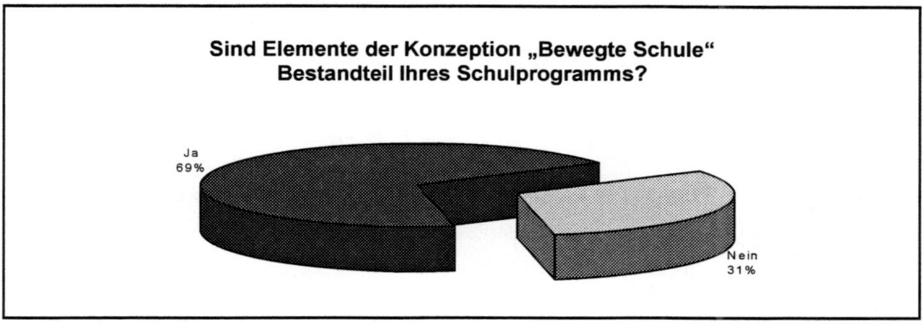


*Abb. 10: Integration von Elementen der „Bewegte Schule“ im Schulprogramm*

Vergleicht man die Schulprogramme der untersuchten Schulen in den Städten Bielefeld und Porta Westfalica, dann zeigt sich, dass in Bielefeld anteilsmäßig wesentlich häufiger Teile der Konzeption verankert wurden, als in Porta. So geben 76,9% der Schulen aus Bielefeld an, Elemente der „Bewegten Schule“ in das Schulprogramm aufgenommen zu haben, während dies in Porta Westfalica bei nur 33,3% der Fall ist. Vergleicht man die Festschreibung von Elementen der „Bewegten Schule“ im Schulprogramm in Abhängigkeit von der Schulgröße, dann zeigt sich, dass bei großen Schulen, also bei Schulen mit über 360 Schülern, alle Schulen Elemente der „Bewegten Schule“ im Schulprogramm verankert haben, während dies bei den mittelgroßen mit 67,7% und den kleinen Schulen mit 54,5% prozentual gesehen deutlich seltener der Fall ist. Dies scheint zumindest tendenziell der Annahme zu widersprechen, dass in kleineren Schulen eine „Bewegte Schule“ leichter zu realisieren ist als in großen Schulen.

*Tab. 9: Realisation von Elementen der „Bewegten Schule“ im Schulprogramm differenziert nach Schulgröße*

| Sind Elemente der Konzeption „Bewegte Schule“ Bestandteil Ihres Schulprogramms? | | | |
|---|---|---|---|
| | Ja [%] | Nein [%] | Anzahl [N] |
| bis 180 Schüler | 54,5% | 45,5% | 11 |
| 181 bis 360 Schüler | 67,7% | 32,3% | 31 |
| über 361 Schüler | 100% | - | 6 |
| Schulen gesamt | 68,8% | 31,3% | 48 |

Um herauszufinden, welche Elemente einer „Bewegten Schule“ realisiert wurden, stellten wir die entsprechende Frage in offener Form. Bei dieser Frage zeigt sich, dass von den betreffenden Schulen die unterschiedlichsten Elemente genannt werden, und zwar aus allen Bereichen der Konzeption „Bewegte Schule“.
Die in den Schulprogrammen verankerten Elemente werden in Abbildung 10 graphisch dargestellt. Dazu ist anzumerken, dass einige der angegebenen „Elemente“ unmöglich als abgrenzbare Strukturmerkmale, wie wir sie im theoretischen Teil identifizierten, zu verorten sind. So werden „Vorbeugung vor Bewegungsmangel“ „Kompensatorik“, „Körpererfahrung durch Bewegung, Spiel und Sport“, „Aggressionsabbau“, „Entspannung“, „physische und psychische Gesunderhaltung durch tägliche Bewegungszeiten“ sowie „Verbesserung der motorischen Fähigkeiten“ von jeweils 3,4% der Schulen als konzeptionelle Elemente benannt, obwohl damit im Grunde Begründungsmuster beschrieben werden.
Betrachtet man die Angaben, die konkret als Strukturelemente identifizierbar sind, dann werden folgende Merkmale genannt:

- *Infrastrukturelle Rahmenmerkmale*

Hier werden „spezielles Spielzeug, Geräte und Materialien für die ‚bewegte Pause'“ (10,3%), Sitzbälle als Teil des angepassten Schulmobiliars (6,9%), das Schaffen einer Spielkultur auf dem Schulhof und in den Räumen der Schule (3,4% Nennungen), die Umgestaltung des Schulhofes (13,8%), das Schaffen einer Unterrichtgelegenheit im Freien (3,4%) und ein Tischtennisraum (6,7%) angegeben.

- *Unterrichtsinterne inhaltliche Merkmale*

Aus diesem Bereich werden „Bewegungspausen im Unterricht“ (23,3%), „bewegtes Lernen“ 13,8%, (wobei jeweils 6,9% konkret „bewegtes Lernen“, weitere 6,9% „ganzheitliches Lernen“ benennen), sowie die Festschreibung des Sportunterrichts im Schulprogramm genannt. Im Hinblick auf den Sportunterricht wird in 3,4% der Fälle erläutert, dass er regelmäßig durchzuführen sei, in 1,9% der Fälle, dass wöchentlich drei Sportstunden stattfinden müssen (1,9%) und in jeweils ebenfalls 1,9% der Fälle, dass der Schwimmunterricht festgelegt ist und eine Psychomotorikgruppe existiert.

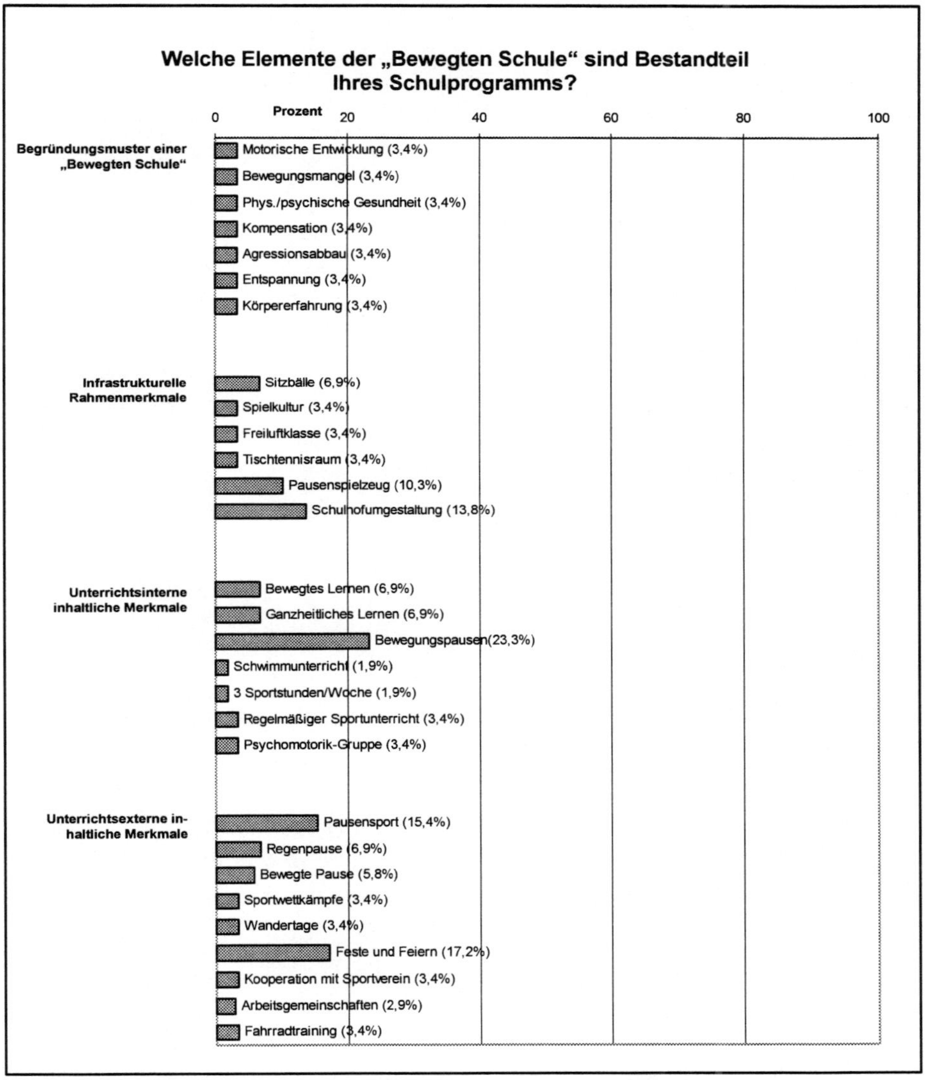


*Abb. 11: Merkmale einer „Bewegten Schule verankert im Schulprogramm*

- *Unterrichtsexterne inhaltliche Merkmale*

Diesem Bereich lassen sich die meisten Nennungen zuordnen. Genannt werden Elemente der „bewegten Pause", sowie „außerunterrichtliche" und „außerschulische Bewegungsangebote". Im konkreten Wortlaut wurden „Durchführung einer ‚bewegten Pause'" (5,8%), „Pausenspiele und Pausensport" (15,4%), „spezielle Regelungen für die Regenpause“ (6,9%) „Gestaltung von Festen und Feiern“ (17,2%), „Wandertage mit sportlichem Schwerpunkt“ (3,4%), „Teilnahme an Sportwettkämpfen“ (3,4%), „außerunterrichtliche Angebote in Form von Arbeitsgemeinschaften“ (2,9%), „außerunterrichtliche Angebote in Form eines Fahrradtrainings für die Schüler“ (3,4%) sowie „Kooperation mit außerschulischen Partnern“ (3,4%) als im Schulprogramm verankert angegeben.

Es lässt sich festhalten: Die im Schulprogramm verankerten Strukturelemente entsprechen zumeist den von Illi (1995) genannten Bausteinen einer „Bewegten Schule“ und umfassen vor allem die Bereiche „Bewegungspausen im Unterricht“, „Schulhofneugestaltung“, „bewegte Pause“, und „außerunterrichtlichen Bewegungsangebote“. Dieser Sachverhalt und die hohe Zahl der genannten Elemente weisen einerseits darauf hin, dass bei den befragten Lehrern eine umfangreiche und differenzierte Kenntnis der Diskussion um die „Bewegte Schule“ vorhanden ist. Andererseits lässt sich daraus schließen, dass Integration von mehr Bewegung an vielen der befragten Schulen nicht nur durch einzelne Lehrer vorangetrieben, sondern vom gesamten Kollegium getragen wird.

#### *5.2.1.2 Einbindung der Bezugsgruppen*

Betrachtet man den pädagogisch-personalstrukturellen Rahmen, wie er theoretisch abgesteckt wurde, dann hängt die Qualität der Umsetzung einer „Bewegten Schule“ in hohem Maße von einer Einbindung der Bezugsgruppen in den Realisierungsprozess ab, was der abschließenden Vermutung des letzten Kapitels zufolge anscheinend gut funktioniert. Im Folgenden wird dieser Frage konkreter nachgegangen. Dabei interessiert zunächst die Frage, von welchen Akteuren eine Implementierung des Konzepts in den schulischen Rahmen in der Regel ausgeht.
Unsere Ergebnisse zeigen, dass häufig der Sportlehrer (von 57,6%) als treibende Kraft bei der Realisierung der Konzeption genannt wird. Doch auch die Schulleitung scheint nicht selten Initiator einer Umsetzung der Konzeption zu sein (in 36,4%), wobei nicht auszuschließen ist, dass diese Schulleiter ebenfalls über die Fakultas „Sport“ verfügen. Lehrer anderer Fachrichtungen werden von den Probanden dagegen nur in 6,1% der Fälle als „Motoren der ‚Bewegten Schule‘“ bezeichnet.

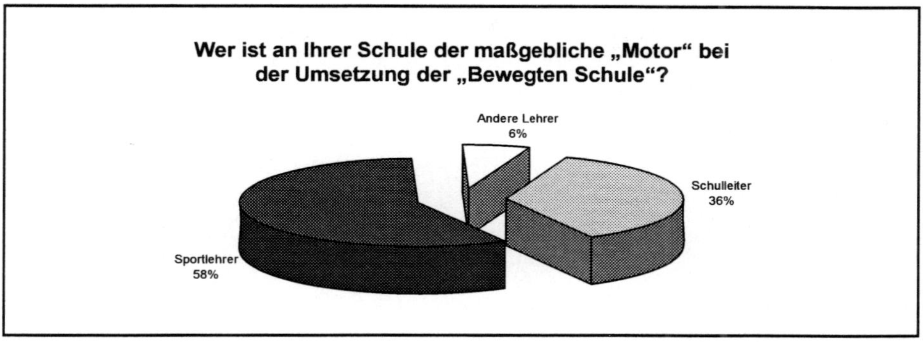


*Abb. 12: Motor der „Bewegten Schule“*

Spricht man von Qualitätssicherung pädagogischer Innovationen, rückt zuerst das Schulprogramm in den Blick, schließlich wird hier die pädagogische Absicht einer Schule – im Sinne eins Qualitätsstandards – formal festgeschrieben. Vergleicht man demzufolge die Schulen, die Elemente der „Bewegten Schule“ im Schulprogramm verankert haben, mit denjenigen, die das verneinen, lassen sich im Zusammenhang mit der Implementation des Konzepts interessante Unterschiede feststellen. Während nämlich in den Schulen, die Elemente der „Bewegten Schule“ in ihrem Schulprogramm festgeschrieben haben, eine annähernd gleiche Anzahl von Sportlehrern (53,8%) und Schulleitungen (42,3%) treibende Kraft bei der Initiierung der „Bewegten Schule darstellen – entsprechend treten Lehrer anderer Fachrichtungen lediglich zu 3,8% als Promotoren der „Bewegten Schule“ in Erscheinung –, lastet die Implementation an Schulen, ohne „Bewegter Schule“ im Schulprogramm in einem weitaus höheren Maße auf den Schultern der Sportlehrer (71,4%). Lediglich 14,3% der Schulleitungen sind von den Schulen ohne Elemente der „Bewegten Schule“ im Schulprogramm als Initiatoren der Konzeption benannt.

*Tab. 10: Motor der „Bewegten Schule“ unterschieden nach Schulen mit und ohne Elementen der „Bewegten Schule“ im Schulprogramm*

| **Wer ist an Ihrer Schule der maßgebliche „Motor“ bei der Umsetzung der „Bewegten Schule“?** | | |
|---|---|---|
| | Realisation im Schulprogramm [%] | Keine Realisation im Schulprogramm [%] |
| Schulleiter | 42,3% | 14,4% |
| Sportlehrer | 53,8% | 71,4% |
| Andere Lehrer | 3,8% | 14,3% |

Das Ergebnis zeigen, dass – wie erwartet – dem Sportlehrer eine Hauptrolle bei der Umsetzung des Konzepts zukommt. Dies überrascht nicht weiter, ist Bewegung doch mit der Gegenstandsbestimmung seines Faches verbunden. Dass bereits so viele Schulleitungen die treibende Kraft bei der Integration von Bewegung in die Schule sind, weist auf eine zunehmende Thematisierung der „Krise kindlicher Bewegungswelt“ und der damit einher gehenden verstärkten Wahrnehmung der Bedeutung von Bewegung, Spiel und Sport für die kindliche Entwicklung hin. Die Initiative der Schulleitungen bietet dabei besondere Chancen, da die Möglichkeiten der Schulleitung zur Umgestaltung von Strukturen als wesentlich weiter reichen und nachhaltiger einzuschätzen sind als die anderer engagierter Lehrkräfte. Es ist also davon auszugehen, dass die „Bewegte Schule auf einem weitaus höheren Niveau Beachtung findet, wenn sich die Schulleitung engagiert. In diesem Falle scheint auch die Aufnahme im Schulprogramm umso wahrscheinlicher. Daraus folgend ist zu konstatieren, dass sich die Promoter der „Bewegten Schule“ auf der Ebene des Ministeriums und der der Bezirksregierungen verstärkt um eine Gewinnung der Schulleiterinnen und Schulleiter für die Konzeption der „Bewegten Schule“ bemühen müssen, wollen sie eine hochwertige Implementation der „Bewegten Schule“ vor Ort erreichen.

Versucht man im Hinblick auf die Initiierung der „Bewegten Schule“ einen Vergleich zwischen den Städten Bielefeld und Porta Westfalica zu ziehen, dann zeigt sich, dass sich nur wenig aussagekräftige Schlussfolgerungen ableiten lassen, da nur drei Portaner Schulen Angaben zur Frage nach dem „Motor“ der „Bewegten Schule“ machen (wobei in allen Fällen die Schulleitung als Impulsgeber genannt wird), von den Bielefelder Schulen dagegen 29 Schulen, was etwa zwei Dritteln entspricht (wobei hier in fast zwei Drittel der Fälle der Sportlehrer angegeben wird).

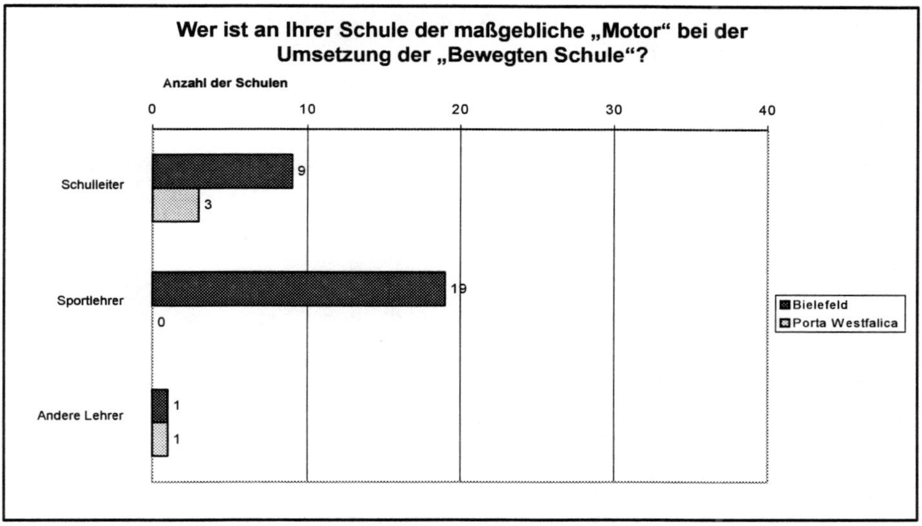


*Abb.13: Motor der „Bewegten Schule" im Vergleich zwischen den Städten Bielefeld und Porta Westfalica*

Differenziert man nach Schulgröße, dann fällt auf, dass an den kleinen und den großen Schulen am häufigsten die Schulleitungen die Initiatoren einer Realisierung des Konzepts „Bewegten Schule" darstellen, während dies bei den mittelgroßen Schulen eher die Sportlehrer sind. Dieser Befund lässt sich theoretisch nicht erklären, sondern muss, ohne weiterreichende Untersuchungen, als ein Zufallsbefund angesehen werden.

*Tab. 11: Motor der „Bewegten Schule" unterschieden nach Schulgröße*

| Wer ist an Ihrer Schule der maßgebliche „Motor" bei der Umsetzung der „Bewegten Schule"? | | | |
|---|---|---|---|
| | bis 180 Schüler [%] | 181 bis 360 Schüler [%] | über 360 Schüler [%] |
| Schulleiter | 57,1% | 20,0% | 66,7% |
| Sportlehrer | 28,6% | 75,0% | 33,3% |
| Andere Lehrer | 14,3% | 5,0% | - |

Nun stellt die Initiative nur sicher, dass die Umsetzung des Konzepts angegangen wird. Soll der Realisierungsprozess kontinuierlich begleitet und dessen Qualität überprüft werden, dann ist es notwendig, die Verantwortung für diesen Prozess einer Stelle zuzuordnen, also strukturell zu verankern. Aus diesem Grunde stellten wir die

Frage, ob es an der Schule eine vom Kollegium als „Beauftragter für die ‚Bewegte Schule'" bestimmte Lehrkraft gibt.
Die Frage nach einem solchen „Beauftragten der ‚Bewegten Schule'" bejahten 22,9% der befragten Schulen. Dies lässt sich als ein weiterer Hinweis auffassen, dass sich das Konzept „Bewegte Schule" nicht nur theoretisch, sondern auch in der praktischen Umsetzung in einem Entwicklungsprozess befindet, der noch zu keiner Festlegung allgemeingültiger Richtlinien führte[32].

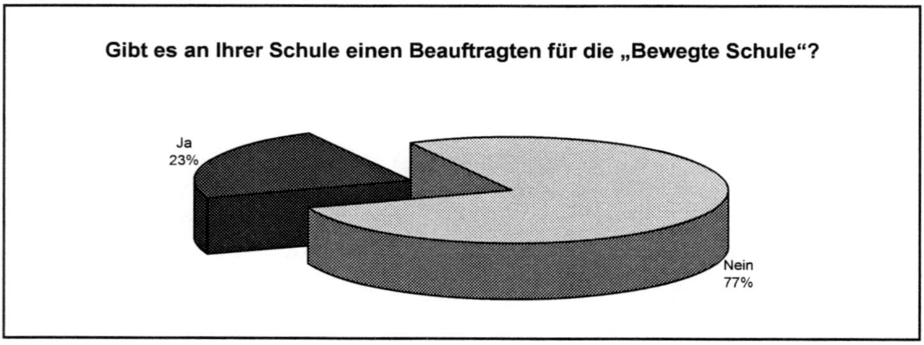


*Abb. 14: Beauftragter für die Konzeption „Bewegte Schule"*

Betrachtet man dieses Ergebnis nun unter dem Differenzierungskriterium „Bewegte Schule" im Schulprogramm „ja/nein", dann ist zu erkennen, dass die „Beauftragen der ‚Bewegten Schule'" bis auf einen einzigen Fall (6,7 %) ausschließlich in jenen Schulen anzutreffen sind, die auch die „Bewegte Schule" im Schulprogramm verankert haben (33,3 %). Dieser Befund lässt mithin den Schluss zu, dass die qualitätssteigernde Maßnahme der Verankerung im Schulprogramm bei einer gewissen Anzahl von Schulen eine weitere Qualitätssteigerung in Gestalt der Ausdifferenzierung der Rolle eines Beauftragten nach sich zieht. Diese Schulen scheinen also erkannt zu haben, dass durch die Ausdifferenzierung eines Beauftragten als Rolle die Maßnahmen unabhängig von personellem Wechsel auf Dauer gestellt werden können. So muss beim Weggang oder Berentung des Beauftragten lediglich eine neue Besetzung der Rolle des Beauftragten vorgenommen werden, aber die Konzeption als solche bricht nicht zusammen.

---

32 Darauf deutet übrigens auch eine Randbemerkung eines Probanden zu dieser Frage hin, der genau diese Fragestellung als Anstoß dafür bezeichnete, dass in seiner Schule ein solcher Beauftragter eingesetzt wird.

Im Vergleich der beiden untersuchten Städte zeigt sich, dass in Porta Westfalica nur eine Schule einen „Beauftragten für die ‚Bewegte Schule'" hat, in Bielefeld dagegen zehn Schulen (26,3%).

Die differenzierte Betrachtung nach Schulgrößen zeigt, dass Beauftragte anteilsmäßig am häufigsten in den großen Schulen (bei 50,0%) in geringerem Maße bei den mittelgroßen Schulen (bei 20,7%) und eher selten bei den kleinen Schulen (bei 15,4%) vorzufinden sind. Auch dieser Befund spricht gegen die Annahme einer leichteren Realisierung der „Bewegten Schule" an kleineren Schulen.

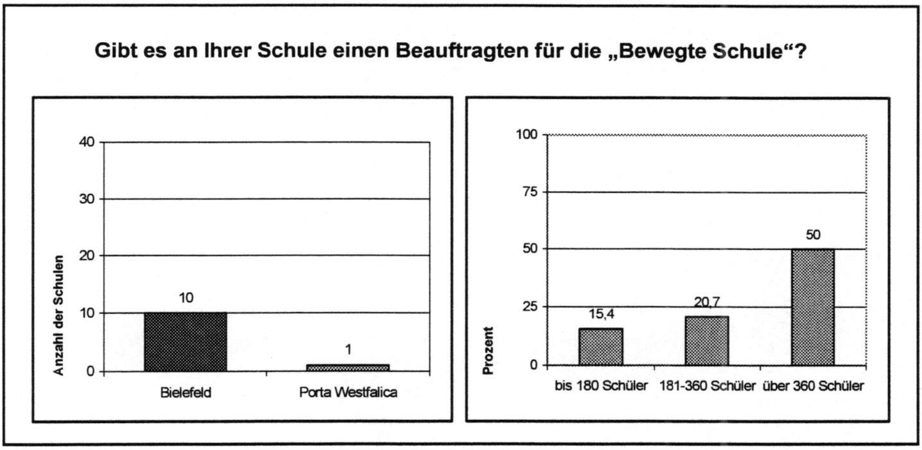


*Abb. 15: Beauftragter der „Bewegten Schule" differenziert nach untersuchter Stadt und Schulgröße*

Nun kann weder die Initiative noch die Einrichtung von Beauftragten das Gelingen des Umsetzungsvorhabens garantieren. Wie in den theoretischen Überlegungen diskutiert, hängt der Erfolg nicht unbedeutend von der Einbindung von Bezugsgruppen der Schule, vor allem der gesamten Lehrerschaft, in die Umsetzung der Konzeption ab. So ermöglicht ein Austausch innerhalb des Kollegiums, mit Kollegen anderer Schulen, bei Fortbildungen und mit der Elternschaft Erfahrungsvergleiche, kritische Reflexionen, bringt Probleme von Bezugsgruppen zu Tage und eröffnet neue Ideen. Damit bedingt die Qualität der Einbindung von Bezugsgruppen letztendlich den Grad der Realisierbarkeit einer „Bewegten Schule".

Um feststellen zu können, in welchem Maße und in welchem Rahmen die Bezugsgruppen der befragten Schulen in die Diskussion um die Konzeption „Bewegte Schule" eingebunden werden, gaben wir eine fünfstufige Skala von 4 für *sehr oft* bis 0 für *nie* vor, mit der die Häufigkeit des Austausch über die „Bewegte Schule" bei

Schulkonferenzen, internen und schulübergreifenden Lehrerfortbildungen, im informellem Kreis und mit der Elternschaft angegeben werden sollte.
Der Analyse zufolge wird das Gespräch im informellem Kreis in mittlerem Maße (M=2,26) zur Diskussion über die Konzeption „Bewegte Schule“ genutzt, stellt gleichzeitig aber auch die im Durchschnitt am häufigsten genutzte Gelegenheit zu einem Austausch dar. Betrachtet man in diesem Zusammenhang die Standardabweichung (s=1,12), dann wird deutlich, dass es hier deutliche Unterschiede zwischen den einzelnen Schulen gibt. In im Durchschnitt nur unbedeutend geringerem Maße (M=2,21), allerdings mit geringfügigeren Differenzen zwischen den Schulen (s=0,81), werden schulübergreifende Lehrerfortbildungen genannt. Schulinterne Lehrerbildungen werden von den Lehrkräften, vom Durchschnittswert her gesehen, *ab und zu* (M=2,02) genutzt, der Austausch bei Schulkonferenzen findet *ab und zu* bis *selten* statt (M=1,82) und die Diskussion mit der Elternschaft dagegen im Durchschnitt eher *selten* (M=1,53).

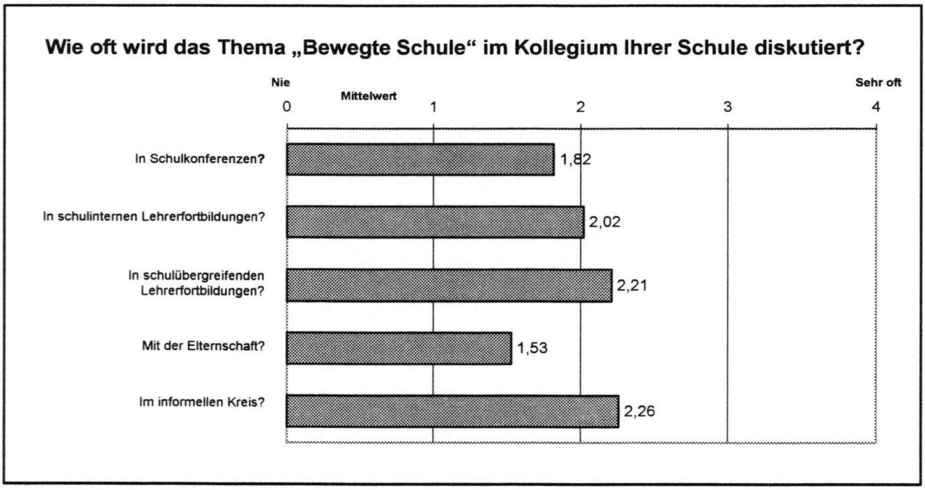


*Abb. 16: Diskussion über die „Bewegte Schule“ zu verschiedenen Anlässen*

Dass das informelle Gespräch und Lehrerfortbildungen, in etwas geringerem Maße aber auch Schulkonferenzen als Anlass zur Diskussion über die „Bewegte Schule“ bezeichnet werden, ist nicht überraschend. Die Frequenz, mit dem dieses Thema in Fortbildungen und in der Literatur diskutiert wird, lässt ein hohes Interesse bei der Lehrerschaft erwarten. Dies wird sich in internen Lehrerfortbildungen und in Schulkonferenzen niederschlagen, vor allem aber in informellen Gesprächen, deren inhaltlich Offenheit eben den Austausch über Themen erlauben, die von den Lehrern selbst für wichtig erachtet werden.

*Tab. 12: Häufigkeit der Diskussion über die Thematik der „Bewegten Schule“ zu verschiedenen Anlässen*

| **Wie oft wird das Thema „Bewegte Schule“ im Kollegium Ihrer Schule diskutiert?** | | | | | |
|---|---|---|---|---|---|
| | Schul-konferenzen | Interne Lehrer-fortbildungen | Lehrer-fortbildungen | Informeller Kreis | Eltern-schaft |
| *0 = nie* | 7,9% | 2,4% | 2,9% | 6,5% | 11,8% |
| *1 = selten* | 26,3% | 24,4% | 11,8% | 22,6% | 35,3% |
| *2 = ab und zu* | 42,1% | 41,5% | 50,0% | 19,4% | 41,2% |
| *3 = oft* | 23,7% | 31,7% | 32,4% | 41,9% | 11,8% |
| *4 = sehr oft* | - | - | 2,9% | 9,7% | - |
| Mittelwert (M) | 1,82 | 2,02 | 2,21 | 2,26 | 1,53 |
| Standard-abweichung (s) | 0,90 | 0,82 | 0,81 | 1,12 | 0,86 |
| Anzahl (N) | *38* | *41* | *34* | *31* | *34* |

Dieses Ergebnis spiegelt sich auch in den Ergebnissen jener Schulen wider, die Elemente der „Bewegten Schule“ im Schulprogramm haben, wobei hier die informellen Gespräche sowie die internen Lehrerfortbildungen tendenziell noch häufiger genannt werden, als die allgemeinen Lehrerfortbildungen (vgl. Tab. 13). D.h., an den Schulen, die die „Bewegte Schule“ im Schulprogramm verankert haben, gibt es eine Kultur des ständigen Austausches über die „Bewegte Schule“. Ein entgegengesetztes Bild zeigt sich bei jenen Schulen, die keine Elemente der „Bewegten Schule“ im Schulprogramm festgeschrieben haben. Hier erfolgt die Kommunikation über die „Bewegte Schule“ am ehesten bei den allgemeinen (d.h. regionalen und überregionalen) Lehrerfortbildungen. Die informellen Gespräche werden noch in mittlerem Maße genannt. Aber zu allen anderen Anlässen innerhalb der Schule wird die Bewegte Schule tendenziell eher nicht thematisiert.

*Tab. 13: Häufigkeit der Diskussion über die Thematik der „Bewegten Schule" zu verschiedenen Anlässen unterschieden nach Schulen mit und ohne Elementen der „Bewegten Schule" im Schulprogramm*

| **Wie oft wird das Thema „Bewegte Schule" in dem Kollegium Ihrer Schule diskutiert?** | | | | |
|---|---|---|---|---|
| | Realisation im Schulprogramm | | Keine Realisation im Schulprogramm | |
| | [M] | [s] | [M] | [s] |
| Schulkonferenz | 2,00 | 0,88 | 1,33 | 0,87 |
| Interne Fortbildungen | 2,24 | 0,74 | 1,60 | 0,70 |
| Lehrerfortbildungen | 2,17 | 0,87 | 2,13 | 0,64 |
| Elternschaft | 1,62 | 0,82 | 1,25 | 1,04 |
| Informeller Kreis | 2,32 | 1,13 | 2,0 | 1,19 |

Vergleicht man die Bedeutung, die dem Thema „Bewegte Schule" differenziert nach Zugehörigkeit zu den untersuchten Städten zukommt (vgl. Tab. 14), dann fällt auf, dass die „Bewegte Schule" offenbar in Porta Westfalica im Vergleich häufiger in Schulkonferenzen und mit der Elternschaft diskutiert werden, während eine solche Diskussion in Bielefelder Schulen vergleichsweise häufiger bei Fortbildungen und im informellem Kreis stattfindet. Dieser Befund ist überraschend und lässt sich theoretisch nur schwer erklären. Eine mögliche Erklärung wäre die, dass in Bielefeld häufiger Lehrerfortbildungen stattfinden und damit dieses Thema auch im informellen Kreis häufiger diskutiert wird, während in Porta Westfalica die „Bewegte Schule" insgesamt ohnehin seltener ein Thema ist, und wenn sie diskutiert wird, dann in einem eher formalen Rahmen oder gar angeregt durch die Elternschaft.

*Tab. 14: Häufigkeit der Diskussion über die Thematik der „Bewegten Schule" zu verschiedenen Anlässen, unterschieden nach Großstadt/Kleinstadt*

| **Wie oft wird das Thema „Bewegte Schule" in dem Kollegium Ihrer Schule diskutiert?** | | | | |
|---|---|---|---|---|
| | Bielefeld | | Porta Westfalica | |
| | [M] | [s] | [M] | [s] |
| Schulkonferenz | 1,79 | 0,93 | 2,00 | 0,71 |
| Interne Fortbildungen | 2,06 | 0,85 | 1,86 | 0,69 |
| Lehrerfortbildungen | 2,27 | 0,78 | 1,75 | 0,69 |
| Elternschaft | 2,37 | 1,11 | 1,50 | 1,00 |
| Informeller Kreis | 1,50 | 0,90 | 1,75 | 1,53 |

Differenziert man nach Schulgröße (Tabelle 15), dann wird deutlich, dass die „Bewegte Schule" aus der Sicht der Lehrerschaft im Vergleich am häufigsten in Schulen mit über 360 Schülern zum Thema gemacht wird, unabhängig davon, zu welchen Anlässen. Interessanterweise findet an diesen Schulen auch relativ häufig eine Diskussion mit der Elternschaft (M=3,00; s=1,41) statt, was in anderen Schulen weniger oft der Fall ist.

Die großen Schulen scheinen sich, den bisherigen Befunden zufolge, zumindest vom pädagogisch-personellen Rahmen her gesehen, als die Schulen heraus zu kristallisieren, an denen das Thema „Bewegte Schule" auf den fruchtbarsten Boden fällt. Dies steht im Gegensatz zu unseren theoretischen Annahmen. Dass in den großen Schulen offensichtlich wesentlich häufiger über die „Bewegte Schule" diskutiert wird als in den Schulen mit geringeren Schülerzahlen[33], könnte daran liegen, dass in großen Schulen grundsätzlich bessere infrastrukturelle Bedingungen für eine Umsetzung einer „Bewegten Schule" vorhanden sind und deshalb die Konzeption von der Lehrerschaft auch eher als realistisches, d.h. in die Praxis umsetzbares Vorhaben angesehen wird. Auf diesen Punkt wird an späterer Stelle genauer eingegangen.

[33] In diesem Zusammenhang wäre eine gleichzeitige Betrachtung von Schulgröße und Schulort sinnvoll, um eventuelle Interaktionen zu überprüfen. Leider lassen sich, wie angeführt, aufgrund der zu geringen Zellenbesetzungen keine zweifaktoriellen Varianzanalysen durchführen. Die Betrachtung von Kreuztabellen unter gleichzeitiger Berücksichtigung beider Faktoren spricht allerdings gegen Interaktionseffekte. So scheint die bei der Schulgröße beobachtete Differenz weitgehend unabhängig vom Schulort zu sein und umgekehrt.

*Tab. 15: Häufigkeit der Diskussion über die Thematik der „Bewegten Schule" zu verschiedenen Anlässen, unterschieden nach Schulgrößen*

| Wie oft wird das Thema „Bewegte Schule" in dem Kollegium Ihrer Schule diskutiert? | | | | | | |
|---|---|---|---|---|---|---|
| | bis 180 Schüler | | 181-360 Schüler | | über 361 Schüler | |
| | [M] | [s] | [M] | [s] | [M] | [s] |
| Schulkonferenz | 1,44 | 0,73 | 1,78 | 0,90 | 2,50 | 0,84 |
| Interne Fortbildungen | 1,80 | 0,92 | 2,00 | 0,66 | 2,43 | 1,13 |
| Lehrerfortbildungen | 2,00 | 0,71 | 2,11 | 0,88 | 2,83 | 0,81 |
| Elternschaft | 1,56 | 0,97 | 1,30 | 1,18 | 2,40 | 0,55 |
| Informeller Kreis | 1,78 | 0,53 | 2,33 | 0,92 | 3,00 | 0,86 |

Soll das Vorhaben „Bewegte Schule" tatsächlich mit Unterstützung der gesamten Lehrerschaft umgesetzt werden, dann ist zu garantieren, dass diese auch über das notwendige Wissen um die Bedeutung von Bewegung verfügen.

Auf die Frage, welche Informationsquellen genutzt werden, um Wissen über die „Bewegte Schule" zu erwerben, geben 70,6% der Befragten selbständige Lektüre an. Dieser Befund korrespondiert mit der Flut an einschlägiger Fachliteratur zu diesem Thema in den letzten Jahren.

Nur 19,6% der Lehrer geben an, von der Konzeption in Konferenzen oder internen Schulfortbildungen erfahren zu haben. Dieses Ergebnis geht mit den vorangegangenen konform, wonach der informelle Austausch innerhalb der Lehrerschaft als wesentlich relevanter für die Einbindung des Lehrpersonals in die Umsetzung der Konzeption eingeschätzt wird.

Dass nur 13,7% der Lehrer während ihres Referendariats und 11,8% während ihres Studiums Wissen über die „Bewegte Schule" erworben haben, lässt sich mit dem Durchschnittsalter der Probanden (48,21 Jahre) begründen (das übrigens weder in Abhängigkeit von Schulort noch von Schulgröße in relevantem Ausmaß differiert). So fand die Studien- bzw. Referendarszeit eines großen Teils der Befragten zu einem Zeitpunkt statt, zu dem die Konzeption „Bewegte Schule" noch gar nicht existierte.

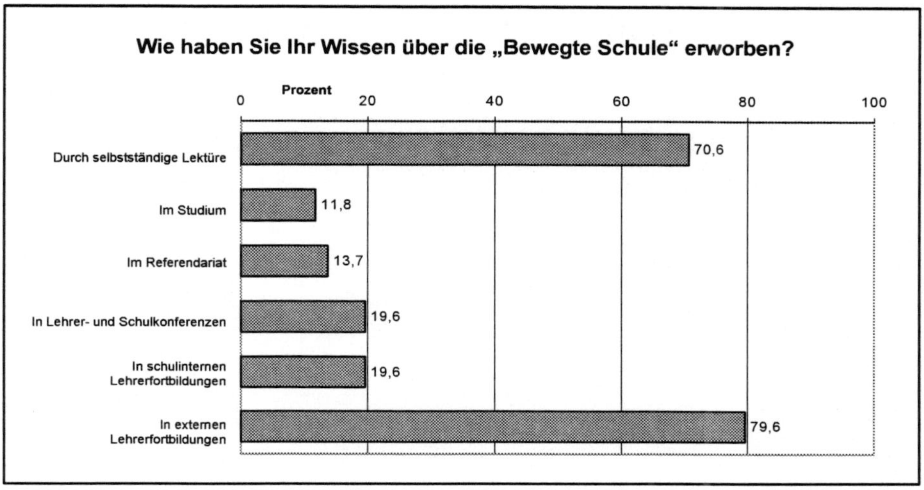


*Abb. 17: Wissenserwerb des Fragebogenbeantworters über die „Bewegte Schule"*

Nun interessiert uns vor allem auch die Einschätzung, wie die befragten Lehrer das Engagement des restlichen Kollegiums, sich im Bereich der Konzeption „Bewegte Schule" fortzubilden, einschätzen. Auf die Frage, wie häufig die Lehrer des Kollegiums an Fortbildungsmaßnahmen zum Thema „Bewegte Schule" teilnehmen, ergibt sich ein Mittelwert (M=1,94; s=0,78), der als *gelegentlich* interpretiert werden kann. Konkreter heißt dies, dass nur 1,9% der befragten Probanden angeben, dass Mitglieder des Kollegiums ihrer Schule *sehr häufig* Fortbildungsmaßnahmen zur „Bewegten Schule" besuchen. Nach Auskunft von 19,2% ist dies *häufig* der Fall, 51,9% der Befragten zufolge *gelegentlich,* 25% der Befragten antworten, dass nur *selten* Fortbildungsmaßnahmen zur „Bewegte Schule" besucht werden und 1,9% der Probanden zufolge *nie*.

Ein deutlicher Unterschied wird denn erkennbar, wenn man dieses Ergebnis unter dem Differenzierungskriterium der Implementation im Schulprogramm „ja/nein" betrachtet. Besuchen die Lehrer an Schulen, in denen die „Bewegte Schule" Bestandteil des Schulprogramms ist, tendenziell *eher häufig* Fortbildungen zur Thematik (M = 2,12; s = 0,78), scheint dies bei den Schulen ohne „Bewegte Schule" im Schulprogramm durchschnittlich *eher selten* der Fall (M = 1,67; s = 0,72).

Nun zeichnet die Häufigkeit der Fortbildungsbesuche ohne eine Angabe des Anteils der engagierten Lehrer noch kein genaues Bild. Fragt man danach, dann nehmen nach Auskunft von 72,5% der Probanden höchstens *ein Drittel* aller Lehrkräfte an diesen Fortbildungen teil. 17,6% schätzen, dass etwa *ein Drittel bis zwei Drittel* der Lehrkräfte solche Fortbildungsmaßnahmen besuchen. Lediglich 7,8% der Beantworter geben an, dass *zwei Drittel und mehr* der Lehrkräfte ihrer Schule Fortbildungsmaßnahmen zur „Bewegten Schule“ besuchen.

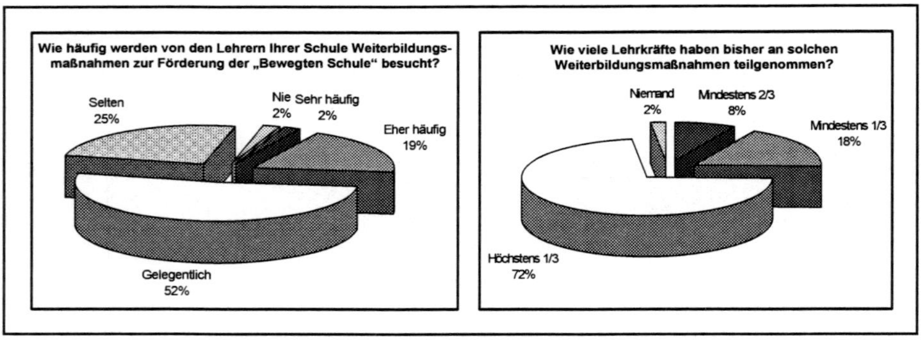


*Abb. 18: Besuch von Fortbildungsmaßnahmen zur „Bewegten Schule“*

Differenziert man die Frage nach Fortbildungen aus, indem man den Probanden Antwortmöglichkeiten vorgibt, die mögliche Informationsquellen beschreiben, dann werden von 79,6% der Lehrer externe Schulfortbildungen genannt. Von diesen besuchen 64,7% offizielle Fortbildungen der Schulbehörden, von 15,7% werden Fortbildungen der Sportverbände angegeben. Genannt werden außerdem von 8,0% Veranstaltungen des Gemeinde-Unfallversicherungs-Verbands (GUVV) und von 2,0% der Befragten Entspannungs-, Graphomotorik- und Psychomotorikfortbildungen.

Diesem Ergebnis zufolge scheint die „Bewegte Schule“ vor allem eine Sache schulischer und schulnaher Einrichtungen, wie z.B. der Schulbehörden, zu sein und in deutlich geringerem Maße z.B. im Verantwortungsbereich der Sportverbände zu liegen.

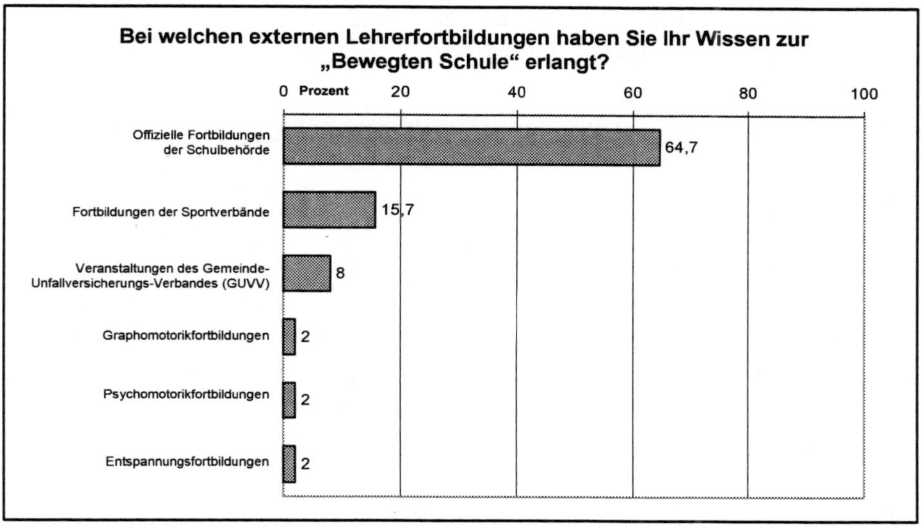


*Abb. 19: Fortbildungen, bei denen die Probanden ihr Wissen über die „Bewegte Schule“ erlangt haben*

Versucht man, die beschriebenen Daten zusammenfassend zu interpretieren, dann lässt sich festhalten, dass die Einbindung von Bezugsgruppen noch nicht optimal funktioniert. Eltern werden vor allem in größeren Schulen in die Diskussion einbezogen und Fortbildungsmaßnahmen zur „Bewegten Schule“ werden nur von einem geringen Teil der Lehrerschaft besucht, wobei die Häufigkeit der Teilnahme an Fortbildungen dieser Kollegen allerdings als sehr hoch einzuschätzen ist. Die „Bewegte Schule“ voranzutreiben, scheint also noch immer die Sache weniger engagierter Lehrkräfte, vor allem aus den Reihen der Sportlehrer, zum Teil aber auch der Schulleitungen, zu sein. Dies scheint auf den ersten Blick eher dagegen zu sprechen, dass die Umsetzung der „Bewegten Schule“ durch ein flächendeckendes Wissen der Bezugsgruppen um deren konzeptionellen Inhalte getragen wird. Unseren Daten zufolge muss dies allerdings nicht zwangsläufig so sein, da der Austausch von Informationen in informellen Kreisen oder die selbständige Lektüre von Fachliteratur zumindest in der Lehrerschaft möglicherweise einem Mangel an Wissen um die Konzeption vorbeugen kann.

Für die „Bewegte Schule“ wäre dies zu hoffen, kann doch gerade mangelndes Wissen der Kollegen durchaus dazu führen, dass sie eher abgelehnt und in der Umsetzung daher nicht gefördert wird.

Der Frage nach der Akzeptanz der Konzeption gingen wir näher nach. Auf die Frage, wie die befragten Lehrer die allgemeine Akzeptanz der Konzeption „Bewegte

Schule" innerhalb ihrer Schule (auf einer fünfstufigen Skala von 4 für *sehr hoch* bis 0 für *gar nicht*) einschätzen, ergibt sich ein arithmetischer Mittelwert von M=2,58. Die eingeschätzte allgemeine Akzeptanz ist also eher *hoch*, wobei die Standardabweichung von s=0,91 auf schulspezifische Differenzen hinweist. So schätzen (vgl. Abb. 20) 15,4% der befragten Lehrer die Akzeptanz innerhalb des Kollegiums zur „Bewegten Schule" als sehr hoch, 40,4% der Lehrer als hoch ein. 30,8% bewerten die Akzeptanz innerhalb ihres Kollegiums mit *mittel* und 13,5% mit *gering*. Die Merkmalsausprägung *gar nicht* wurde von keiner Schule genannt.
Geht man nun naiv von der Annahme aus, dass die Akzeptanz einer Innovation automatisch auch mit Engagement einhergeht, dann ist dieser hohe Wert, angesichts der quantitativ relativ geringen Beteiligung an Fortbildungen der Lehrerschaft, doch überraschend. Die Ergebnisse könnten so gedeutet werden, dass die Kollegien eben durch informelle Auseinandersetzungen zwar bereits eine hohe Sensibilität hinsichtlich der Bedeutung von Bewegung in der Schule entwickelt haben und aus diesem Grunde der Konzeption nicht abgeneigt sind, allerdings noch nicht dazu bereit sind, sich stärker um eine Umsetzung zu bemühen.

*Abb. 20: Akzeptanz innerhalb der Lehrerkollegien zur „Bewegten Schule"*

Differenziert man auch bei der Frage nach der Akzeptanz im Lehrerkollegium nach Stadtzugehörigkeit und Schulgröße, dann bestätigen die Mittelwerte die durch die vorangegangenen Ergebnisse bereits angedeutete Tendenz: die Lehrerkollegien der Stadt Bielefeld scheinen die „Bewegte Schule" (M=2,62; s=0,91) in etwas stärkerem Maße zu akzeptieren als die Lehrerkollegien der Portaner Schulen (M=2,40; s=0,97). Ähnliche Differenzen zeigen sich in Abhängigkeit von der Schulgröße, wobei die Lehrerkollegien der großen Schulen (M=3,00; s=0,82) höhere Akzeptanzzuschreibungen vornehmen als die kleinen (M=2,62; s=0,82) und die mittelgroßen

Schulen (M=2,47; 0,95). Bei der differenzierten Datenbetrachtung mittels Kreuztabellen deuten sich übrigens keine Wechselwirkungen an.

### *5.2.1.3 „Bewegter Schultag"*

Der „bewegte Schultag" ist deshalb als Teil des pädagogisch-personellen Rahmens einer „Bewegten Schule" von Bedeutung, weil er eine zentrale Voraussetzung für die Umsetzung der Konzeption, nämlich ein hohes Maß an zeitstruktureller Flexibilität impliziert. Erst zeitstrukturelle Flexibilität ermöglicht es der konzeptionellen Literatur zufolge, optimal auf die individuellen Bedürfnisse der Schüler einzugehen.

Fragt man die Schulen nach der zeitlichen Strukturierung des Schultags, dann zeichnet sich ein noch recht starres Bild ab. So unterrichten fast alle Schulen im klassischen 45-Minuten-Takt (88,2%) und halten sich an feste Pausenzeiten (94,1%). Zwar beginnen 25,5% der Schulen ihren Unterricht mit einer Gleitzeit, dies heißt umgekehrt aber auch, dass bei immer noch 75,0% der Schultag zu einem festgelegten Zeitpunkt anfängt. Trotz dieses Befundes nehmen sich längst nicht alle Schulen als zeitlich unflexibel wahr. So gibt mit 35,3% immerhin gut ein Drittel der Schulen an, dass bei ihnen die Lehrkräfte den Unterrichtsrhythmus flexibel gestalten können. Der Widerspruch zu den starren formalen Zeitstrukturen mag dadurch erklärbar sein, dass unter flexibler Gestaltung Flexibilität in bestimmten Teilen des Unterrichts verstanden wird; wie z.B. flexible Regelungen für die erste und zweite Schulstunde.
Die in den meisten Fällen doch noch recht starre zeitliche Unterrichtsstrukturierung lässt sich möglicherweise damit erklären, dass eine zeitliche Flexibilisierung für Schulen tatsächlich so einfach umzusetzen ist, wie in den meisten sportwissenschaftlichen Arbeiten angenommen. So bedeuten z.B. flexible Pausenzeiten für die Schulen, dass wesentlich mehr Lehrer als bisher zur Pausenaufsicht zur Verfügung stehen müssten.
Dennoch ist die mangelnde zeitliche Flexibilität der Unterrichtsstrukturierung aus unserer Sicht als ein überraschender Befund zu werten, nicht zuletzt deshalb, weil eine verhältnismäßig große Anzahl der Schulen (64,7%) angibt, ganze Halbtagsschulen zu sein[34]. Solche Schulformen scheinen im Vergleich mit traditioneller Schulorganisation eine größere Flexibilität des Unterrichts mit kindgerechten Zeit-

[34] Nach Bründel/Hurrelmann (1996, 190) gab es bis 1996 nur für 4% aller Schüler ein schulisches Ganztagsangebot, der Bedarf lag ihrer Meinung nach bei etwa 40%. Betrachtet man die Schulen, die in dieser Untersuchung befragt werden, dann scheinen zumindest hier mittlerweile in verstärktem Maße den veränderten Gegebenheiten in der Arbeitswelt, in Familie und der Gesellschaft Rechnung getragen zu werden.

einteilungen und einer Auflösung des starren 45-Minuten-Schemas aufzuweisen und damit geeignet für die Umsetzung eines „bewegten Schultags“ zu sein.

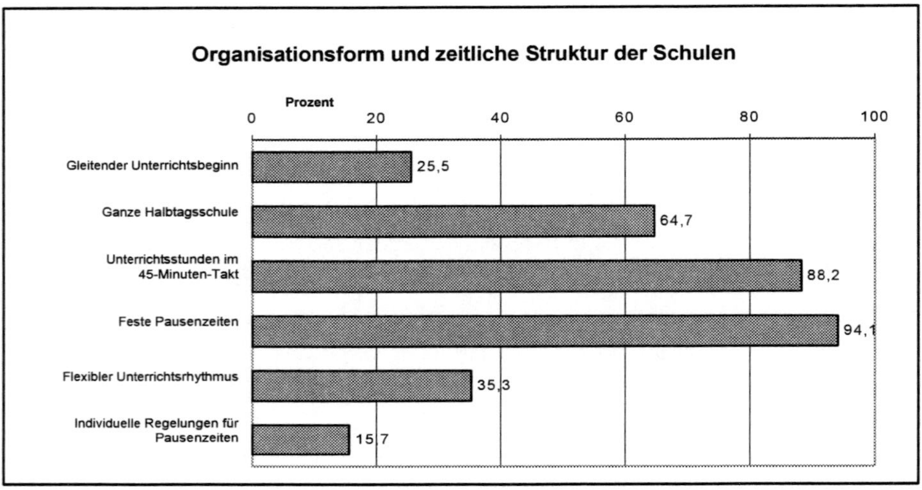


*Abb. 21: Organisationsformen und zeitliche Strukturen der befragten Schulen*

Vergleicht man die Schulen der beiden untersuchten Städte miteinander, dann weisen die Schulen im Stadtgebiet Bielefeld tendenziell etwas flexiblere Strukturen auf als die Schulen in Porta Westfalica (vgl. Abb. 22). So geben 69,0% der Bielefelder Schulen an, ganze Halbtagsschulen zu sein, während dies in Porta Westfalica nur bei 44,4% der Fall ist. Hinsichtlich des Unterrichtsbeginns zeigen sich dagegen nur geringfügige Unterschiede. So beginnt bei 26,2% der Bielefelder Schulen der Unterricht gleitend, in Porta Westfalica bei 22,2%. Individuelle Pausenzeiten gibt es in Schulen aus dem Stadtgebiet Bielefeld (bei 16,7%) etwas häufiger als in Porta Westfalica (bei 11,1%), feste Pausenzeiten (was einer flexiblen Unterrichtsgestaltung entgegensteht) gibt es in Bielefeld bei fast allen Schulen (97,6%), in Porta Westfalica dagegen nur in 77% der Fälle. Die zeitliche Unterrichtstruktur weist schließlich in beiden Städten zu fast gleichen Anteilen zumeist einen 45-Minuten-Takt auf (88,1% in Bielefeld; 88,9% in Porta Westfalica).

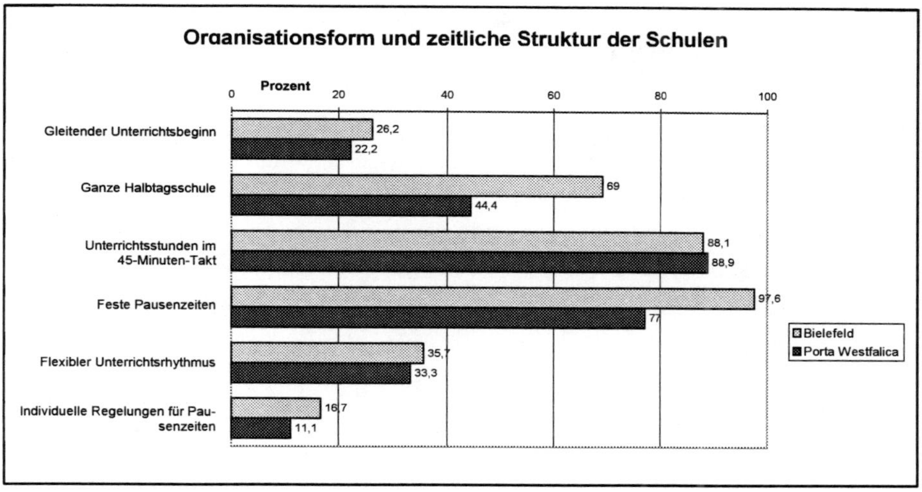


*Abb. 22: Organisationsform und zeitliche Struktur der Schulen differenziert nach Großstadt/Kleinstadt*

Eine Differenzierung nach Schulgröße ergibt den Befund, wonach die großen Schulen tendenziell flexiblere Strukturen aufweisen als die Schulen mit niedrigeren Schülerzahlen, die kleinen Schulen wiederum flexiblere Strukturen als die mittelgroßen Schulen. Auch hier zeigt sich also wieder eine bessere Passung der großen Schulen zum Konzept der „Bewegten Schule" als der kleineren Schulen.

*Tab. 16: Organisationsform und zeitliche Struktur der Schulen unterschieden nach Schulgröße*

| Organisationsform und zeitliche Struktur der Schulen | | | |
|---|---|---|---|
| | bis 180 Schüler [%] | 180 bis 360 Schüler [%] | über 360 Schüler [%] |
| Gleitender Unterrichtsbeginn | 38,5% | 19,4% | 28,6% |
| Ganze Halbtagsschule | 69,2% | 58,1% | 85,/% |
| 45-Minuten-Unterrichtstakt | 76,9% | 100% | 57,1% |
| Feste Pausenzeiten | 84,6% | 96,8% | 100% |
| Flexibler Unterrichtsrhythmus | 38,5% | 32,3% | 42,9% |
| Individuelle Pausenzeiten | 23,1% | 9,7% | 28,6% |

Um dem Sachverhalt gerecht zu werden, dass in Grundschulen für die Jahrgangsstufen 1 und 2 oftmals individuelle Regelungen hinsichtlich der zeitlichen Struktur des Unterrichts getroffen werden, fragten wir die Lehrer in Form einer offenen Frage nach solchen Absprachen. Hier zeigt sich (vgl. Abb. 23), dass in 11,5% der Fälle in den Klassen 1 und 2 flexible Bewegungspausen durchgeführt werden, bei weiteren 3,8% wird mit den beiden jüngsten Jahrgangsstufen wöchentlich ein Spielplatz besucht. Einer Schule (1,9%) zufolge wurde darüber hinaus für die Schüler der Jahrgangsstufen 1 und 2 eine gesonderte Frühstückspause eingerichtet, und von einer Schule (1,9%) wurde eine spezielle Beratung für die Eltern als Angebot genannt.

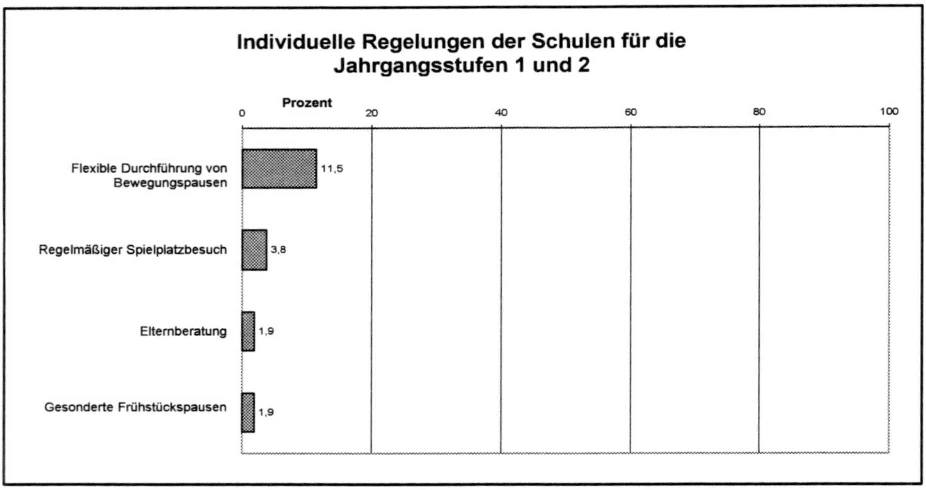


*Abb. 23: Individuelle Regelungen der Schulen für die Jahrgangsstufen 1 und 2*

Fasst man die Untersuchungsergebnisse zum pädagogisch-personellen Rahmen zusammen, dann ergibt sich folgendes Bild:

Die konzeptionellen Überlegungen zur „Bewegten Schule“ als ein pädagogisches Programm umzusetzen, geht zumeist von Sportlehrern, häufig aber auch von Schulleitern aus. Der hohe Anteil an Sportlehrern ist wenig überraschend, hat er doch bereits aufgrund seiner Qualifikation und seines Fachwissen einen engen Bezug zur Thematik. Weniger zu erwarten war dagegen die häufige Nennung von Schulleitungen als Initiatoren der „Bewegten Schule“. Dies lässt darauf schließen, dass die „Bewegte Schule“ ein pädagogisches Programm darstellt, das in der schulischen Realität auf hohem Niveau Beachtung findet. Darauf deutet auch der Befund hin, wonach bereits ein Fünftel der Schulen einen Beauftragten einsetzt, der sich in der schulischen Praxis für die Interessen der „Bewegte Schule“ engagiert.

Dass die „Bewegte Schule“ nicht nur bei wenigen Lehrern, sondern häufig beim ganzen Lehrerkollegium Anklang findet, zeigt sich daran, dass bereits zwei Drittel der befragten Schulen zahlreiche Aspekte der Konzeption im Schulprogramm festschreiben und die Konzeption „Bewegten Schule“ im Kollegium offenbar in hohem Maße akzeptiert wird.
Hinsichtlich der Vermittlung von Wissen über die Konzeption scheint das Gespräch in informellem Kreis als häufigste Gelegenheit genutzt zu werden. Die zumindest von engagierten Lehrern häufig genutzte Möglichkeit, Wissen in Fortbildungen zu erwerben, könnte dagegen so gewertet werden, dass der Konzeption auch in der Fachdiskussion zunehmende Bedeutung zugemessen wird.
Die Festschreibung im Schulprogramm, der Einsatz eines Beauftragten für die „Bewegte Schule“ und der Austausch über die Konzeption „Bewegte Schule“ scheint unseren Daten zufolge übrigens nicht unbeträchtlich vom Organisationsgrad abzuhängen. Dies mag der Grund dafür sein, dass es den großen Schulen mit über 360 Schülern in stärkerem Maße gelingt, Strukturmerkmale der „Bewegten Schule“ zu integrieren als den kleineren Schulen. So haben alle Schulen dieser Größe Strukturmerkmale der „Bewegten Schule“ in ihrem Schulprogramm verankert und weisen darüber hinaus anteilsmäßig die meisten Beauftragten für die „Bewegte Schule“ auf. Welche Schulgröße nun aber den Grad der „Bewegtheit“ einer Schule ausmacht, kann kaum beantwortet werden. Bewegtheit scheint eher von der allgemeinen Akzeptanz abzuhängen, die im Falle unserer Untersuchung bei großen Schule am größten ist, an mittelgroßen Schulen dagegen am geringsten.
Ein auffallender Befund, der im Grunde in diametralem Gegensatz zur weitreichenden Akzeptanz der Konzeption steht, ist die sehr starre zeitlich-organisatorische Strukturierung an den meisten Schulen. Zwar fangen verhältnismäßig viele Schulen den Schultag mit einem gleitenden Unterrichtsbeginn an und gehen dadurch auf die Bedürfnisse der heutigen Gesellschaft ein. Allerdings ist der Unterrichtstakt mit seinen Pausenzeiten an fast allen Schulen vorgegeben, auch wenn den Lehrern nach eigenen Angaben ein gewisses Maß an Flexibilität bleibt, so dass je nach Bedarf Pausen und Bewegungspausen im Unterricht durchgeführt werden können. Dieser Befund lässt sich möglicherweise damit erklären, dass eine flexiblere Gestaltung des Tagesablaufs organisatorische Probleme, wie z.B. die Gestaltung der Pausenaufsicht und die Regelung des Fachunterrichtes, mit sich bringen würde.
Soll die Qualität der „Bewegte Schule“ gesichert werden, so gilt es bei den personellen und konzeptionellen Rahmenbedingungen anzusetzen. Denn Innovationen wie die „Bewegte Schule“ machen nur dann Sinn, wenn alle Lehrerinnen und Lehrer sie in ihr pädagogisches Handeln aufnehmen und adäquat realisieren. So lässt sich denn

auch an den Ergebnissen ablesen, dass diejenigen Schulen, die bereits Elemente der „Bewegten Schule“ in ihrem Schulprogramm implementiert haben, in weitaus höherem Maße Personal- und Kommunikationsstrukturen zur Einrichtung und Etablierung der Konzeption ausdifferenziert haben, als dies bei Schulen ohne „Bewegter Schule“ im Schulprogramm der Fall ist. Vor diesem Hintergrund lässt sich folgendes festhalten:

- Schulen, die eine „Bewegte Schule“ sein wollen, müssen Zielvorstellungen zu dem, was eine „Bewegte Schule“ leisten soll in ihrem Schulprogramm verankern sowie die Zielerreichung in regelmäßigen Abständen überprüfen und gegebenenfalls Maßnahmen zur Verbesserung einleiten.
- Der Schulleitung kommt bei der Realisation auf Grund ihrer weitreichenderen Möglichkeiten eine hohe Bedeutung zu.
- Für die schulinterne Umsetzung und Überprüfung der Konzeption gilt es, die Verantwortung einer „Beauftragten“ oder einem „Beauftragten“ für die „Bewegte Schule“ zu übertragen und damit strukturell zu verankern.
- Eine nachhaltige und qualitativ befriedigende Einrichtung einer „Bewegten Schule“ muss mit einer vertieften und für alle Lehrer verpflichtenden Fortbildung einhergehen. Insofern müssen Innovationen wie die „Bewegte Schule“ auch in der Aus- und Weiterbildung der Lehrer aller Schulfächer Berücksichtigung finden.
- Es gilt, allgemeingültige Standards zu entwickeln, die eine qualitativ hochwertige Initiierung und Realisierung der „Bewegten Schule“ unterstützen und steuern. Dies ist eine wesentliche Aufgabe der Sportpädagogik als Wissenschaft, wobei die Durchführung nur in enger Kooperation mit der Schulpraxis erfolgen kann.

### *5.2.2 Infrastruktureller Rahmen*

Während der pädagogisch-personalstrukturelle Rahmen determiniert, in welchem Maße eine Schule dazu bereit ist, zur „Bewegten Schule“ zu werden, bedingt der infrastrukturelle Rahmen letztendlich, in welchem Maße die „bewegte Schule“ angesichts gegebener räumlich-materieller Voraussetzungen überhaupt umgesetzt werden kann.

Auf den infrastrukturellen Rahmen der untersuchten Schulen wird im Folgenden eingegangen. Den theoretischen Überlegungen entsprechend werden dabei insbesondere die Gestaltung des Schulgebäudes mit Räumlichkeiten und Schulgelände, Ausstattungsmerkmalen und Materialien thematisiert.

### 5.2.2.1 Schulhausgestaltung

Betrachtet man Schulgebäude heutiger Grundschulen, dann entstammen diese oftmals einer Bauzeit, in der die baulichen Schwerpunkte mehr auf Funktionalität, denn auf eine kindgerechte, bewegungsfreundliche Gestaltung gelegt wurden.
Dies bedeutet für unsere Untersuchung zu überprüfen, in welchem Maße die Schulgebäude der untersuchten Schulen (über die Sporthallen hinaus) die konzeptionell geforderten Bewegungsgelegenheiten ermöglichen.
Die Antworten auf die Frage nach Bewegungsmöglichkeiten überraschen angesichts der Tatsache, dass die meisten Schulgebäude erbaut wurden, bevor Aspekte des Bewegens während des gesamten Schultags diskutiert wurden. So geben (Abbildung 23) 77,1% der Schulen an, dass ihr Schulgebäude außerhalb der Sporthalle Bewegungsmöglichkeiten bereitstellt.

*Abb. 24: Bewegungsmöglichkeiten innerhalb des Schulhauses*

Fragt man danach, welche Bewegungsmöglichkeiten im Schulhaus bestehen, dann ergibt sich folgendes Bild. Am häufigsten (von 81,6%) werden feste Bewegungsinstallationen im Schulhaus genannt, die Gelegenheiten zum Klettern, Rutschen, Springen, Verstecken bieten. 13,2% der Schulen geben an, feste Vorrichtungen, wie beispielsweise Haken zum Einhängen von Schaukeln, im Schulhaus installiert zu haben, die zur mobilen Installation von Bewegungsmöglichkeiten verwendet werden können. Die Erlaubnis, im Schulhaus mit ausleihbaren Spielgeräten spielen zu dürfen, geben 75% der Schulen, während in den restlichen Fällen im Schulgebäude nur ohne Materialien gespielt werden darf.

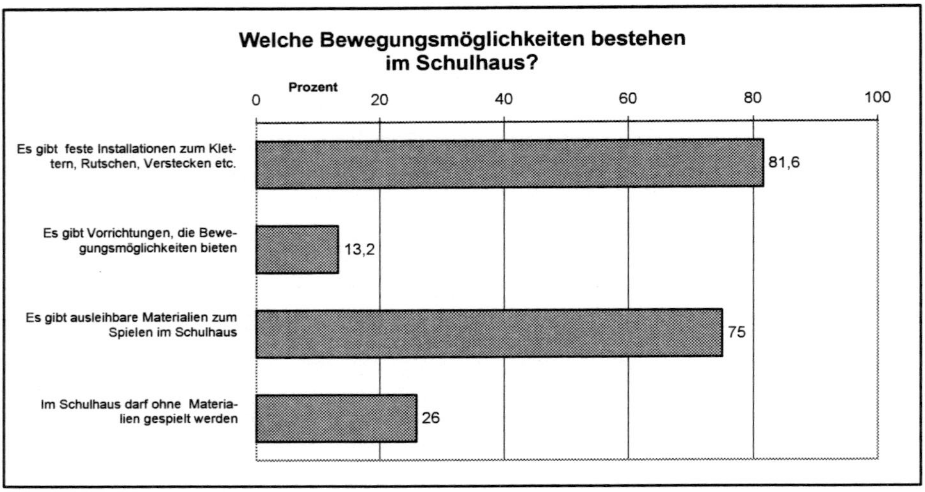


*Abb. 25: Formen der Bewegungsmöglichkeiten im Schulhaus*

Bewegung innerhalb des Schulhauses wird also von einem großen Teil den Schulen erlaubt und durch Vorrichtungen, Installationen und Materialien gefördert. Dies entspricht der Bedeutung, die von den Lehrkräften Bewegung in der Schule zugemessen wird.

Vergleicht man die Bewegungsmöglichkeiten im Schulhaus in den Städten Bielefeld und Porta Westfalica, dann werden in Bielefeld wesentlich häufiger (von 82,1% der Schulen) Bewegungsformen im Schulhaus ermöglicht als in Porta Westfalica (von 55,6% der Schulen). Ähnliche Unterschiede zeigt die differenzierte Betrachtung nach Schulgröße auf. So ermöglicht der Großteil (85,7%) sowohl der großen als auch der mittelgroßen Schulen Bewegungsformen im Schulhaus, während dies an den kleinen Schulen (bis 180 Schüler) nur bei etwas mehr als der Hälfte (53,8%) der Fall ist (vgl. Abb. 26).

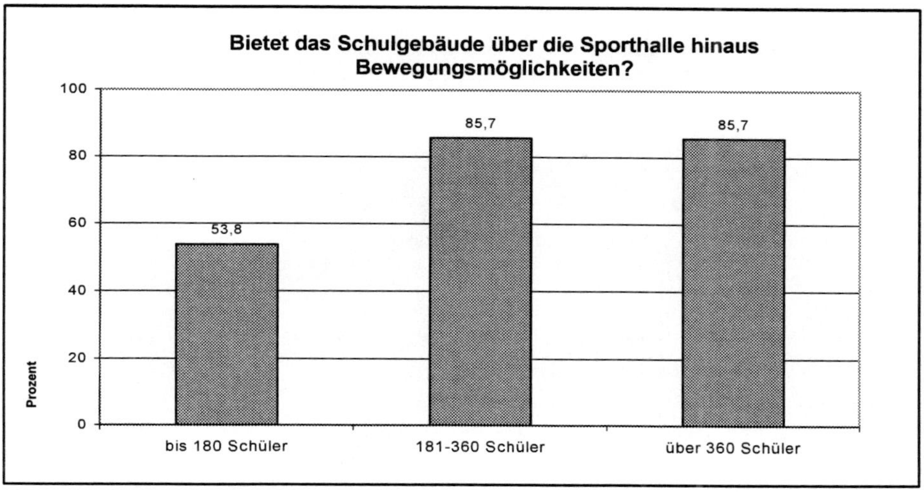


*Abb. 26: Bewegungsmöglichkeiten im Schulhaus differenziert nach Schulgröße*

Den konzeptionellen Überlegungen zur „Bewegten Schule" entsprechend reichen Bewegungsmöglichkeiten im Schulhaus allerdings nicht aus. Vielmehr wird häufig ein spezieller Bewegungsraum gefordert (vgl. Krummschmid 1997), der für außerunterrichtliche Bewegungsangebote genutzt werden kann. Aus den Angaben der befragten Lehrer lässt sich schließen, dass nur ein Drittel der befragten Schulen (33,3%) über einen solchen Bewegungsraum verfügt.

### *5.2.2.2 Klassenraumgestaltung und Schulmobiliar*

Da der Klassenraum für die Schüler den Ort der Schule darstellt, an dem sie die überwiegende Zeit des Schultags verbringen, kommt ihm in den konzeptionellen Überlegungen zur „Bewegten Schule" eine zentrale Rolle zu. Diesen Überlegungen zufolge sollte ein Klassenraum nicht nur funktional sein, sondern auch unterschiedliche, individuelle Bereiche und Arbeitssituationen in wohnlicher Atmosphäre bieten, um individuelles Lernen und Bewegen zu unterstützen (vgl. Illi 1995, 409; Heiny 1997; Hildebrand 1996).

Von den befragten Schulen geben fast alle (96,2%) an, dass neben dem zentralen Lernbereich im Klassenzimmer weitere, räumlich integrierte Bereiche, die für individuelles Bewegen und Lernen genutzt werden können, vorhanden sind (vgl. Abb. 27).

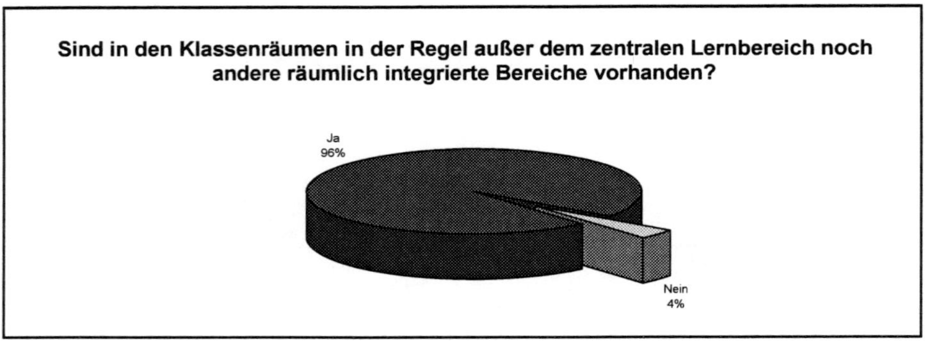


*Abb. 27: Räumliche Aufteilung der Klassenzimmer*

Bei den integrierten Bereichen handelt es sich dabei (Abbildung 27) in 78,4% der Fälle um Spielnischen, 92,2% der Klassenräume sind mit Leseecken, 49,0% mit Lernecken ausgestattet. Über diese zentralen konzeptionellen Bestandteile eines „bewegten Klassenraums“ hinaus werden eine Vielzahl anderer Bereiche genannt, durch die das Klassenzimmer zu einem handlungsorientierten Lernraum wird. So wird von 9,8% eine Computerecke, von 3,9% eine Ruheecke sowie Freiflächen für Aktionen und von jeweils 1,9% der Schulen eine Bastelecke, eine Stempelecke und ein Entspannungsteppich angegeben.

Diesen Angaben zufolge orientieren sich die befragten Schulen mit der Ausstattung ihrer Klassenräume zu einem überwiegenden Teil am kindlichen Bedürfnis nach einer Verbindung von Leben und Lernen durch die Herstellung einer wohnlichen Atmosphäre.

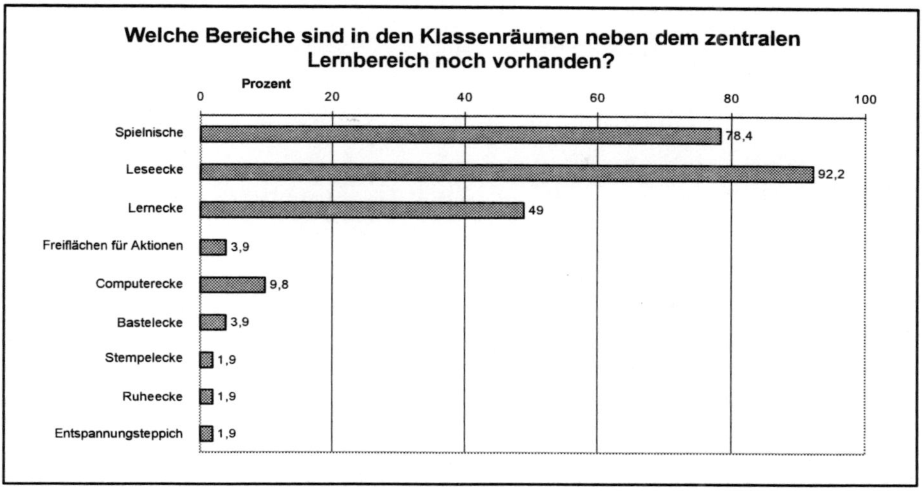


*Abb. 28: Aufteilung der Klassenzimmer*

Ähnliche Bedeutung wie der Klassenzimmergestaltung kommt in einer „Bewegten Schule" dem Schulmobiliar zu. In den konzeptionellen Überlegungen wird hier zwischen traditionellem Schulmobiliar, ergonomischem Mobiliar und alternativen Sitzgelegenheiten/Einrichtungsgegenständen unterschieden. Um nicht nur eine Bestandsaufnahme der in den Klassenzimmern vorhandenen Einrichtungsgegenstände vorzunehmen, sondern auch eine Einschätzung deren Notwendigkeit zu erhalten, koppelten wir die Frage nach dem Mobiliar mit der Aufforderung, anzugeben, welches Mobiliar, auch wenn nicht vorhanden, nach Ansicht der Befragten für wünschenswert und sinnvoll gehalten wird.

Die Bestandsaufnahme zeigt (Abbildung 28), dass in den Schulzimmern herkömmliche Schultische (82,7%) und Stühle (92,3%) dominieren, was nicht überrascht, gehören diese doch zur Grundausstattung eines Klassenzimmers. Überraschend ist eher, dass das traditionelle Schulmobiliar nicht von allen Befragten angegeben wurde. Dies mag darauf zurückzuführen sein, dass ein Vorhandensein dieses Mobiliars für manchen Befragten so selbstverständlich ist, dass er oder sie eine Erwähnung nicht für notwendig hielt.

Ergonomisches Mobiliar ist in den Klassenzimmern deutlich seltener vorhanden: So gibt es zwar noch in immerhin 28,8% der Schulen verstellbare Schultische und in 26,9% der Schulen Sitzbälle als alternative Sitzgelegenheiten. Aufsatzpulte für die Tische und Keilkissen werden aber jeweils nur von 5,8%, Stehpulte sogar nur von 1,9% der Befragten genannt.

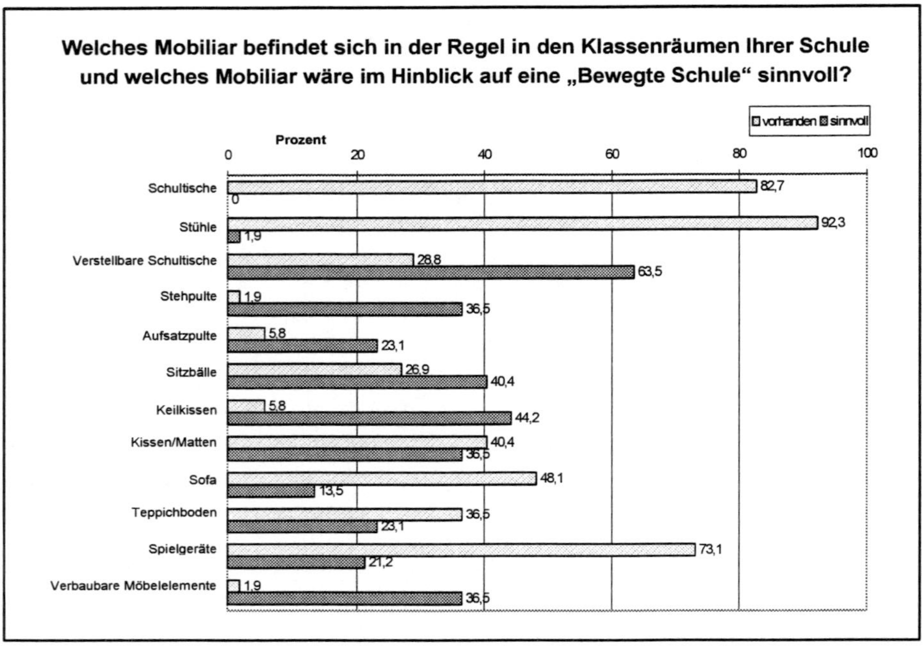


*Abb. 29: Übersicht über das vorhandene und für sinnvoll erachtete Schulzimmermobiliar*

Dass immerhin etwas über ein Viertel aller befragten Schulen über verstellbare Schultische und Sitzbälle als ergonomische Sitzmöbel verfügt, ist vermutlich auf eine Sensibilisierung hinsichtlich der Belastung des Sitzens für den kindlichen Körper zurück zu führen. Bedenkt man aber die seit Mitte der 90er Jahre andauernde Erfolgsstory des Sitzballs als einem ergonomischen und verhältnismäßig günstigen Sitzmöbel, dann mutet der Anteil von nur knapp über einem Viertel jedoch eher gering an. Die konkretere Nachfrage zeigt allerdings, dass ein wesentlich größerer Teil der Schulen (61,5%) bereits Sitzbälle erprobt hat.

In diesem Zusammenhang zeigen sich übrigens stadtspezifische Unterschiede. So zeigen sich auch hier die Bielefelder Schulen als innovationsfreudiger als die Portaner Schulen. Vergleicht man nach Schulgrößen, dann erweisen sich die großen Schulen, bei denen alle Schulen bereits Sitzbälle ausprobiert haben, ein weiteres Mal als die am stärksten an die konzeptionellen Überlegungen zur „Bewegten Schule“ anschließbaren. Doch auch immerhin 70% der kleinen Schulen geben an, Sitzbälle als ergonomisches Sitzmobiliar genutzt zu haben, während dies nur bei 30% der mittelgroßen Schulen der Fall ist. Wie auch bei den vorangegangenen größenspezifischen Differenzen mag dieser Unterschied auf unterschiedliche finanzielle Voraussetzungen zurückzuführen sein, nicht auszuschließen sind allerdings auch personspezifische Gründe, wie z.B. differente Engagements der Schulleitungen. Damit würde es sich um einen Zufallseffekt handeln.

Eine wichtige Zusatzinformation zur Nutzung von Sitzbällen liefert die Frage nach deren Bewährung im Unterricht. Auf diese Frage antworteten die Lehrkräfte (auf einer Skala von 0 *nein, gar nicht* bis 4 *ja, sehr*), dass sie die Effektivität von Sitzbällen im arithmetischen Mittel (M=1,44) als *zufriedenstellend* bewerten, wobei die Antworten bei einer Standardabweichung von s=1,11 stark streuen (Abbildung 29). Dass sich die Einführung von Sitzbällen in die Schule *bewährt* bzw. *sehr bewährt* hat, wird insgesamt nur sehr selten angegeben (von jeweils 6,3% der Befragten). Deutlich häufiger (von 34,4%) wird die Effektivität von Sitzbällen als *zufriedenstellend* beurteilt, 31,3% sagen aus, dass diese sich im Unterricht *wenig* bewährt haben und 21,9% sind der Meinung, dass sich der Ball *gar nicht* bewährt hat.

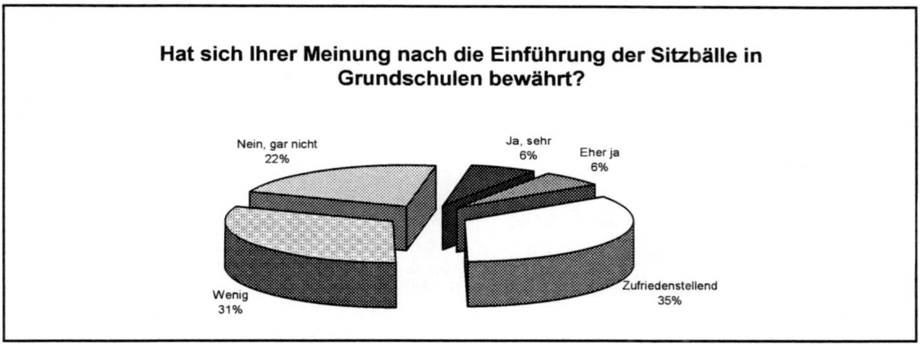


*Abb. 30: Einschätzung der Lehrer hinsichtlich der Effektivität von Sitzbällen in der Schule*

Über die Gründe für diese doch durchaus skeptische Bewertung des lange Zeit als „Wundermittel" für die Prävention und Rehabilitation von Haltungsproblemen bezeichneten Sitzballs und für den Sachverhalt, dass so viele Schulen, die den Sitzball ausprobierten, diesen heute nicht mehr benutzen, lassen sich nur Vermutungen anstellen. Blickt man auf einschlägige Arbeiten zu diesem Thema, dann könnte die mangelnde Effektivität einer unzureichenden Qualifikation der Lehrkräfte im Bereich des effizienten Einsatzes ergonomischer Sitzgelegenheiten geschuldet sein. So scheint das Schaffen optimaler Verhältnisse alleine nicht auszureichen, wenn nicht zugleich der Lehrer pädagogisch wirksam wird oder wenn sich in der Praxis unvorhergesehene Regelungsprobleme (wie z.B. ein durch den Sitzball induzierten anfänglichen „Bewegungshunger" der Kinder mit damit einher gehender vermehrter Unruhe im Unterricht oder die fehlende Abstimmung von Ball- und Tischhöhe) ergeben (vgl. Funke-Wienecke 1997, 110). In dem Maße, in dem solche Probleme eintreten, ist zu erwarten, dass Lehrer die ergonomischen Sitzgelegenheiten als kontraproduktiv für die Realisation ihrer primären Ziele wahrnehmen. Die skeptische Beurteilung könnte aber auch einen ganz einfachen Grund haben, der mit der Größe der Klassenzimmer und der für den Einsatz von Sitzbällen benötigten Raumgröße zusammen hängt. So sind Klassenzimmer häufig eher klein bzw. eng, was dazu führen kann, dass die sperrigen Sitzbälle als störend empfunden werden.

Fragt man nach alternativen Sitzgelegenheiten und Einrichtungsgegenständen der dritten Kategorie, dann geben 40,4% der Schulen an, über Kissen und Matten im Klassenraum zu verfügen, was das Lernen und Lesen auf dem Fußboden ermöglicht. Teppichböden gibt es in 36,5% der befragten Schulen, ein Sofa in immerhin 48,1% der Klassenzimmer. Weiterhin verfügen 73,1% der Klassenzimmer über Spielgeräte für die Bewegungspause im Unterricht und für die Pause, verbaubare Möbelelemente, wie sie Sobczyk (1995) und Müller (1999) empfehlen, sind dagegen nur in 1,9% der Schulen vorhanden.

Der Befund, dass immerhin etwa die Hälfte der Schulen über Kissen, Matten, Sofa und Teppichboden und sogar gut zwei Drittel über Spielgeräte für Bewegungspausen verfügt, lässt auf eine Sensibilisierung der Lehrkräfte hinsichtlich des Unterbrechens monotoner Sitz- und Lernhaltungen schließen.

Da offensichtlich wesentlich mehr alternatives Mobiliar in den Klassenzimmern vorhanden ist als ergonomisches, lässt sich die Vermutung anstellen, dass in den befragten Grundschulen mehr auf „Wohnlichkeit“, denn auf klassische gesundheitsbezogene „Funktionalität“ gesetzt wird. Der Befund kann aber durchaus auch auf die teuren Anschaffungskosten für ergonomisches Mobiliar zurückzuführen sein. Denn will eine Schule ergonomisches Mobiliar anschaffen, müssen Klassensätze angeschafft werden, während Kissen, Matten, Sofa, Spielgeräte für die Pause etc. von den Kindern mitgebracht, von den Eltern gespendet oder von den Lehrern gesammelt und zusammengestellt werden können.

Die zweite Begründung erscheint wahrscheinlicher, betrachtet man die Angaben der Befragten auf die Frage nach Erwünschtheit des Mobiliars (vgl. Abb. 29). So wird ergonomisches Mobiliar am häufigsten als erwünscht angegeben, wobei der Einzelbetrachtung zufolge verstellbare Schultische am häufigsten gewünscht werden (von 63,5% der Probanden). Zu diesem Befund ist anzufügen, dass fast alle Schulen, die noch keine verstellbaren Schultische besitzen, diese als wünschenswert bezeichnen. Stehpulte (36,5%), Aufsatzpulte für Schultische (23,1%), Keilkissen (44,2%), und Sitzbälle (40,4%) werden in deutlich geringerem, anteilsmäßig aber immer noch in eutsamen Maße genannt. Insbesondere die häufige Nennung von Sitzbällen ist in

Anbetracht der oben beschriebenen Befunde überraschend. So stehen Sitzbälle sogar noch auf der Wunschliste von Lehrern, an deren Schulen die Bälle abgeschafft wurden und die deren Effektivität skeptisch beurteilten.

Im Vergleich mit ergonomischen Sitzmöbeln werden alternativen Sitzelemente und Einrichtungsgegenstände zwar immer noch recht häufig, doch deutlich seltener als erwünscht bezeichnet. Immerhin 36,5% der Befragten halten Kissen/Matten für wünschenswert, 13,5% ein Sofa, 23,1% Teppichböden, 21,2% Spielgeräte für die Bewegungspause und 36,5% verbaubare Möbelelemente. Auch hier ist übrigens zu beobachten, dass häufig gerade Schulen Gegenstände, die sie selbst nicht besitzen, als wünschenswert bezeichnen, was auf ein hohes Innovationspotential der Lehrer bezüglich einer ergonomischen und wohnlichen Klassenraumgestaltung hin deutet. Traditionelle Schulmöbel werden so gut wie gar nicht als wünschenswert bezeichnet (nur eine Nennung „Stühle").

Um Aussagen darüber treffen zu können, als wie geeignet die Lehrer die Gestaltung ihrer Klassenräume sowie die Ausstattung der Räume mit Materialien für die Durchführung von kleinen Bewegungsangeboten und Entspannungsübungen im Unterricht einschätzen, legten wir ihnen eine Fragebatterie zur Bewertung der Klassenraumgestaltung vor. Dabei ergab sich bei der globalen Einschätzung (bei einer Skala von 4 *in sehr hohem Maße* bis 0 *gar nicht*) der Klassenraumgestaltung ein mit *zufriedenstellend* zu bezeichnender Mittelwert (M=2,2; s=0,89).

Betrachtet man die Bewertungen differenzierter, dann sind 2,0% der Lehrer der Meinung, dass die Klassenräume ihrer Schule Bewegungsspiele und Entspannungsübungen *gar nicht* zulassen (vgl. Abb. 31), 17,6% sehen dies als *in sehr geringem Maße* möglich, 47,1% beurteilen die Klassenraumausstattung als *zufriedenstellend*, 25,5% als in *hohem Maße* und 7,8% als in *sehr hohem Maße* für die genannten Zwecke geeignet.

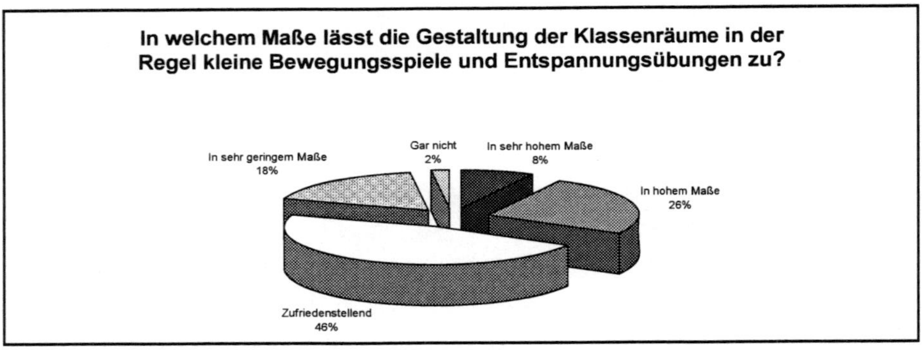


*Abb. 31: Einschätzung der Klassenraumgestaltung im Hinblick auf die Durchführung von Bewegungsspielen und Entspannungsübungen*

Die Beurteilung der Klassenraumausstattung mit Materialien für Bewegungsangebote (ebenfalls auf einer Skala von 4 für *sehr gut* bis 0 für *sehr schlecht*; vgl. Abb. 32) ergibt einen arithmetischen Mittelwert von M=1,75, was einer im Durchschnitt *eher schlechten* Bewertung entspricht (s=0,93). Differenzierter betrachtet halten 7,8% der Lehrer die Klassenraumausstattung mit Materialien für Bewegungsangebote für *sehr schlecht*, 33,3% für *schlecht*. 37,3% beurteilen sie als *zufrieden stellend*, 19,6% als *gut* und nur 2,0% als *sehr gut*.

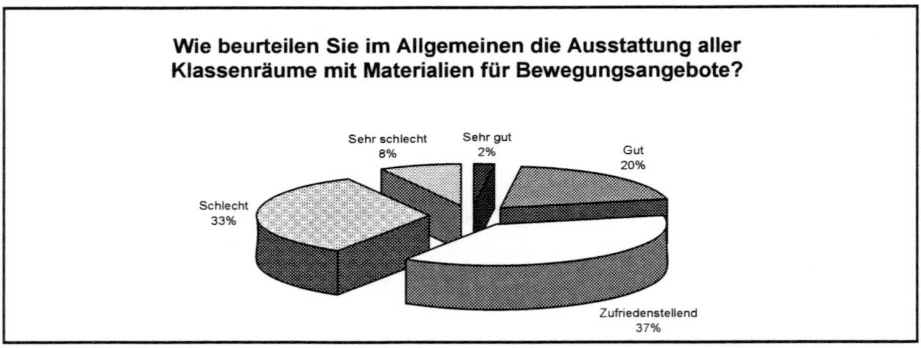


*Abb. 32: Einschätzung der Klassenraumausstattung im Hinblick auf Materialien für Bewegungsangebote*

Die doch eher schlechte Bewertung der Ausstattung mit Materialien für Bewegungsangebote im Klassenzimmer ist vermutlich vor allem auf die finanzielle Situation von Schulen zurück zu führen. Auch hier stellt sich das Problem, das für eine optimale Ausstattung der Klassenräume für Bewegungsangebote gleich ganze Klassensätze mit Materialien angeschafft werden müssen. Solche Ausgaben sind genehmigungspflichtig und setzen daher Akzeptanz und Einsicht bei den entscheidenden Organen der Schulleitung oder der Schulbehörde voraus.

### *5.2.2.3 Schulhofgestaltung*

Während zu Beginn der Diskussion um die „Bewegte Schule“ der Fokus vor allem auf die Kernelemente eines Schulgebäudes gerichtet war, gewinnt in den letzten Jahren die kindgerechte Gestaltung des Schulhofes als einem naturnahen Lebensraum zunehmend an Bedeutung.

Blickt man auf die konzeptionellen Überlegungen, dann wird nicht nur die Umgestaltung in ein natürliches Gelände gefordert, in dem viele Bewegungsmöglichkeiten zur Verfügung stehen, sondern auch die Strukturierung des Schulhofes in verschiedene Bereiche, die den individuellen Bedürfnissen der Schüler Rechnung tragen.

Um zu erfassen, in welchem Maße solche Forderungen ihren Weg in die schulische Praxis gefunden haben, prüften wir zum einen, was im Falle einer Umgestaltung geschaffen und wer an der Umgestaltung beteiligt wurde, zum anderen erhoben wir, welche Spiel- und Bewegungsgeräte auf den Schulhöfen bereits installiert worden sind.

Auf die Frage nach einer Schulhofumgestaltung geben immerhin 77,3% der befragten Schulen an, ihren Schulhof in den letzten Jahren neu gestaltet zu haben. 78,8% der Schulen kündigten außerdem eine zukünftige Schulhofumgestaltung an (vgl. Abb. 33).

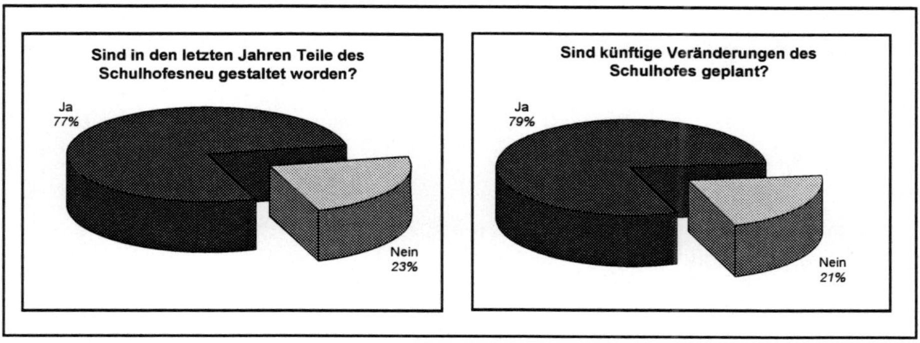


*Abb. 33: Schulhofneugestaltung*

Zieht man bei der Frage nach einer bereits vollzogenen Neugestaltung einen Vergleich zwischen den Städten Bielefeld und Porta Westfalica, dann treten im Gegensatz zu den meisten vorangegangenen Fragen hier kaum Unterschiede zu Tage (in Bielefeld gestalteten 77,1% der Schulen ihren Schulhof neu, in Porta Westfalica

77,8%). Dass eine Neugestaltung geplant sei, wird dagegen in Porta Westfalica deutlich häufiger angegeben als in Bielefeld (in Bielefeld planen 72,0% der Schulen eine Neugestaltung ihres Schulhofes, in Porta Westfalica alle Schulen).
Trennt man nach Schulgrößen, dann zeigt sich, dass die großen Schulen alle (100%), bei den kleinen Schulen (bis 180 Schüler) 81,8%, bei den mittelgroßen Schulen (181-360 Schüler) 72,4% ihren Schulhof in den letzten Jahren neu gestaltet haben. Allerdings geben immerhin 83,3% der mittelgroßen Schulen die Planung einer Umgestaltung an, während dies bei den kleinen Schulen nur in 80,0% und bei den großen Schulen nur in 60,0% der Fälle geplant ist.
Die hohe Zahl an bereits vollzogenen und geplanten Schulhofneugestaltungen kann durchaus daher rühren, dass monotone, bewegungsfeindliche Schulhöfe zu unstrukturierten Pause mit vielen Konflikten führen (vgl. Fieblinger 1999, 26), was für die Pausenaufsichtslehrer mit erheblichen Belastungen verbunden ist. Ein bewegungsfreundlich und kindgerecht gestalteter Schulhof ist somit funktional im Sinne einer Entlastung der Lehrer, da er den Schülern viele Beschäftigungsmöglichkeiten bietet. Dieser Befund lässt sich an die empirisch vorgefundenen Begründungsmuster anschließen, wonach Lehrer eben die Strukturmerkmale der „Bewegten Schule" am meisten unterstützen, die ihnen selber Erleichterung im Schulalltag verschaffen. Und wie die Schulhofneugestaltung zeigt, muss dies durchaus nicht im Gegensatz zu den Interessen der Schüler stehen.
Nun wird im Zusammenhang mit der Neugestaltung von Schulhöfen in der Literatur immer wieder gefordert, Schüler und Eltern zu beteiligen. Auf die Frage, wer an der Neugestaltung der Schulhöfe beteiligt wurde (3-Werte-Skala mit *ja*, *teilweise* oder *nein*) zeigte sich (vgl. Abb. 34), dass 53,1% der Schulen, die ihren Schulhof umgestaltet haben, ihre Schüler *voll*, und 43,8% *teilweise* in diesen Prozess integrierten. Lediglich 3,1% der Schulen haben ihren eigenen Aussagen zufolge die Schüler *nicht* mit einbezogen.
Eltern wurden an 25,0% der Schulen *voll* und in 71,9% der Fälle *teilweise* in die Umgestaltung integriert. Auch hier geben 3,1% der Schulen an, die Eltern *nicht* mit einbezogen zu haben.
Insgesamt zeigen die Befunde, dass die Schulen vor allem viel Wert darauf legen, ihre Schüler in die Gestaltung ihrer Schule mit einzubeziehen, sie berichten aber auch über ein hohes Engagement der Eltern.

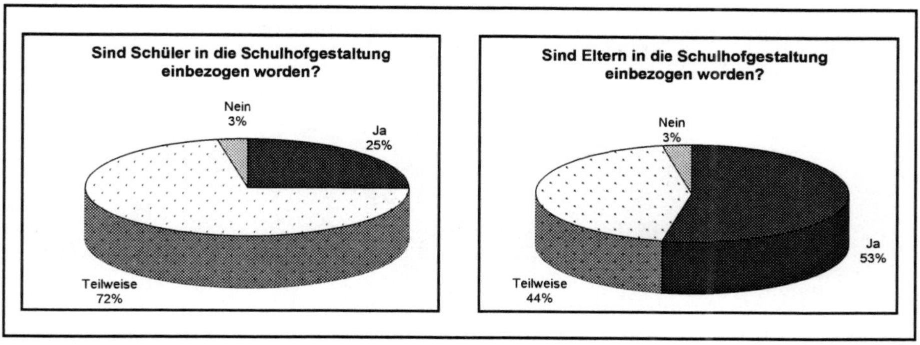


*Abb. 34: Einbindung von Schülern und Eltern in die Schulhofneugestaltung*

Aussagen über die Qualität der Schulhofneugestaltung zu eruieren, ist der konzeptionellen Literatur zufolge dann möglich sinnvoll, wenn die Struktur der Pausenhöfe erfragt wird. Auf die Frage, ob der Pausenhof in strukturierte Bereiche aufgeteilt ist, die verschiedene Aktivitäten der Schüler voneinander trennen sollen, um den individuellen Bedürfnisse der Kinder gerecht zu werden, antworteten von den Schulen, die ihren Schulhof bereits umgestaltet haben, jeweils 45,2% mit *ja* bzw. *teilweise* (vgl. Abb. 35). An 9,7% dieser Schulen finden individuelle Bedürfnisse keine Berücksichtigung bei der Schulhofgestaltung.
Um differenzierter zu eruieren, was genau bei der Schulhofneugestaltung hergestellt wurde, legten wir den Befragten verschiedene Gestaltungsmöglichkeiten vor. Dabei zeigte sich, dass die Schulen am seltensten Geräte selber herstellen, gefolgt von Fahrflächen, Bauflächen, Ruhezonen und Unterrichtsgelegenheiten im Freien. Am häufigsten werden Sitzecken und Kletterflächen geschaffen. Kletter- und Sitzmöglichkeiten stellen also offensichtlich wichtige Elemente neu gestalteter Schulhöfe dar, was den verschiedenen Aktivitäts- und Ruhebedürfnissen der Kinder sehr entgegen kommt.

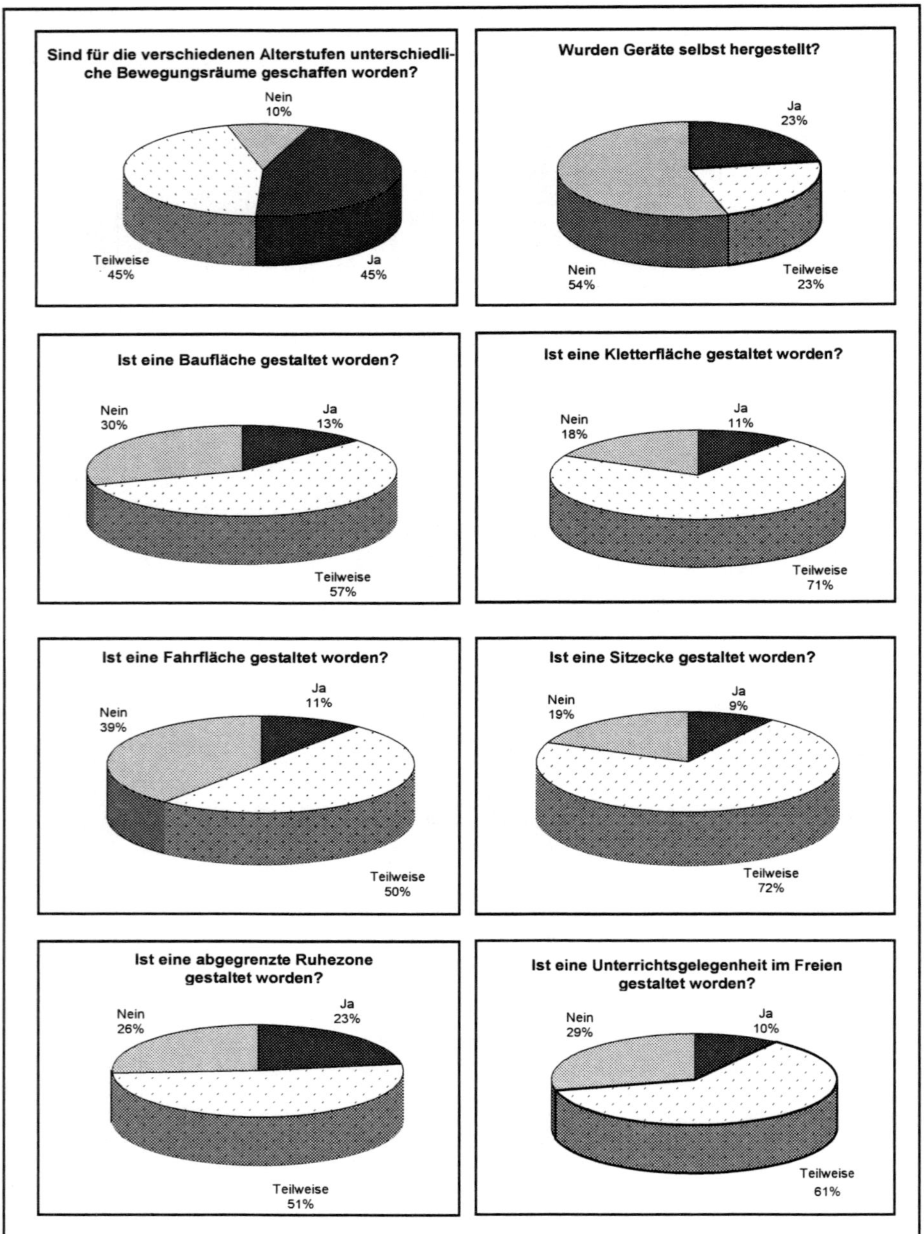


*Abb. 35: Umsetzung der Schulhofneugestaltung*

Für die Bestandsaufnahme des Status Quo der Schulhofausstattung in den untersuchten Schulen ist vor allem die Überprüfung bedeutsam, welche bewegungsfördernden Geräte fest installiert, den Schülern also dauerhaft und zu jedem Zeitpunkt zugänglich sind.

Die Daten unserer Untersuchung zeigen, dass neben den im Fragebogen vorgegebenen Geräten eine Fülle an sonstigen Geräten genannt wurde. Die Nennungen umfassen Geräte zum *Klettern und Balancieren*, zum *Rutschen und Schaukeln*, für *Ballspiele*, zum *Sitzen und Ruhen*, zum *Bauen*, Geräte aus *naturnahen Beschaffenheiten* und *Sonstige normierte Geräte.*

Die Fülle der genannten Geräte spiegelt die Vielseitigkeit und Individualität der Schulhöfe wider. Die zahlreichen Geräte ermöglichen den Schülern unterschiedlichste Bewegungsgrundtätigkeiten wie Klettern, Balancieren, Springen, Schaukeln, Kriechen, Rutschen etc.

Betrachtet man die Häufigkeitsverteilungen, dann erhalten fest installierte Geräte der Kategorien *Klettern/Balancieren* und *Ballspiele* die meisten Nennungen. Dieser Befund ist deshalb nicht überraschend, weil es diese Geräte ermöglichen, dass sie von mehreren Schülern gleichzeitig genutzt werden können, wogegen z.B. Schaukeln, Wippen, Ruhebänke oder Baumstämme in der Regel nur ein bis zwei Kindern zur Verfügung stehen.

Mehrfach nutzbar sind auch naturnahe Installationen zum Spielen auf den Schulhöfen. Bislang haben allerdings nur vergleichsweise wenige Schulen ihren Schulhof bzw. Teile davon in ein naturnahes Gelände umgestaltet. Dennoch zeigt gerade die Vielfältigkeit der Angaben, dass manche Schulhöfe längst nicht mehr die Etikettierung als monotone, bewegungsfeindliche Betonflächen verdienen.

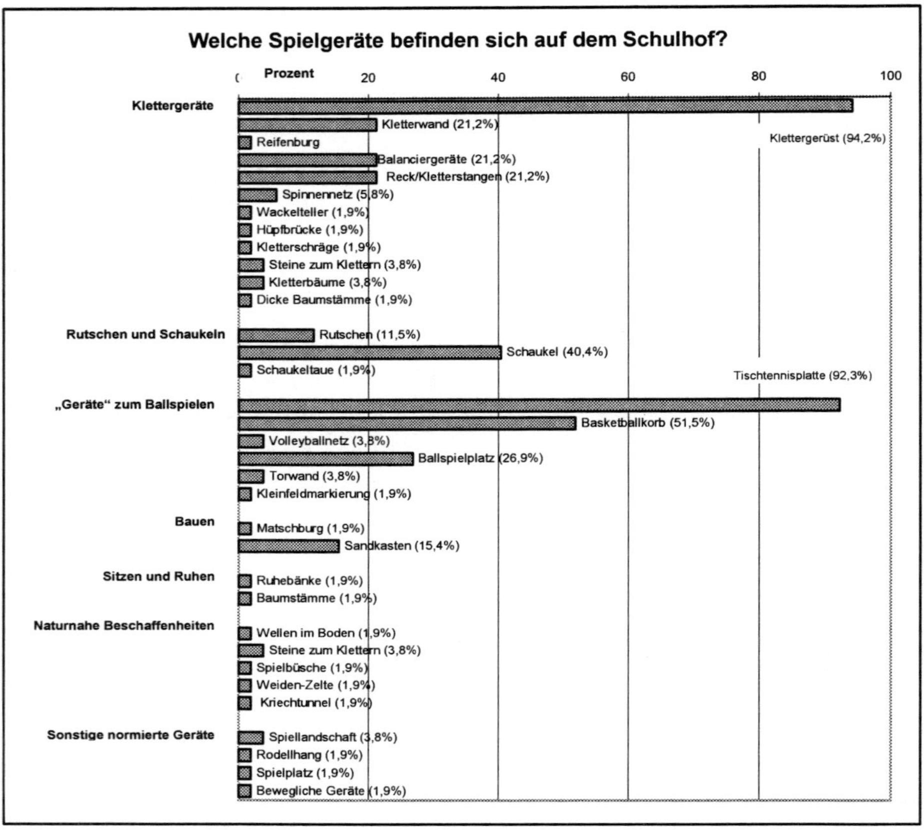


*Abb. 36: Schulhofausstattung der befragten Schulen*

Um Aussagen treffen zu können, in welchem Maße die verschiedenen Räume und Plätze im Schulhaus und auf dem Schulgelände für Bewegung erschlossen wurden, erfragten wir zum Abschluss der Erhebung der infrastrukturellen Rahmenbedingungen die Häufigkeit der Nutzung dieser Stätten für Bewegungsangebote (mit einer 3-stufigen Skala mit den Angaben *häufig, selten, nie*).

Hier zeigt sich, dass innerhalb des Schulgebäudes der Klassenraum im Durchschnitt am häufigsten (M=1,63; s=0,49) genutzt wird. So nutzen 62,8% der Schulen diese Kernstätte des Lernens *häufig,* 37,2% dagegen nur *selten* für Bewegungsangebote. Der Klassenraum spielt also im Konzept der praktischen Umsetzung einer „Bewegten Schule" eine durchaus bedeutende Rolle, auch wenn er den obigen Aussagen zufolge hinsichtlich seiner Gestaltung etwas skeptischer zu beurteilen ist.

Eher selten genutzt werden Pausenhallen (M=1,08; s=0,78), einerseits deshalb, weil nicht alle Schulen über eine Pausenhalle verfügen, andererseits ist durchaus denkbar, dass bei Vorhandensein einer solchen Halle die Nutzung während der Unterrichtszeit aufgrund der Lärmbelästigung anderer Klassen unterlassen wird.
Flure und Treppenhäuser werden in den befragten Schulen, bis auf wenige Ausnahmen, nur sehr selten für Bewegungsangebote genutzt (M=0,71). Dies könnte daran liegen, dass die Lehrer sie aufgrund fehlender Ideen bisher nicht in die Planung einbezogen haben, die geringe Nutzung könnte aber auch auf die Absicht, Lärmbelästigungen anderer Klassen zu vermeiden, zurückgeführt werden.
Spezielle Bewegungsräume werden, wenn sie denn vorhanden sind, eher häufig genutzt. Dass über die Hälfte der Befragten eine solche Nutzung verneint, liegt daran, dass kein solcher Raum zur Verfügung steht.

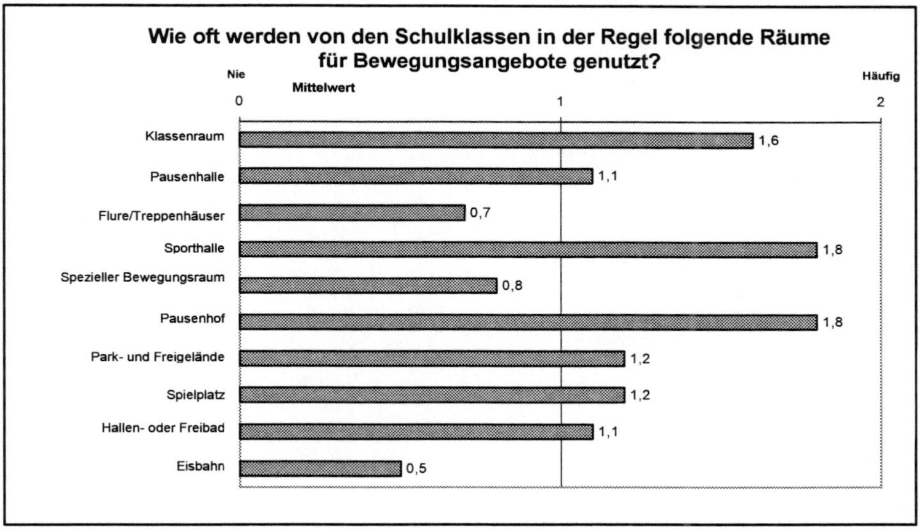


*Abb. 37: Mittelwerte der Nutzungshäufigkeit von schulischen und außerschulischen Stätten für Bewegungsangebote*

Dass die Sporthalle gemeinsam mit dem Pausenhof die höchsten Nutzungswerte insgesamt erreicht, verwundert nicht, da diese Stätten explizit auf die Bereitstellung von Bewegungsmöglichkeiten ausgerichtet sind und deren kontinuierliche Frequentierung durch Sportstunden einerseits und Pausen andererseits gesichert ist.
Fragt man danach, welche Räume im Nahumfeld der Schule für Bewegung erschlossen und genutzt werden, dann zeigt sich, dass Bewegungsmöglichkeiten außerhalb des Schulgeländes insgesamt eher selten in das schulische Bewegungskonzept eingebunden werden, sei es, dass die Nutzung solcher Flächen einen hohen organisato-

rischen Aufwand erfordert, sei es, dass bestimmte Bewegungsgelegenheiten im Nahumfeld der Schule nicht zur Verfügung stehen. So werden Parks/Freigelände eher selten besucht (M=1,21; s=0,77), was auch für nahegelegene Spielplätze (M=1,20; s=0,78) und nahegelegene Hallen- bzw. Freibäder (M=1,08; s=0,85) gilt. Eine nahegelegene Eisbahn wird dagegen, außer in Ausnahmefällen, fast nie genutzt (M=0,51; s=0,68), was durchaus darauf zurückgeführt werden könnte, dass es eben nicht in der Nähe aller Schulen Eisbahnen gibt.

Versucht man, diese Ergebnisse im Überblick zu bewerten, dann deutet Einiges darauf hin, dass die Nutzung von Stätten für Bewegungsangebote stark davon abhängt, in wie weit sie bereits auf eine längere Nutzungstradition zurück blicken können. Stätten, die nicht primär dem Zweck des Bewegens dienen, aus Sicht der „Bewegten Schule" jedoch für Bewegung erschlossen werden könnten, kommen dagegen offensichtlich weitaus seltener in den Blick.

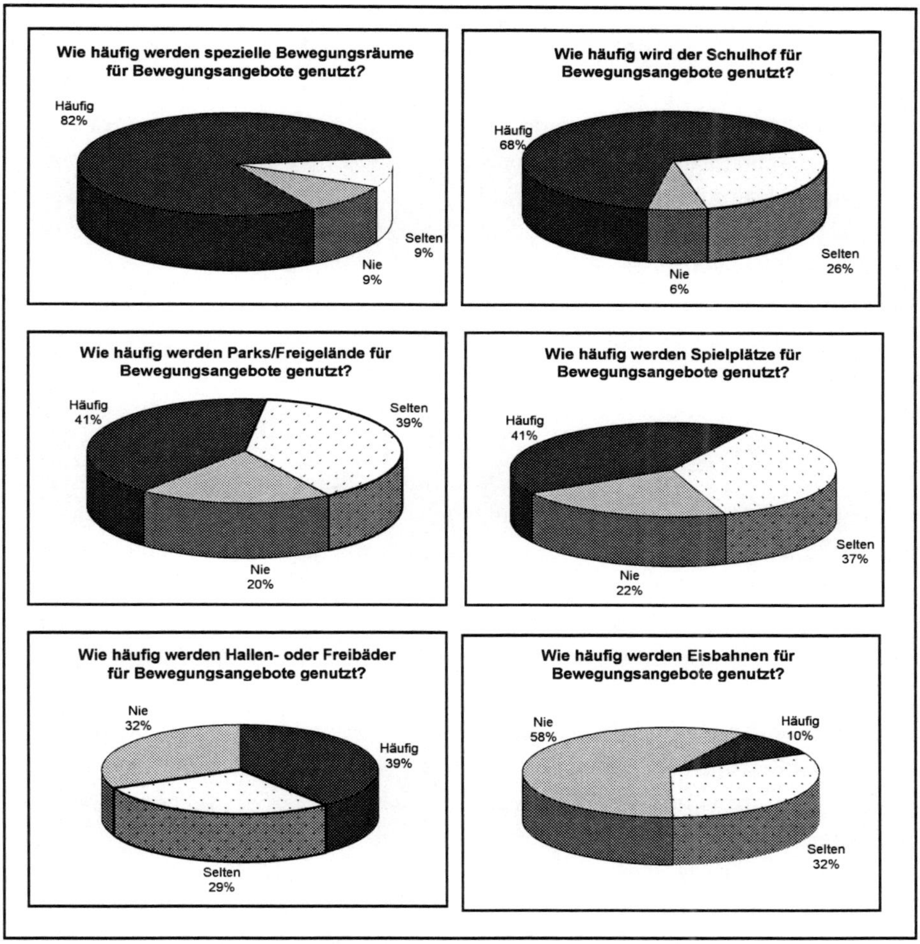


*Abb. 38: Nutzungshäufigkeit von schulischen und außerschulischen Stätten für Bewegungsangebote*

Fasst man die Befunde der Analyse des infrastrukturellen Rahmens an den untersuchten Schulen zusammen, dann lässt sich zunächst festhalten, dass sich bereits viele der in der konzeptionellen Literatur genannten Bedingungen für eine Umsetzung der „Bewegten Schule“ in der Praxis finden. So ermöglichen immerhin etwa zwei Drittel der Schulen verschiedene Bewegungsformen innerhalb des Schulhauses durch verschiedene Installationen, Vorrichtungen und Materialien, über ein Drittel der Schulen verfügt über einen speziellen Bewegungsraum und der überwiegende

Teil der Schulen besitzt Geräte und Materialien zum Spielen und Bewegen während der Pause bzw. für Bewegungspausen im Unterricht.
Weiterhin scheinen auch die Klassenzimmer bewegungsfreundlicher zu sein, als die Befragten selbst zugeben, finden sich doch in fast allen Klassenzimmern neben dem zentralen Lernbereich weitere funktionale Nischen. In etwa der Hälfte der Schulen zählen alternative Einrichtungsgegenstände und ergonomisches Sitzmobiliar, das im Übrigen sehr positiv beurteilt wird, zur Klassenraumausstattung, wobei allerdings Sitzbälle überraschend negativ beurteilt werden.
Auch die Situation der Schulhöfe erscheint bereits in einem positiven Licht. So haben über zwei Drittel der Schulen ihren Schulhof bereits neu, mit vielen unterschiedlichen kindgerechten und bewegungsfördernden Geräten, gestaltet sowie in verschiedene Bereiche aufgegliedert, und ein eben so großer Anteil plant eine zukünftige Umgestaltung.
Die Vergleichsbetrachtungen nach Stadtzugehörigkeit und Schulgröße zeigen, dass die Schulgebäude der Bielefelder Schulen bewegungsfreundlicher gestaltet sind als die der Portaner Schulen, was allerdings nicht für die Schulhofumgestaltungen gilt. Beide Befunde lassen sich so interpretieren, dass an den Portaner Schulen offensichtlich seltener freies Bewegen, das den Unterricht stören kann, akzeptiert wird, Bewegung im schulischen Kontext eher funktional zur Vermeidung von Konflikten und Unruhe außerhalb des Klassenzimmers eingesetzt wird.
Schulgebäude der großen Schulen zeigen sich insgesamt bewegungsfreundlicher als der mittelgroßen und der kleinen Schulen. Auch bei der Schulhofneugestaltung zeigten sich die großen Schulen am innovativsten, wohingegen der Prozess der Schulhofumgestaltung gerade bei den mittelgroßen Schulen am Anfang steht.
Die Betrachtung der infrastrukturellen Rahmenbedingungen bringt übrigens auch einige Realisierungsprobleme zu Tage, wobei hier vor allem begrenzende Wirkungen des Schuletats vermutet werden müssen. Dass dennoch so viele Voraussetzungen für die Integration von mehr Bewegung in die Schule geschaffen wurden, mag der Eigeninitiative und Kreativität der Lehrer bei der Beschaffung von Geräten und der Realisierung von Bewegungsmöglichkeiten zuzuschreiben sein.

Fragt man die Lehrer, in welchem Maße sich deren Meinung nach die infrastrukturellen Rahmenbedingungen von Grundschulen ändern müssten, um die Realisierung einer „Bewegten Schule" zu ermöglichen (mit Hilfe einer Skala von 4 für *in sehr hohem Maße* bis 0 für *gar nicht*), dann ergibt sich im Durchschnitt die Einschätzung, dass diese Rahmenbedingungen noch *in eher hohem Maße* veränderungsbedürftig seien (M=2,86; s=1,02). Die Befragten sind sich also der noch bestehenden Defizite ihrer Schule durchaus bewusst.

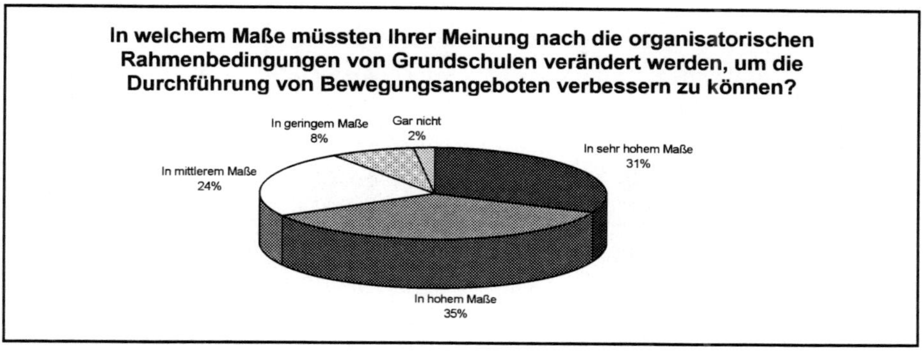


*Abb. 39: Einschätzung der Lehrer: Veränderungsbedarf der Rahmenbedingungen*

## 5.3 Inhaltliche Merkmale einer „Bewegten Schule“

Nachdem die Rahmenbedingungen einer „Bewegten Schule“, wie sie in der Praxis vorzufinden sind, beschrieben wurden, wird nun im folgenden darauf eingegangen, welche konkreten Inhalte, die sich in der konzeptionellen Literatur finden, an den untersuchten Schulen verwirklicht werden. Dabei wird, der theoretisch erarbeiteten Differenzierung entsprechend, zwischen unterrichtsinternen und unterrichtsexternen Merkmalen unterschieden.

### *5.3.1 Unterrichtsinterne Merkmale*

Betrachtet man die theoretischen Reflexionen zu den unterrichtsintegrierten Inhalten einer „Bewegten Schule“, dann steht das „bewegte Lernen“ im Zentrum, an das andere Strukturmerkmale, wie z.B. das „bewegte Sitzen“ oder „Entspannung“, angekoppelt werden. Getrennt davon werden Bewegungspausen im Unterricht, denen zwar ebenfalls eine lernfördernde Wirkung zugeschrieben wird, die allerdings weniger stark durch die Lehrkraft gesteuert werden, sowie der Sportunterricht, als ein Sonderfall der „Bewegten Schule“, behandelt.

### *5.3.1.1 Formen des „bewegten Lernens" im Unterricht*

Fragt man ganz allgemein, ob in den untersuchten Schulen überhaupt Bewegung in den Unterricht integriert wird, dann bejahen dies 96,0% der Schulen (vgl. Abb. 40). Wird dies verneint (in zwei Fällen), dann scheint dies den Angaben der beiden betreffenden Probanden zufolge am Fehlen geeigneter Räumlichkeiten für Bewegungsangebote, an einem ungeeigneten Schulhaus, an einer unzureichenden Ausstattung mit Materialien, an einem Mangel an zeitlichen und personellen Ressourcen und daran, dass Bewegungserziehung nicht im Grundsatzdokument für fächerübergreifende Erziehungs- und Bildungsziele ausgewiesen wird (vgl. Abb. 41 zu liegen. Wird also Bewegung als konstituierendes Element des Schultags verhindert, dann liegt dies in suboptimalen infrastrukturellen und pädagogisch-personellen Rahmenbedingungen begründet.
Sieht man von den beiden Ausnahmen ab, dann lässt sich ein weiteres Mal die Schlussfolgerung ziehen, dass Bewegung in Grundschulen mittlerweile einen hohen Stellenwert einnimmt, was sich auch bereits bei der Reflexion der Rahmenbedingungen zeigte.

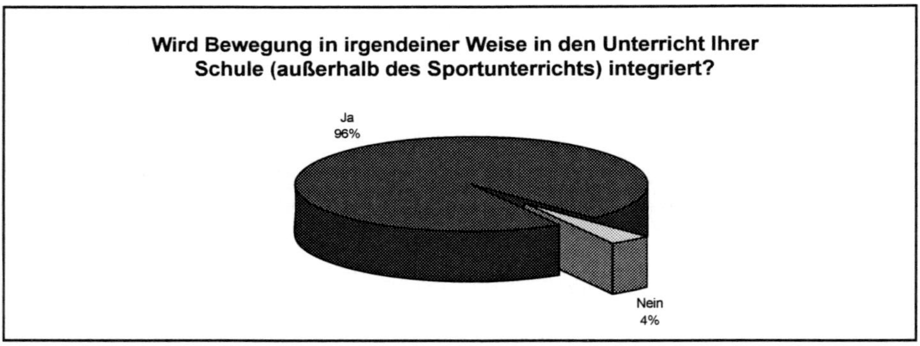


*Abb. 40: Integration von Bewegung in den Unterricht*

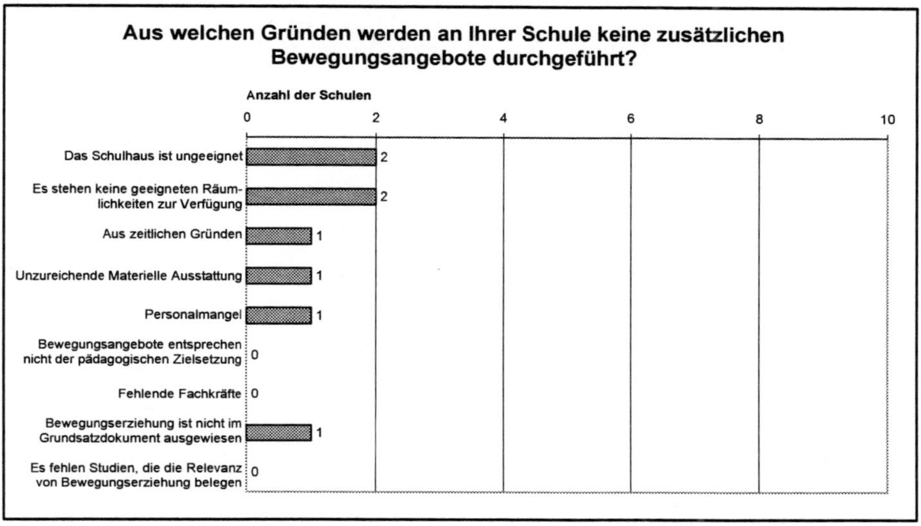


*Abb. 41: Ursachen, welche die Realisation von Bewegung im Unterricht verhindern*

Um nun Formen des „bewegten Lernens“ eruieren zu können, ist zunächst zu fragen, in welcher Form und mit welcher Häufigkeit Bewegung in den Unterricht integriert wird. In diesem Zusammenhang erfassten wir die Aspekte des „bewegten Sitzens“, des „bewegten Lernens“, der Integration von speziellen Bewegungsaufgaben und der Integration von „Entspannungs- und Entlastungsübungen im Unterricht“ (mit Hilfe einer 3-stufigen Skala 2 für *häufig* bis 0 für *nie;* Abbildungen 41-43).

Betrachtet man die Angaben der befragten Lehrkräfte, dann werden im Durchschnitt am häufigsten *speziellen Bewegungsaufgaben* in die Lernsituation integriert (M=1,50; s=0,51). Die hohe Bedeutung, die Bewegungsaufgaben für den Unterricht zukommt, lässt sich vermutlich damit erklären, dass solche Aufgaben in hohem Maße durch die Lehrkräfte steuerbar sind, Disziplinprobleme abbauen und problemlos gelingen.

Sehr selten integrieren Schulen Bewegung in den Wochenarbeitsplan *(*M=0,86; s=0,63), nur etwas häufiger in die Freiarbeit (M=1,22; s=0,60), während Bewegungshausaufgaben fast nie vergeben werden (M=0,64; s=0,57).

Dass Bewegung so selten in den Wochenplan und die Freiarbeit integriert wird, lässt sich mit dem offenen Charakter dieser Unterrichtsformen erklären. So ist angesichts der fehlenden Möglichkeit zur Regulierung dieser Formen zu erwarten, dass die zusätzliche Einbeziehung von Bewegung für eine Zunahme an Unruhe sorgt. Eine Integration von Bewegung in diese Unterrichtsformen behindernd wirkt sich auch der Mangel an Räumen aus, die für Bewegung erschließbar sind und die eine gleichzei-

tige Aufsicht durch das Lehrpersonal erlauben. Wie in den theoretischen Überlegungen diskutiert wurde, ist daher zu erwarten, dass eine Integration von Bewegung nur dann funktionieren wird, wenn Lehrer und Schüler ihre Erfahrungen koppeln und feste Strukturen zur Koordinierung von Raumbelegung und Supervision schaffen.
Dass Bewegungshausaufgaben fast nie vergeben werden, lässt sich auf zwei Aspekte zurückführen: Zum einen ist denkbar, dass vielen Lehrern hierfür Ideen fehlen und Hausaufgaben außerdem den Arbeitsaufwand erhöhen würden. Zum anderen kann vermutet werden (was sich aus den eher funktionalen und auf den Unterricht bezogenen Begründungen ableiten lässt, die die Lehrer für die Integration von Bewegung in den Unterricht angaben; vgl. Kap. 5.1), dass es für die Lehrer weniger wichtig ist, was die Schüler zu Hause machen. Bedeutsamer scheint eine reibungslose Teilnahme der Schüler am Unterricht zu sein, der sichert, dass die Lehrer den Lernstoff angemessen in der vorgeschriebenen Weise übermitteln können.

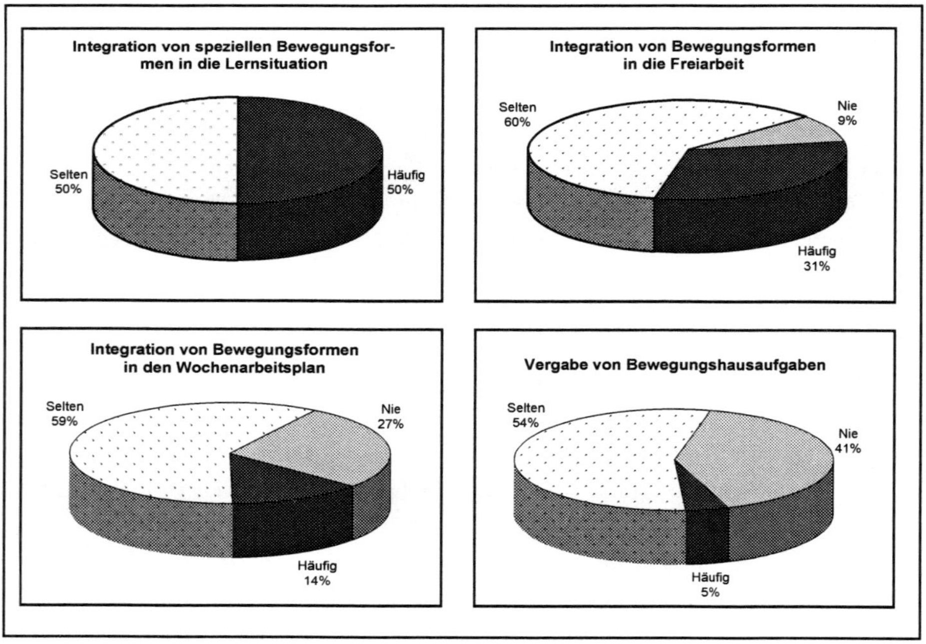


*Abb. 42: Integration von speziellen Bewegungsformen in Lernsituationen*

„Bewegtes Sitzen", erfragt anhand der Items *Anregung zur Veränderung der Sitzposition* und *Sitzunterbrechungen während des Unterrichts*, wird vergleichsweise häufig in den Unterricht integriert (M=1,48 bei s=0,57 bzw. s=0,59). Betrachtet man die prozentualen Verteilungen, dann lässt sich feststellen, dass aktiv-dynamisches Sitzen in etwas mehr als der Hälfte der Schulen *häufig* praktiziert wird, in den übrigen Schulen bisher noch eher *selten*.

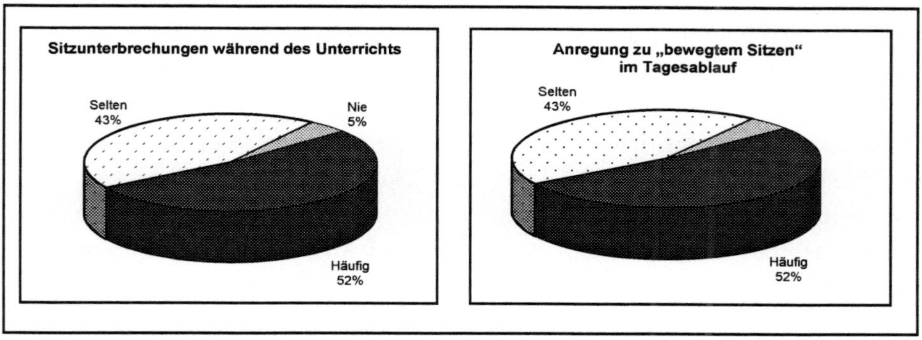


*Abb. 43: Integration von Formen des bewegten Sitzens in die Lernsituationen*

Fragt man danach, ob die Schulen *Entspannungs- und Entlastungsbewegungen* während des Unterrichts durchführen, dann zeigt sich, dass dies im Durchschnitt eher häufig der Fall ist (M=1,59, s=0,50). Dieser Befund entspricht den Erwartungen, da Entspannungsübungen in der schulischen Praxis inzwischen ein gängiges Mittel zur Verbesserung der Konzentration der Schüler und zur Entlastung des Lehrpersonals darstellt, für das sich in der Literatur mittlerweile auch viele Anregungen finden (vgl. u.a. Menze-Sonneck/Trenner 1999). Außerdem nimmt die Durchführung von Entspannungsformen nicht viel Zeit in Anspruch und erfordert einen nur geringen organisatorischen Aufwand.

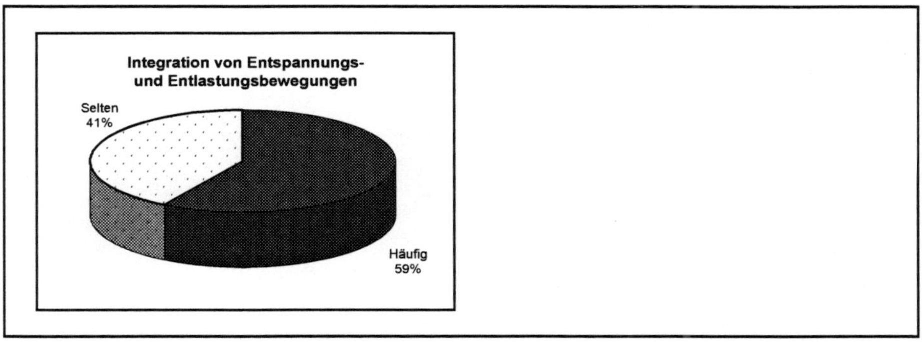


*Abb. 44: Integration von Entspannungs- und Entlastungsbewegungen in die Lernsituation*

Es lässt sich festhalten, dass „bewegtes Lernen" in der schulischen Praxis mittlerweile verstärkt Anwendung findet, wobei zu beobachten ist, dass die favorisierten Formen den Schüler entlastende und lehrerzentriert durchzuführende Unterrichtselemente darstellen. Diese lassen sich einerseits zur Verringerung von Disziplinproblemen instrumentalisieren, andererseits ermöglichen sie eine problemarme Steuerung der Schüler durch das Lehrpersonal. Weniger beliebt scheinen offene Unterrichtsformen zu sein, die auf eine Optimierung der Vermittlung des Unterrichtsgegenstandes ausgerichtet sind, wie Bewegungsformen im Wochenplan und in der Freiarbeit oder Bewegungshausaufgaben. Eine Durchführung solcher Unterrichtsformen erfordert einen erhöhten organisatorischen Aufwand und die Implementierung verstärkter Kontrollleistungen, erhöht also die Arbeitsbelastung des Lehrpersonals.

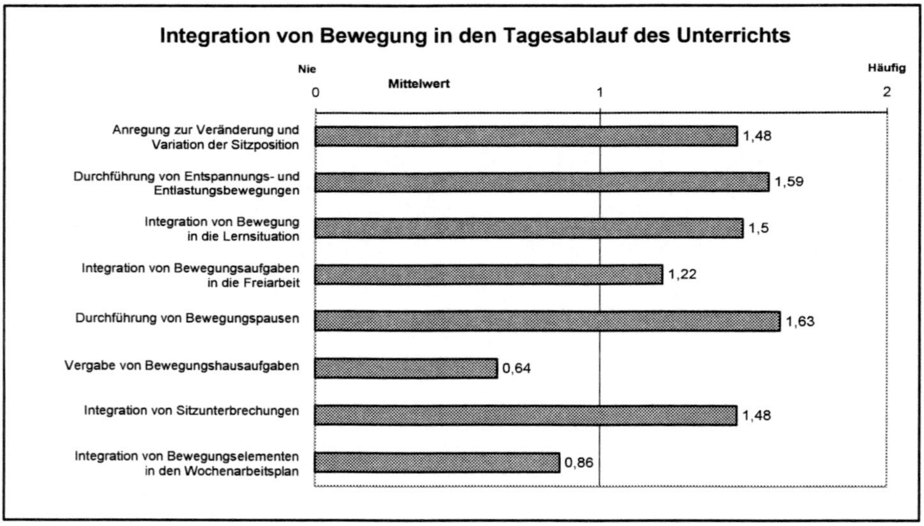


*Abb. 45: Integration von Bewegung in den Tagesablauf des Unterrichts*

Vergleicht man die Mittelwerte der Items zur Integration von Bewegung in den Unterricht der Schulen in den Städten Bielefeld und Porta Westfalica, dann ergeben sich keine nennenswerten Unterschiede. Eine differenzierte Betrachtung nach Schulgrößen zeigt dagegen, dass die kleinen Schulen und die großen Schulen tendenziell eher „bewegtes Lernen“ praktizieren als die mittelgroßen Schulen.

*Tab. 17: Mittelwerte und Standardabweichungen der Integration von Bewegung in den Unterricht unterschieden nach Schulgröße*

| **Integration von Bewegung in den Tagesablauf des Unterrichts** | | | | | | |
|---|---|---|---|---|---|---|
| | bis 180 Schüler | | 181-360 Schüler | | Über 360 Schüler | |
| | [M] | [s] | [M] | [s] | [M] | [s] |
| ...Bewegungsaufgaben in der Lernsituationen | 1,50 | 0,53 | 1,44 | 0,51 | 1,71 | 0,49 |
| ...Anregung zur Veränderung und Variationen der Sitzposition | 1,64 | 0,50 | 1,31 | 0,62 | 1,86 | 0,38 |
| ...Sitzunterbrechungen im Unterricht | 1,82 | 0,40 | 1,38 | 0,64 | 1,29 | 0,49 |
| ...Bewegungselemente im Wochenarbeitsplan | 0,91 | 0,70 | 0,88 | 0,59 | 0,71 | 0,76 |
| ...Bewegungsaufgaben in der Freiarbeit | 1,00 | 0,47 | 1,29 | 0,66 | 1,29 | 0,49 |
| ...Vergabe von Bewegungs-hausaufgaben | 0,70 | 0,48 | 0,59 | 0,57 | 0,71 | 0,76 |
| ...Integration von Entspannungs- und Entlastungsbewegungen | 1,64 | 0,50 | 1,57 | 0,50 | 1,57 | 0,50 |

Nun kann erst die Frage nach der Bewährung von Bewegung im Unterricht Aufschluss über das Gelingen der Integration von Strukturelementen einer „Bewegten Schule“ geben. Fragt man die Lehrer nach ihrer subjektiven Einschätzung (mit Hilfe einer Skala von 4 für in sehr hohem Maße bis 0 für gar nicht), dann zeigt der arithmetische Mittelwert von M=3,08 (s=0,84), dass sich Bewegung im Unterricht in hohem Maße bewährt hat. Der prozentualen Verteilung zufolge ist dies laut 51,0% der Lehrer in sehr hohem Maße, 33,3% zufolge in hohem Maße sowie der Meinung von 12,7% zufolge in zufriedenstellendem Maße der Fall. Nur 2,9% der Lehrer geben an, Bewegung habe sich nur wenig bewährt. Die Merkmalsausprägung gar nicht erhielt keine Nennungen. Dies bestätigt ein weiteres Mal den hohen Stellenwert von Bewegung in den untersuchten Schulen.

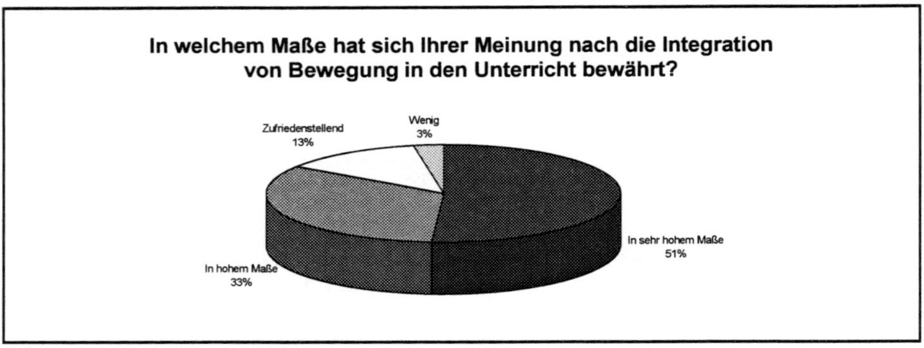


*Abb. 46: Effektivität von Bewegung im Unterricht*

### *5.3.1.2 Bewegungspausen im Unterricht*

Bewegungspausen im Unterricht bilden ein weiteres Kernstück der Inhalte einer „Bewegten Schule“. Die häufige Diskussion dieses Strukturmerkmals in der Fachliteratur lässt erwarten, dass es auch in der schulischen Praxis seine Entsprechung findet, obwohl die Unterbrechung von Unterricht durch Bewegungspausen auch in der Grundschule noch vor 20 Jahren als geradezu undenkbar galt.
Betrachtet man die Angaben der befragten Lehrer, dann ergibt sich ein (bei einer 3-stufigen Skala 2 für *häufig* bis 0 für *nie*) ein Durchschnittswert, demzufolge solche *Bewegungspausen* eher *häufig* stattfinden (M=1,63; s=0,49).
Betrachtet man die prozentuale Verteilung, dann zeigt sich, dass an 63,0% der Schulen *häufig* und an 37,0% der Schulen *selten* Bewegungspausen durchgeführt werden. Die Merkmalsausprägung *nie* wird nicht genannt. Dieser Befund spricht für die zunehmende Beliebtheit dieses Strukturmerkmals, lässt sich aber auch, wie bereits vorangegangene Befunde, damit erklären, dass Bewegungspausen einen nur geringen organisatorischen Aufwand und nur wenig Vorbereitung bedürfen, aber instrumentell zur Verbesserung der Konzentration der Schüler eingesetzt werden können und im gestalterischen Zugriff des Lehrers verbleiben.

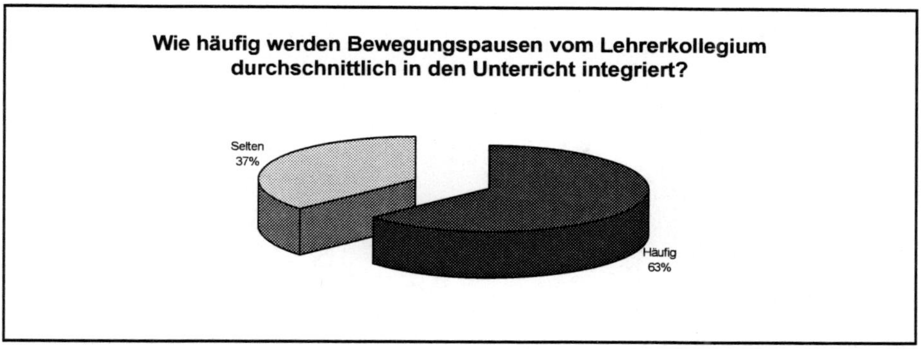


*Abb. 47: Bewegungspausen im Unterricht*

Nun könnte die Angabe der Häufigkeit, mit der Bewegungspausen durchgeführt werden, täuschen, indem z.B. wenige Lehrer häufig Bewegungspausen durchführen, der Rest dagegen einen klassischen Unterricht ohne entsprechende Unterbrechungen praktiziert. Aus diesem Grunde fragten wir danach, welcher Anteil *aller* Lehrer der jeweiligen Schulen Bewegungspausen in ihrem Unterricht durchführen (mit Hilfe der Skala *niemand; höchstens 1/3; mindestens 1/3 bis 2/3; mehr als 2/3*). Die Ergebnisse zeigen (Abbildung 47), dass lediglich eine Schule (2%) angibt, dass von *niemandem* Bewegungspausen in den Unterricht eingebaut werden (wobei sich hier ein Widerspruch mit den oben genannten Aussagen ergibt, der möglicherweise dadurch erklärt werden kann, dass niemand außer dem Befragten selbst Bewegungspausen durchführt). Die übrigen Aussagen verteilen sich in etwa zu gleichen Teilen auf die anderen Antwortmöglichkeiten: So werden in 33,3% der Schulen von *höchstens einem Drittel* des Kollegiums Bewegungspausen im Unterricht durchgeführt, in 27,5% der Schulen von *mindestens einem Drittel bis zwei Drittel* der Lehrkräfte, an 37,3% der befragten Schulen von *mindestens zwei Drittel* aller Lehrkräfte.

Aus diesen Ergebnissen lässt sich schließen, dass Bewegungspausen im Unterricht zwar an jeder untersuchten Schule praktiziert werden, dies allerdings keineswegs ein Element des Unterrichts sämtlicher Lehrer darstellt. Dieser Befund erhärtet ein weiteres Mal die These, dass die Realisierung einer „Bewegten Schule“ zwar von großen Teilen der Kollegien akzeptiert, aber von wenigen engagierten Lehrern getragen wird.

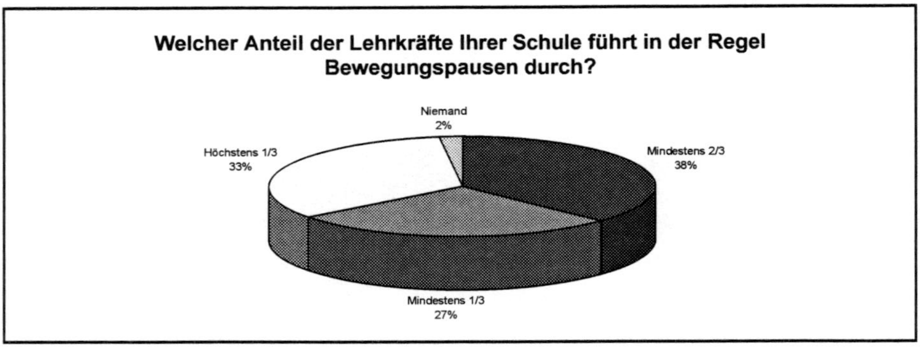


*Abb. 48: Anteil der Lehrkräfte pro Schule, die Bewegungspausen im Unterricht durchführen*

Differenziert man nach Stadtzugehörigkeit (Abbildung 48), dann treten nur graduelle Unterschiede zu Tage, die besagen, dass die Lehrerkollegien der Bielefelder Schulen diesem Strukturmerkmal tendenziell etwas aufgeschlossener gegenüber stehen als die der Portaner Schulen.

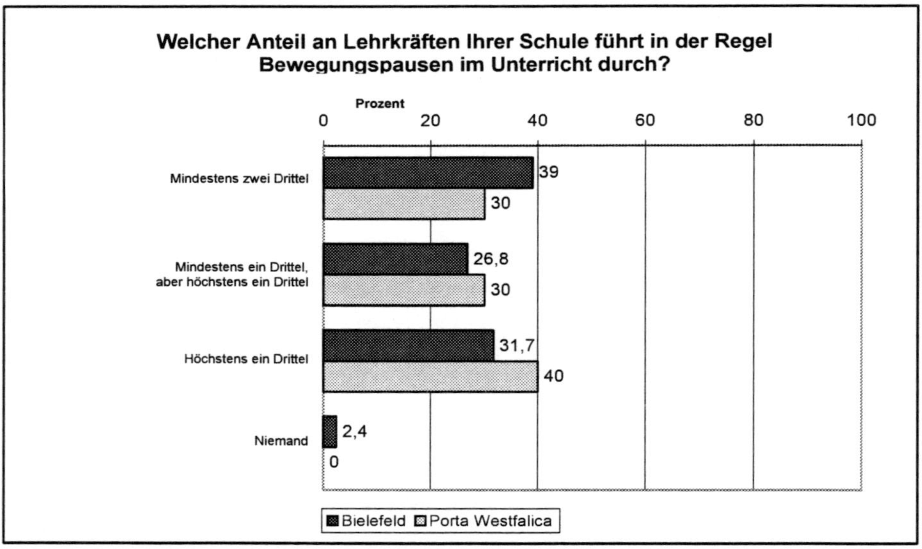


*Abb. 49: Nutzung von Bewegungspausen im Unterricht durch die Lehrer, differenziert nach Stadt*

Im Vergleich der Schulgrößen ergib sich der Befund, dass in den großen Schulen ein etwas größerer Teil der Lehrkräfte Bewegungspausen in den Unterricht integrieren als in kleinen und mittelgroßen Schulen (42,9% aller Lehrkräfte der großen Schulen geben an, dass *mindestens zwei Dritteln* Bewegungspausen durchführen, während nur 38,5% der kleinen Schulen und 35,5% der mittelgroßen Schulen diese Aussage treffen. Auf diese Merkmalsausprägung entfallen bei allen drei Schulgrößen prozentual die häufigsten Nennungen).
Nun werden in der konzeptionellen Literatur zur „Bewegten Schule“ drei Durchführungsformen von Bewegungspausen im Unterricht unterschieden: die stille, die gelenkte und die freie Bewegungspause. Um zu überprüfen, welche Formen am ehesten praktiziert werden, fragten wir die Probanden, in welcher Form Bewegungspausen im Unterricht mit welcher Häufigkeit an ihrer Schule durchgeführt werden (mit Hilfe einer Skala von 4 für *sehr häufig* bis 0 für *nie*). Den arithmetischen Mittelwerten zufolge finden alle drei Formen in der schulischen Praxis in etwa vergleichbarer Häufigkeit Anwendung (Bewegungspausen in Formen der Stille M=2,46; s=0,93, gelenkte Bewegungspausen M=2,54; s=1,26, freie Bewegungsformen M=2,28; s=1,07; die konkreten prozentualen Verteilungen vgl. Abb. 50).

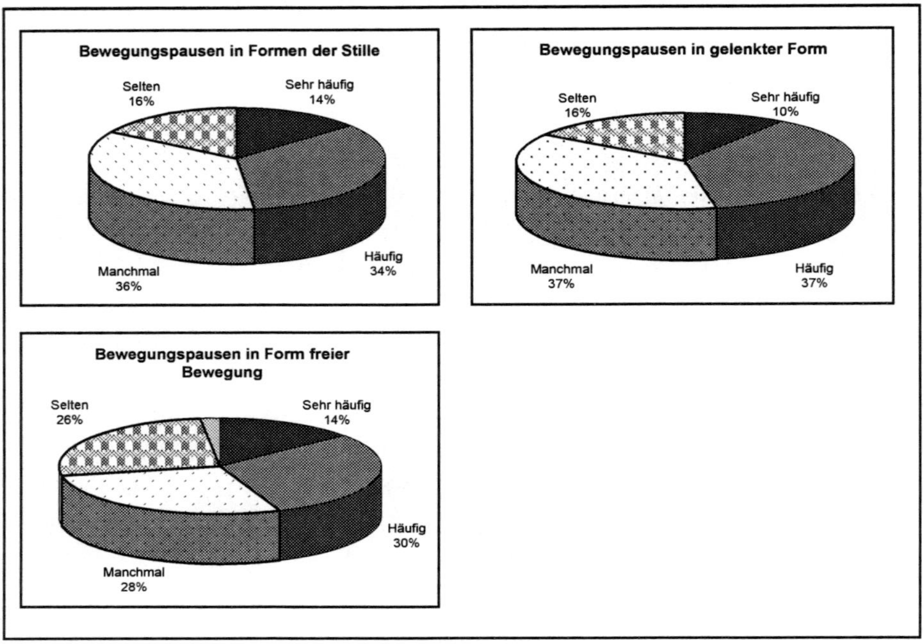


*Abb. 50: Durchführungsformen von Bewegungspausen im Unterricht*

Wie nun in den Analysen der infrastrukturellen Rahmenbedingungen festgestellt wurde, bieten sich unterschiedliche Räumlichkeiten zur Nutzung von Bewegungspausen an. Die Frage, welche Räumlichkeiten in welcher Häufigkeit genutzt werden (eine Katalogfrage mit einer fünfstufigen Skala von 4 für *sehr häufig* bis 0 für *nie* zur Ermittlung der Nutzungshäufigkeit), gibt in gewisser Weise Aufschluss über den Grad der „Bewegtheit" einer Schule, genauer gesagt über die Bereitschaft, Bewegung als Teil des Unterrichts auch über den traditionellen Ort der Bewegung, die Sporthalle, hinaus auszuweiten.

Betrachtet man die Ergebnisse (Tabelle 18; Abbildung 50), dann zeigt sich, dass für die Durchführung einer Bewegungspause im Unterricht am häufigsten der Schulhof (M=3,22; s=0,98) genutzt wird. Der Klassenraum wird im Durchschnitt deutlich seltener genutzt, vom Zahlenwert her gesehen allerdings immer noch eher häufig (M=2,57; s=0,81). Dieser Befund ist etwas überraschend, erfordert doch die Verlagerung einer Bewegungspause vom Klassenraum in den Schulhof einen deutlich höheren organisatorischen und zeitlichen Aufwand als dies bei einer Bewegungspause vor Ort der Fall wäre. Die Nutzung des Schulhofs bietet, abgesehen vom erhöhten Aufwand, allerdings durchaus Vorzüge, wird doch die Konzentrationsfähigkeit der

Schüler nicht nur durch Bewegung, sondern zusätzlich auch durch die frische Luft weiter verbessert.
Auch die Sporthalle wird gelegentlich (M=1,76; s=1,58) zum Bewegen während des Unterrichts aufgesucht. Die Angaben streuen hier allerdings sehr stark, denn eine ganze Reihe von Schulen nutzt die Sporthalle nie zu einer Bewegungspause. Dies ist vermutlich auf den hohen zeitlichen und organisatorischen Aufwand zurück zu führen, der mit einer Nutzung der Sporthalle für eine Bewegungspause einher geht. Auch wenn es eine Sporthalle in unmittelbarer Nähe zur Schule gibt (dies ist nicht bei allen Schulen der Fall), müssen die Schüler sich zu diesem Ort begeben, und sie müssen, um die Sporthalle betreten zu dürfen, zumindest ihr Schuhwerk wechseln, was besonders bei Schülern dieser Alterstufe erhebliche Zeit in Anspruch nimmt.
Noch seltener wird die Pausenhalle im Schulgebäude (M=1,10; s=1,27) für eine Bewegungspause genutzt, wobei auch hier die Angaben stark streuen, was zum Teil darauf zurückzuführen ist, dass es keine Pausenhalle gibt, zum Teil darauf, dass mit ihrer Nutzung Störungen des Unterrichtsbetriebs in den Klassenräumen verbunden wäre.
Nur von sehr wenigen Schulen werden spezielle Bewegungsräume für Bewegungspausen im Unterricht genutzt (M=0,65; s=1,23), was zumeist daran liegt, dass es keinen solchen gibt, bzw. im Falle dass ein solcher vorhanden ist, die Nutzung möglicherweise aufgrund einer ständigen Belegung durch andere Klassen verhindert wird.

*Tab. 18: Übersicht über die prozentuale Nutzungshäufigkeit von Räumlichkeiten/Orten der Schulen für eine Bewegungspause im Unterricht*

| **Wie häufig werden die Bewegungspausen im Unterricht an folgenden Orten durchgeführt?** | | | | | |
|---|---|---|---|---|---|
| | Klassenraum | Schulhof | Sporthalle | Pausenhalle | Bewegungs-raum |
| *0 = nie* | - | - | 32,6% | 47,6% | 74,2% |
| *1 = selten* | 13,7% | 3,9% | 15,2% | 16,7% | 3,2% |
| *2 = manchmal* | 37,3% | 11,8% | 19,6% | 19,0% | 12,9% |
| *3 = häufig* | 27,5% | 43,1% | 8,7% | 11,9% | 3,2% |
| *4 = sehr häufig* | 21,6% | 41,2% | 23,9% | 4,8% | 6,5% |
| Mittelwert [M] | 2,57 | 3,22 | 1,76 | 1,10 | 0,65 |
| Standard-abweichung [s] | 0,98 | 0,81 | 1,58 | 1,27 | 1,23 |

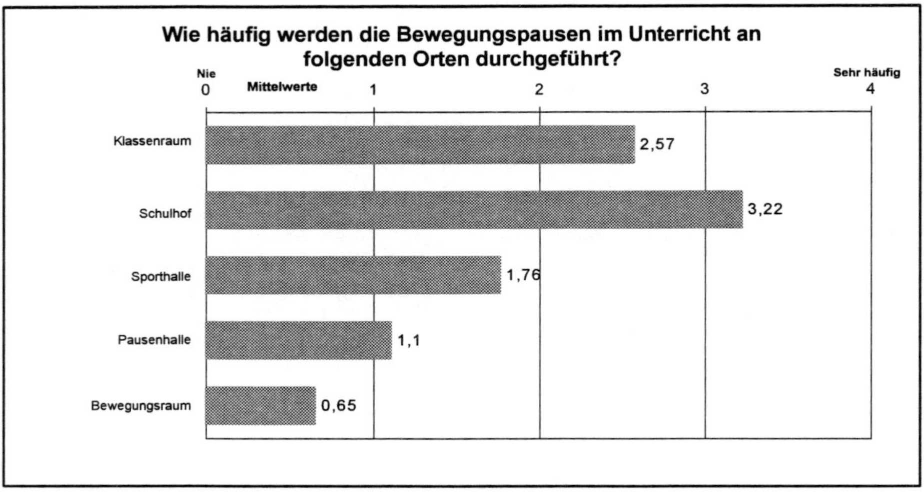


*Abb. 51: Nutzungshäufigkeit von Orten/Räumlichkeiten der Schulen für eine Bewegungspause im Unterricht*

Nun sollte die Dauer einer Bewegungspause im Unterricht der konzeptionellen Literatur zufolge zwischen 5 und 15 Minuten betragen. Fragt man danach, wie viel Zeit den Bewegungspausen im Unterricht tatsächlich eingeräumt wird (zur Auswahl standen: *1 bis 5 Minuten, 5 bis 10 Minuten, 10 bis 15 Minuten*), dann geben (Abbildung 51) jeweils 46,1% der Probanden *1 bis 5 Minuten* sowie *5 bis 10 Minuten* an. Lediglich 6,1% räumen einer Bewegungspause *10 bis 15 Minuten* ein.

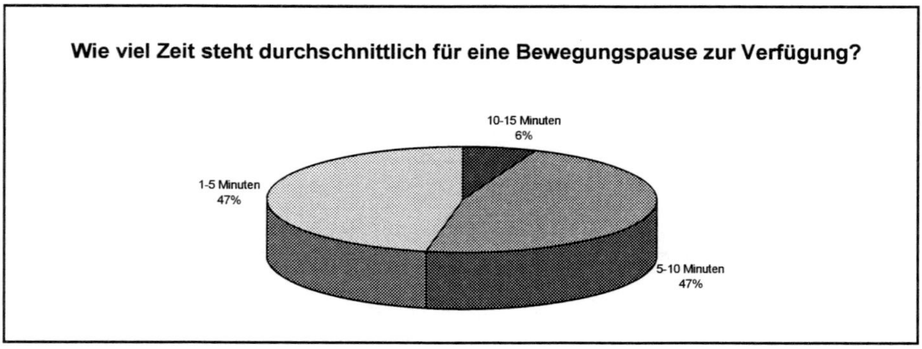


*Abb. 52: Zeitliche Dauer der Bewegungspausen*

Die Angaben zur Dauer von Bewegungspausen stehen im Einklang mit bereits beschriebenen Befunden, wonach die von den Lehrern favorisierten Ziele einer „Bewegten Schule“ sich vor allem auf funktionale, auf die Verbesserung von Disziplin und Konzentration bei den Schülern gerichtete Effekte beziehen. So reicht die Zeit von *1 bis 10 Minuten* für ein kurzes Bewegungsspiel, eine kurze Entspannungsübung oder dafür, die Schüler einmal um den Schulhof rennen zu lassen. Längere Bewegungspausen stellen die Lehrer sowohl inhaltlich als auch materiell vor Probleme, da solche Pausen vorbereitet und genügend Spiel- und Bewegungsmaterialien bereitgestellt werden müssten. Dafür fehlt vermutlich sowohl die Zeit als auch das Geld.

Die vermeintlich funktionalistische Nutzung von Bewegungspausen legt die Frage nach deren Effektivität bei der Verbesserung der konzentrativen Voraussetzungen der Schüler nahe (mit Hilfe einer fünfstufigen Skala von 4 für *ja, sehr* bis 0 für *nein, gar nicht*). Die Effektivität wird im Durchschnitt (M=3,00, s=0,79) als *hoch* eingeschätzt, wobei, differenziert betrachtet, 30,6% die positive Wirkung der Bewegungspause auf die Konzentration der Schüler *als sehr hoch,* 38,8% *hoch* und 30,6% als *mittelmäßig* beurteilen. Die Merkmalsausprägungen *wenig* und *nein, gar nicht* wurden kein einziges Mal genannt, was den hohen Stellenwert, der Bewegungspausen im Unterricht inzwischen zugemessen wird, ein weiteres Mal bestätigt.

**Hat sich die Bewegungspause hinsichtlich der Verbesserung der Konzentrationsfähigkeit der Schüler Ihrer Meinung nach bewährt?**

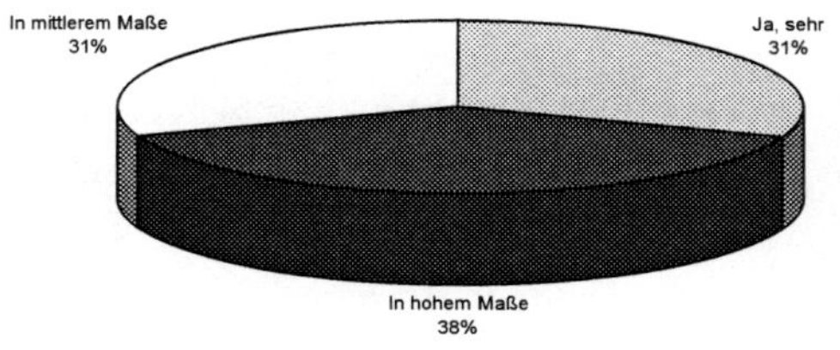


*Abb. 53: Einschätzung der Effektivität einer Bewegungspause im Unterricht*

### *5.3.1.3 Sportunterricht*

Im Zusammenhang mit der Einbindung des Sportunterrichts in eine „Bewegte Schule“ ist zunächst zu fragen, über welche sportbezogenen Qualifikationen die Lehrkräfte verfügen, die an den untersuchten Schulen den Sportunterricht durchführen.

Betrachtet man die Angaben auf diese Fragen, dann zeigt sich, der Sportunterricht zum überwiegenden Teil von Lehrern mit Sportfakultas, also von entsprechend ausgebildeten Fachkräften durchgeführt wird (auch wenn es z.B. an einer Schule überhaupt keinen Sportlehrer gibt). Der Sportunterricht wird aber durchaus auch fachfremd oder vereinzelt von Lehrern mit der Zusatzqualifikation „Quex“ oder von Gymnastiklehrern geleitet.

Welche Inhalte der Sportunterricht einer „Bewegten Schule“ enthalten sollte, darüber herrschen in der konzeptionellen Literatur kontroverse Meinungen, die, wie wir im theoretischen Teil gezeigt haben, von der Forderung nach einer Vertiefung und Erweiterung herkömmlicher Sportarten (vgl. Hoppstädter/Heine 1995) bis hin zum Wunsch nach „ganzheitlichen“ Bewegungserfahrungen oder Gesundheitsförderung (vgl. u.a. Laging 1993; Pühse 1995) reichen.

Um beurteilen zu können, welche Ziele im Sportunterricht der untersuchten Schulen verfolgt werden, gaben wir zehn Einzelitems zur Erkundung des Sportunterrichts vor (mit Hilfe einer fünfstufigen Skala von 4 *trifft voll zu* bis 0 *trifft gar nicht zu*)[36].

Die Analyse der Antworten zeigt, dass im Sportunterricht der untersuchten Schulen offenbar am meisten Wert auf eine ganzheitliche Bewegungsförderung (M=3,42; s=0,84) gelegt wird (vgl. Abb. 54). Im Sportunterricht der untersuchten Grundschulen liegt demgemäß der Schwerpunkt auf der Förderung der ganzheitlichen Entwicklung der Kinder. Vergleicht man diesen Befund mit den oben beschriebenen Erwartungen der Lehrer an eine „Bewegte Schule“ (vgl. Kap. 5.1), dann hat die Entwicklungsförderung dort zwar einen wichtigen, allerdings längst nicht so bedeutenden Stellenwert wie im Sportunterricht. Am ehesten stimmen die Erwartungen an die Integration der Bewegung in die Schule und die Leistungen des Sportunterrichts im Zusammenhang mit der Vermittlung von Handlungsfähigkeit im Sport überein. So wird im Sportunterricht der Grundschule unseren Befunden zufolge in *hohem Maße* darauf geachtet, dass die Schüler die verschiedenen Sinnperspektiven des Sports erfahren (M=3,08; s=0,81). Von durchschnittlich ebenfalls noch hoher Bedeutung ist die Orientierung an der Vielfalt der heutigen Bewegungskultur (M=2,92; s=0,90).

Aber der Sportunterricht reicht keinesfalls aus, um die Erwartungen der Lehrerinnen und Lehrer an eine „Bewegte Schule“ in deren ganzer Komplexität zu befriedigen.

---

[36] Auch bei dieser Fragebatterie rechneten wir eine Reliabilitätsanalyse unter Berücksichtigung der part-whole-Korrelations-Werte. Aus dem ersten Rechenschritt ergab sich für die Zielstellungen des Sportunterrichts zunächst ein Cronbach Alpha-Wert von 0.7475. Nach der Elimination der *Items „im Sportunterricht werden überwiegend Grundlagen für herkömmliche Sportarten gelegt“* und *„im Sportunterricht werden überwiegend jahrgangsbezogene Akzente gesetzt“*, deren Part-Whole-Korrelation unter 0.3 lag, verringert sich die Itemzahl auf acht, der Cronbach Alpha-Wert steigt auf 0.8412 (Tabelle siehe Anhang). Damit kann die Skala als zufriedenstellend reliabel angesehen werden.

Zu den eliminierten Items ist anzumerken, dass sich diese inhaltlich mit der Intensivierung herkömmlicher Sportarten, mit der jahrgangsbezogenen Akzentuierung des Sportunterrichts und der altersgemäßen Staffelung des Schwimmabzeichens befassen. Dass die Part-Whole-Korrelation dieser beiden Items so gering ausfällt, ist vermutlich darauf zurück zu führen, dass diese beiden Aspekte ohnehin generellen Bestandteilen des Sportunterrichts, also entweder im Curriculum vorgegeben sind oder traditionell durchgeführt werden.

Dies zeigt sich deutlich an den Ergebnissen zu den anderen Items. Während die Wahrnehmungsförderung im Sportunterricht (M=2,90; s=0,83) von ihrer Bedeutung her noch einigermaßen dem entspricht, was die Lehrer an kognitiv-aufmerksamkeitsfördernden Leistungen von der Bewegungsintegration in die Schule allgemein erwarten, scheint die Gesundheitsförderung im Sportunterricht eine im Vergleich zu den bewegungsbezogenen Erwartungen deutlich geringere Rolle zu spielen (M=2,58; s=0,91).
Dass der Sportunterricht bei weitem nicht die Funktionen erfüllen kann, die aus Lehrersicht mit der Integration von Bewegung in die Grundschule allgemein verbunden werden, zeigt sich ferner an der eher niedrigen Bedeutung, die dem Sportunterricht bei der Entwicklung von Spielgelegenheiten für die Pause (M=2,25; s=0,84) und vor allem bei der Berücksichtigung der bewegungsbezogenen Wünsche der Schüler (M=1,98; s=0,51) zugemessen wird. Doch die bedeutendste Differenz zwischen den Erwartungen an eine „Bewegte Schule“ und den Leistungen des Sportunterrichts zeigt sich daran, dass der Sportunterricht nur in *sehr geringem Maße* als Ausgangspunkts für fächerübergreifende Projekte genutzt wird (M=1,67; s=0,88).
Die Bewegung im Sportunterricht ist nach Ansicht der befragten Lehrerinnen und Lehrer also keinesfalls ausreichend, um die positiven Funktionen, die der in den Schulalltag integrierten Bewegung (im Sinne einer „Bewegten Schule“) auf das Lernen zugeschrieben werden, zu erfüllen. D. h. aus der Sicht der Lehrerinnen und Lehrer muss es beide Formen der Bewegungsförderung geben, und zwar sowohl die in den Schulalltag integrierten Formen, wie sie die „Bewegte Schule“ ermöglicht, als auch den Sportunterricht als Fach.

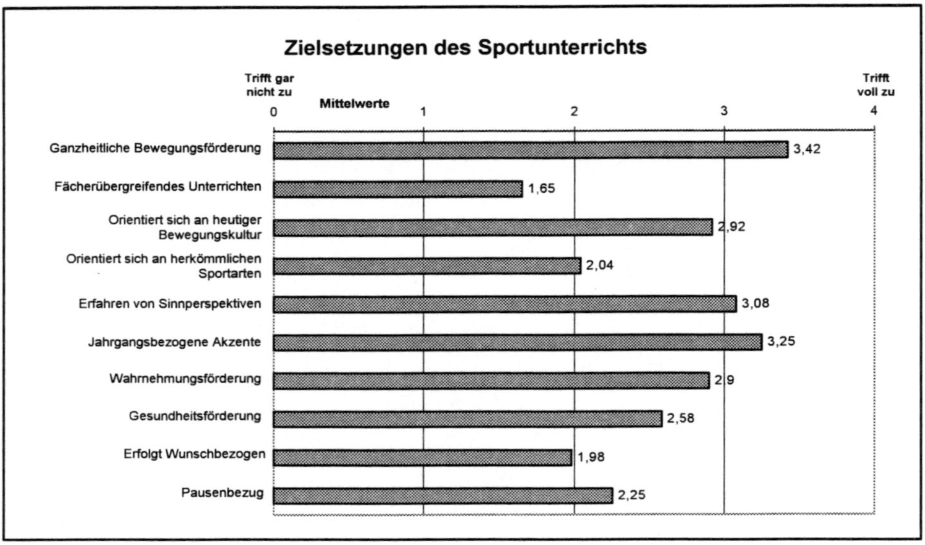


*Abb. 54: Zielsetzungen des Sportunterrichts*

Angesichts der im theoretischen Teil besprochenen Befürchtungen und kritischen Anmerkungen zum Konzept der „Bewegten Schule“, denen zufolge die Integration von Bewegung in den Schultag die Streichung von Sportstunden zur Folge haben könnte, fragten wir danach, ob sich solche Befürchtungen auch in der Praxis finden (mit Hilfe einer Frage, ob aufgrund der „Bewegten Schule“ die Streichung von Sportstunden droht sowie einer fünfstufigen Skala von „4“ für *in sehr hohem Maße* und „0“ für *gar nicht*).

Den Einschätzungen der befragten Lehrer zufolge scheint diese Befürchtung in der Praxis eher in geringem Maße vorhanden zu sein (M=0,42; s=0,71; vgl. Abb. 55). 16,7% befürchten eine Streichung von Sportstunden aufgrund der „Bewegten Schule“ *in geringem Maße*, weitere 12,5% *in mittlerem Maße*. Starke Befürchtungen werden nicht geäußert. Die geringen Befürchtungen negativer Folgewirkungen lassen sich als ein weiteres Indiz für die große Zustimmung, die das Konzept in der Praxis erhält, interpretieren.

*Abb. 55: Einschätzung zur möglichen Streichung von Sportstunden aufgrund der „Bewegten Schule“*

### 5.3.2 *Unterrichtsexterne Merkmale*

Nachdem die unterrichtsinternen Strukturmerkmale behandelt wurden, ist zu reflektieren, in welchem Maße das Konzept der „Bewegten Schule“ an den untersuchten Schulen sich auch über den Kern des Schullebens hinaus auf die außerunterrichtlichen Zusammenhänge erstreckt. Dabei wird zunächst nach der Gestaltung der Pausen zwischen den Unterrichtsstunden, weiterhin nach außerunterrichtlichen Bewegungsanlässen und schließlich nach Kooperationen mit dem außerschulischen Umfeld gefragt.

#### *5.3.2.1 Bewegte Pausengestaltung*

Der Pause zwischen den Unterrichtsstunden wird in der Diskussion um eine „Bewegte Schule“ in den letzten Jahren zunehmend mehr Bedeutung zugeschrieben. Wie die Analyse der konzeptionellen Literatur zeigte, geht es dabei nicht nur um die Förderung der Regeneration, sondern auch um eine Vermittlung motorischer, sozialkommunikativer, kognitiver und emotionaler Kompetenzen der Schüler.

Wie in den Überlegungen zum infrastrukturellen Rahmen einer „Bewegten Schule bereits deutlich wurde, ist eine „bewegte Pausengestaltung“ von den materiellen Bedingungen des Schulhofes abhängig. Die infrastrukturellen Rahmenbedingungen an den untersuchten Schulen eignen sich meist für eine „bewegte Pausengestaltung“. So können an 85,5% der Schulen in den Pausen Geräte und Materialien entliehen werden. An 59,6% der Schulen dürfen die Schüler eigene Geräte von zu Hause mitbringen, was gemäß den Aussagen der konzeptionellen Literatur zur gewünschten Verbindung schulischen und außerschulischen Lebens beitragen kann. Für Pausen zwi-

schen den Unterrichtsstunden nur selten genutzt wird die Sporthalle. So ist die Sporthalle während der Mittagspausen nur an 7,7% der Schulen für die Schüler geöffnet. Dieses Ergebnis überrascht, sind doch immerhin 65,0% der befragten Schulen ganze Halbtagsschulen.
Für unsere Untersuchung ist vor allem die Frage nach der praktischen Umsetzung einer „bewegten Pausengestaltung" im schulischen Alltag von Bedeutung. Um Aussagen zu diesem Punkt treffen zu können, gaben wir den Probanden eine Itembatterie vor, die Aspekte einer bewegten Pausengestaltung beschreibt. Die Befragten hatten außerdem die Möglichkeit, unter „sonstiges" weitere Pausenaktivitäten der Schule aufzuzählen.
Die Daten zeigen (Abbildung 55) zunächst, dass an allen Schulen die Frühstücks- und die Bewegungszeit innerhalb der Pause zeitlich voneinander getrennt werden. Dies ist die Bedingung dafür, dass sowohl das Frühstücken in Ruhe ermöglicht als auch den Schülern Zeit zur Bewegung und zur eigenen Verfügung gegeben wird.
Betrachtet man die Angaben zur methodischen Gestaltung der Pause, dann wird deutlich, dass die Gestaltung der Bewegungszeit zumeist den Schülern selbst überlassen oder aber von den Lehrern gelenkt wird. Nur an 9,6% der befragten Schulen wird die Pausengestaltung mit den Schülern zusammen geplant und durchgeführt. Gemeinsam mit den Eltern geplant und durchgeführt wird die bewegte Pause zwischen den Unterrichtsstunden sogar nur bei 1,9% der Schulen.

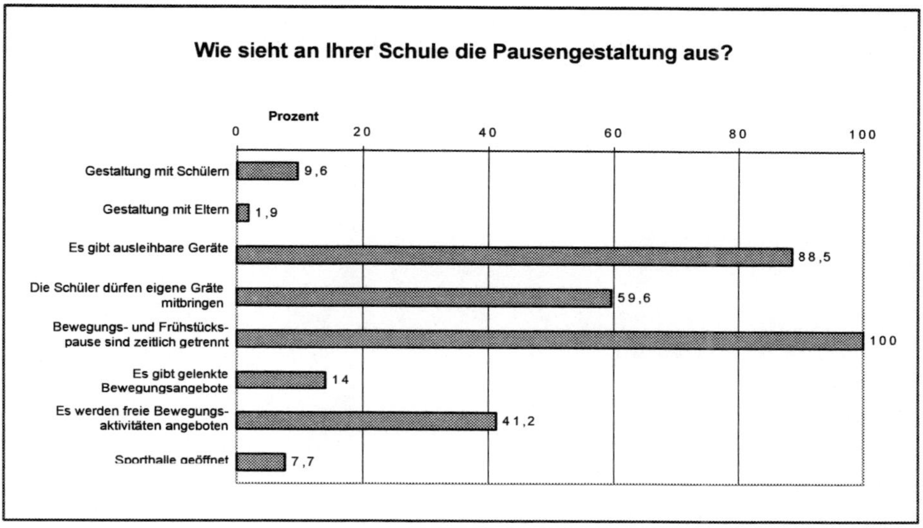


*Abb. 56: Angaben über die Pausengestaltung an Grundschulen*

Gelenkte Bewegungsaktivitäten während der Pausen werden in 14% der Schulen angeboten (Abb. 57). Diese differenzieren sich nochmals in Pausentanz (11,5%) Freizeitspiele (3,8%), Tischtennisturnier (3,8%), Klettern und Fußballturnier (jeweils 1,9%).

Am häufigsten werden den Schülern (an 41,2% der Schulen) in den Pausen freie Bewegungsmöglichkeiten angeboten (vgl. Abb. 58). Darunter fallen Aktivitäten, bei denen Eigeninitiative und Selbstorganisation der Schüler gefördert wird (40,4%), eine Pausendisco (7,7%) und ein Sinnesparcour (1,9%).

Betrachtet man die Angaben zur Gestaltung einer „bewegten Pause“ zwischen den Unterrichtsstunden zusammenfassend, dann lässt sich festhalten, dass gelenkte und geplante Pausenaktivitäten in der Praxis nur selten in Erscheinung treten. Die Pausen scheinen meist so gestaltet zu sein, dass die Schüler individuell spielen und sich bewegen können, ohne dass vorher etwas geplant, vorbereitet, aufgebaut und geboten wird.

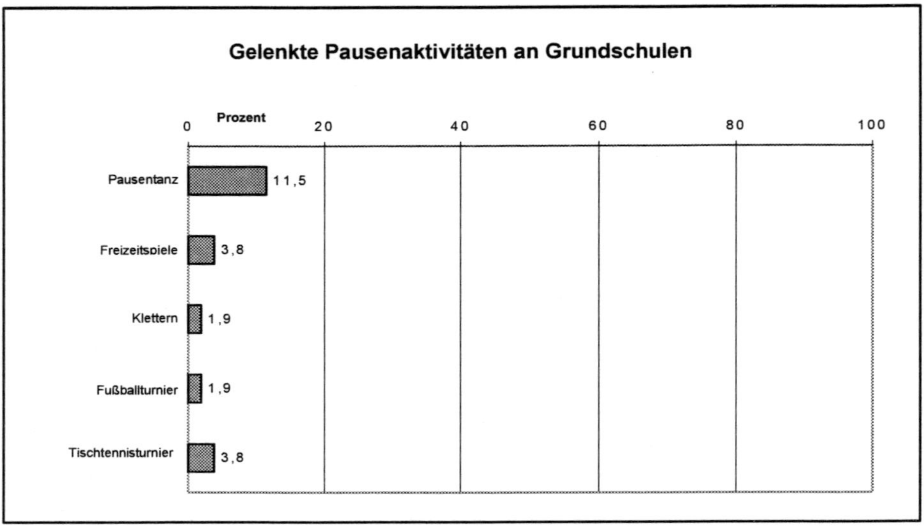


*Abb. 57: Gelenkte Pausenaktivitäten an Grundschulen*

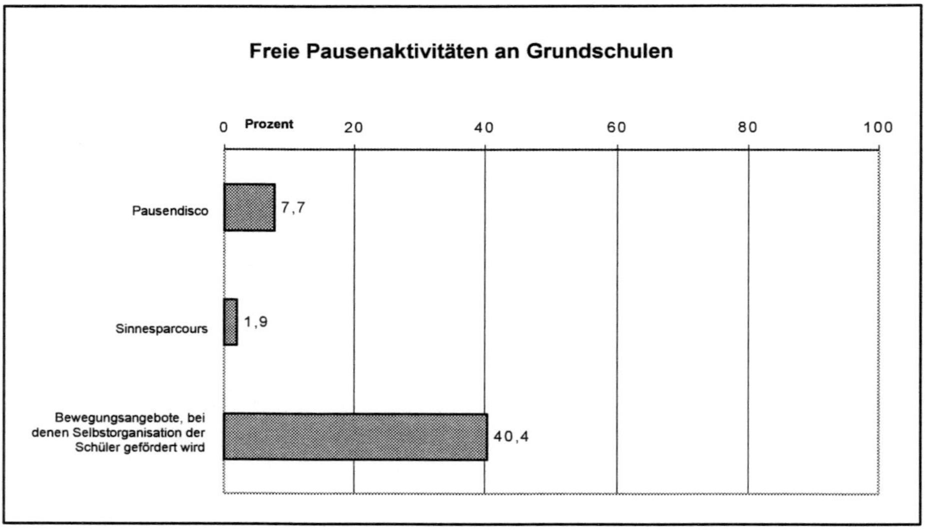


*Abb. 58: Freie Pausenaktivitäten an Grundschulen*

In diesem Befund tritt eine Differenz schulischer Realität zur konzeptionellen Literatur zu Tage, in welcher zum Beispiel vorgeschlagen wird, die „bewegte Pausengestaltung“ – nicht zuletzt mit Blick auf die explizite Förderung motorischer sozialer oder kognitiver Kompetenzen – gemeinsam mit Schülern und Eltern zu planen und unter der Leitung des Lehrers durchzuführen. Nun muss diese Freiheit nicht unbedingt zum Nachteil der Schüler gereichen, erhalten diese doch dadurch in einem ansonsten stärker formalisierten System die Möglichkeit, eine bestimmte Zeit nach eigenen Wünschen und Bedürfnissen zu gestalten.

#### *5.3.2.2 Außerunterrichtliche Bewegungsanlässe*

Reduziert man den schulischen Auftrag nicht nur auf die bloße Wissensvermittlung, wie es in der konzeptionellen Literatur zur „Bewegten Schule" der Fall ist, dann spielt in der Schule nicht nur der unterrichtliche Tagesablauf, sondern auch das sonstige schulische Leben, bereichert durch außerunterrichtliche Angebote, eine wichtige Rolle.

Fragt man danach, welche außerunterrichtlichen Angebote mit Schwerpunkt Bewegung die befragten Schulen machen, dann werden (Abb. 59) am häufigsten (von 78,4% der Schulen) Sportwettkämpfe genannt. Dieser Befund scheint die im Zusammenhang mit der Reflexion des Sportunterrichts geäußerte Vermutung zu bestätigen, dass trotz aller kritischen Befürchtungen von Mahnern auch an den „Bewegten Schulen" die Vermittlung eines traditionellen Sports weiterhin eine wichtige Rolle spielt.

Ein fast ebenso großer Anteil der Schulen (76,5%) gibt an, Schulfeste mit Schwerpunkt Bewegung durchzuführen, weitere 52,9% organisieren Spielfeste mit Schwerpunkt Bewegung. An 66,7% der Schulen finden Tanz- und Theateraufführungen statt, 58,8% bieten AGs mit einem Bewegungsschwerpunkt an. Seltener finden Klassenfahrten (39,2%) und Schulausflüge (21,6%), bei denen Sport und Bewegung im Mittelpunkt steht, statt, was nicht zuletzt dadurch erklärbar ist, dass im Primarstufenbereich frühestens in der 3. oder 4. Klasse kurze Fahrten unternommen werden. Nur an einer Schule (2,0%) werden Schulfahrten mit Schwerpunkt Bewegung durchgeführt.

Die befragten Schulen machen also, wie die Daten zeigen, zahlreiche Angebote, die über den Unterricht hinausgehen und Bewegung in das außerunterrichtliche Leben der Schule integrieren. Dies lässt ein weiteres Mal auf ein großes Engagement der Lehrerkollegien bzw. einzelner Lehrer der Schulen schließen.

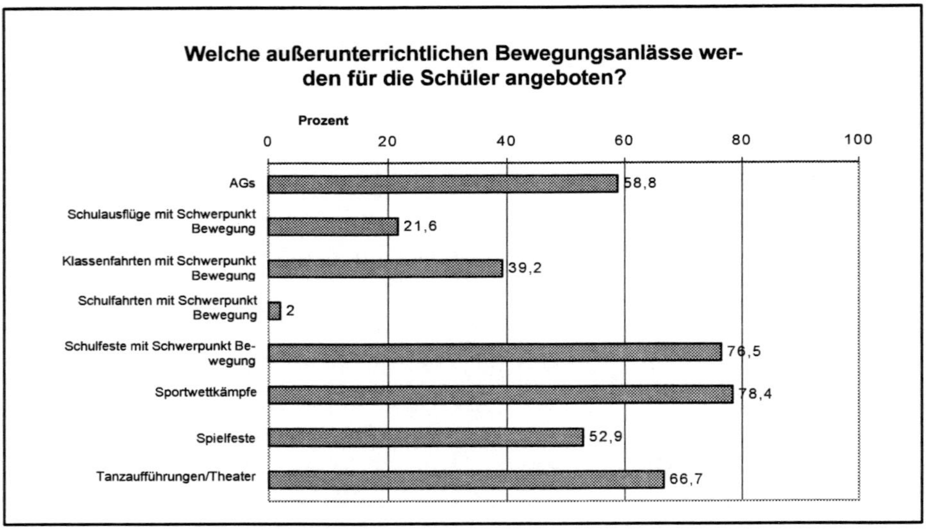


*Abb. 59: Außerunterrichtliche Bewegungsangebote*

### *5.3.2.3 Kooperation mit dem außerschulischem Umfeld*

Während die bisherigen Erörterungen zu den inhaltlichen Merkmalen sich auf schulinterne Aktivitäten beschränkte, gibt die Frage nach der Kooperation mit dem außerschulischem Umfeld Aufschluss darüber, ob und wenn ja, zu welchen Anlässen, sich die Schule ihrer Umgebung öffnet.

Zur Ermittlung von solchen Belangen gaben wir den Probanden ein weiteres Mal eine Itembatterie vor (mit Hilfe einer Antwortskala mit den drei Merkmalsausprägungen *ja, nein* und *weiß ich nicht*).

Die Angaben auf diese Vorgabe zeigen (Tabelle 19), dass an fast allen Schulen der Schulhof auch nach dem Unterricht geöffnet ist und den Kindern und Erwachsenen des Ortsteils zur Verfügung steht. Weiterhin gibt über die Hälfte der Schulen an, Menschen aus der Umgebung zu Schulfesten und -feiern einzuladen. Schließlich scheinen die meisten Schulen mit ansässigen Vereinen zu kooperieren, indem sie Schülern den Eintritt in einen Sportverein empfehlen, auch wenn an den Schulen selbst nur eine geringe Anzahl von Übungsleitern aus Vereinen tätig ist.

Die meisten untersuchten Schulen weisen sich also im Sinne der Grundidee einer „Bewegten Schule“ sowie anschließbar an aktuellen grundschulpädagogische Reformen nicht nur als Unterrichtsstätten, sondern auch als Orte der Begegnung und der Kooperation mit Personen und Institutionen des schulischen Umfelds aus.

*Tab. 19: Kooperation mit dem außerschulischen Umfeld*

| Kooperation mit dem außerschulischen Umfeld | | | | |
|---|---|---|---|---|
| | Ja [%] | Nein [%] | Weiß ich nicht [%] | Anzahl [N] |
| Übungsleiter aus Sportvereinen | 22,0% | 78,0% | - | 41 |
| Empfehlung an Sportvereine | 88,2% | 2,0% | 9,8% | 51 |
| Offener Pausenhof | 96,0% | 2,0% | 2,0% | 50 |
| Öffnung zum Ortsteil durch Feste und Feiern | 70,2 | 23,4 | 6,4% | 47 |

Angesichts unterschiedlicher regionaler Charakteristika ist gerade in diesem Zusammenhang ein Vergleich der beiden untersuchten Städte Bielefeld und Porta Westfalica von Interesse. Bei einem solchen Vergleich treten allerdings keine nennenswerten Unterschiede zu Tage (Abbildung 59).

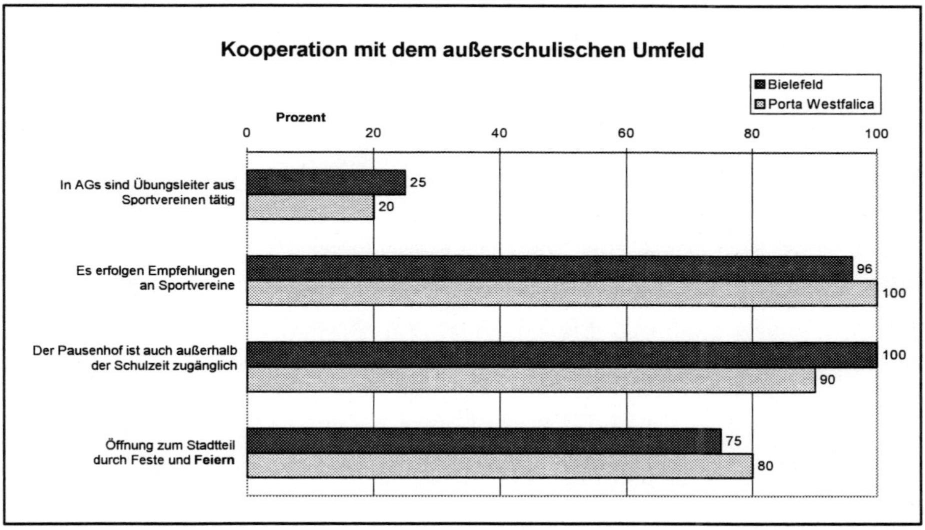


*Abb. 60: Kooperation mit dem außerschulischen Umfeld in den Städten Bielefeld und Porta Westfalica*

Differenziert man nach Schulgröße, dann zeigt sich, dass die größten Schulen auch bei der Kooperation mit dem außerschulischen Umfeld die engagiertesten sind (Tabelle 20).

*Tab. 20: Kooperation mit dem außerschulischen Umfeld, unterschieden nach Schulgröße*

| Kooperation mit dem außerschulischen Umfeld | | | |
|---|---|---|---|
| | bis 180 Schüler [%] | 181-360 Schüler [%] | über 360 Schüler [%] |
| Übungsleiter aus Sportvereinen | 16,7% | 16,7% | 60,0% |
| Empfehlung an Sportvereine | 100,0% | 80,6% | 100,0% |
| Offener Pausenhof | 100,0% | 93,5% | 100,0% |
| Öffnung zum Ortsteil durch Feste und Feiern | 66,7% | 69,0% | 83,3% |

Fasst man die Analyse zu den inhaltlichen Merkmalen einer „Bewegten Schule" zusammen, dann lässt sich festhalten, dass viele in der Literatur diskutierten unterrichtsinternen und -externen Merkmale einer „Bewegten Schule" bereits Einzug ins Schulleben der untersuchten Schulen gefunden haben. So geben von den befragten Schulen immerhin 96% an, Bewegung in irgendeiner Form in den Unterricht zu integrieren, der größte Teil der Schulen stellt außerunterrichtliche Bewegungsgelegenheiten für seine Schüler bereit und fast alle Schulen kooperieren in bewegungsbezogenen Angelegenheiten in irgendeiner Weise mit dem außerschulischen Umfeld. Diese Ergebnisse deuten ein weiteres Mal darauf hin, dass die Konzeption „Bewegte Schule" viele Befürworter in der Praxis der Grundschulen findet.

Die wohl interessantesten Ergebnisse finden sich in Zusammenhang mit den unterrichtsinternen Merkmalen. Hier dominieren geschlossene, lehrerzentrierte Formen, was sehr gut zu den von den befragten Lehrern favorisierten, funktional orientierten und auf Disziplin und die Förderung von Lernen ausgerichteten Begründungsmustern passt. Die Dominanz dieser traditionellen Form der Schülerbetreuung lässt aber auch darauf schließen, dass die Lehrer hinsichtlich einer Bereitstellung eher autonom durchgeführter Bewegungsaktivitäten oder der Miteinbeziehung von Schülern noch nicht über ein weiterentwickeltes methodisches Repertoire verfügen.

Interessant sind auch die Ergebnisse, die sich auf die kritischen Anmerkungen der sportpädagogischen Mahner beziehen. In diesem Zusammenhang zeigt sich zwar ein deutlicher Trend hin zur ganzheitlichen Förderung von Kindern durch Bewegung. Der Sportunterricht wird allerdings weiterhin überwiegend von Fachpersonal durchgeführt und steht offensichtlich weder in Konkurrenz zu den sonstigen Angeboten einer „Bewegten Schule" noch ist mit der Integration dieser neuen Bewegungsformen ein Verlust traditioneller Sportformen zu beobachten.

# 6. Schlussbetrachtung

Die „Bewegte Schule“ ist im Kommen, nicht nur in der sportwissenschaftlichen und pädagogischen Literatur, sondern auch in der Praxis. Dies ist ein zentrales Ergebnis unserer Studie an den Grundschulen zweier Städte der ostwestfälischen Region.
Unserer Studie lag die Absicht zugrunde, die Realisierung einer pädagogischen Idee nachzuzeichnen. Wie unsere Ausgangsbetrachtungen zeigten, reichte dabei nicht einfach nur eine empirische Erhebung, sondern angesichts des Forschungsstandes, der durch Heterogenität und das Fehlen integraler Konzeptvorschläge gekennzeichnet ist, schien eine umfassende Literaturanalyse mit dem Ziel der Kategorisierung von Begründungsmustern und empfohlenen Strukturmerkmalen als Basis für eine empirische Erhebung unabdingbar.
Die kategoriale Analyse konnte auf eine Vielzahl engagierter Arbeiten zum Problem zurückgreifen, deren wesentliches Problem in starken Redundanzen und einer fehlenden Strukturierung liegt. Auch unsere Systematik konnte diese Probleme nicht endgültig beseitigen, zu stark gehen Argumentationsmuster und so genannte Einzelbausteine für eine „Bewegte Schule“ ineinander über.
Resultat unserer theoretischen Auseinandersetzung mit der konzeptionellen Literatur war zum einen eine Systematisierung von Begründungsmustern in entwicklungs- und lerntheoretische, medizinisch-gesundheitswissenschaftliche und schulprogrammatische Argumentationslinien, zum anderen die Herausarbeitung von integralen Bausteinen, sprich Strukturmerkmalen, einer „Bewegten Schule“, die sich wiederum in Rahmenmerkmale und inhaltliche Merkmale differenzieren lassen.
Die kategoriale Analyse determinierte unsere empirischen Fragestellungen und lag der Konstruktion der Untersuchungsinstrumentarien zugrunde. Die empirische Analyse führte zu folgenden Ergebnissen:
Hinsichtlich der Begründungsmuster für die Integration konzeptioneller Überlegungen zur „Bewegten Schule“ in den schulischen Alltag dominieren bei den befragten Lehrern vor allem funktional orientierte, auf kognitiv-psychologische Lernvoraussetzungen der Schüler ausgerichtete Zielvorstellungen. Dies legt die Schlussfolgerung nahe, dass sich Lehrer von einer „Bewegten Schule“ vor allem eine Erleichterung bei der Umsetzung ihrer stoffbezogenen Unterrichtsziele in verschiedenen Fächern versprechen. In erwähnenswertem Maße finden auch gesundheitsbezogene und motorische Ziele Akzeptanz bei den Lehrern, was angesichts der Tradition der Überlegungen zur Konzeption „Bewegte Schule“, die vor allem auf die Diagnose der Krise kindlicher Bewegungswelt zurückzuführen ist, nicht überrascht. Insgesamt lässt sich aber feststellen, dass sich die pädagogische Diskussion in der Literatur als

vielschichtiger und mehrdimensionaler erweist als das praktische Verständnis von einer „Bewegten Schule“ vor Ort.
Betrachtet man die Analysen zur Verwirklichung von Rahmenmerkmalen einer „Bewegten Schule“, dann scheinen überraschend viele zentrale Merkmale der „Bewegten Schule“, die für die Realisation der Gesamtkonzeption von entscheidender Bedeutung sind, Berücksichtigung zu finden. Hinsichtlich des pädagogischen Rahmens sind dies z.B. die Verankerung von Strukturmerkmalen im Schulprogramm, die Ausdifferenzierung eines Beauftragten für die „Bewegte Schule“ oder die Durchführung und Empfehlung von Weiterbildungsmaßnahmen für Lehrerinnen und Lehrer. Ebenso zeigt sich, dass die Konzeption Bewegte Schule in den Lehrerkollegien hohe Akzeptanz findet, wobei die konkrete Realisierung aber offensichtlich Sache weniger engagierter Lehrkräfte ist. Während die untersuchten Schulen in diesen Zusammenhängen bereits weitgehend den Idealbildern der sportpädagogischen Autoren zum Thema gleichen, fällt es den Schulen schwer, sich von traditionellen Formen zeitlicher Strukturierung zu lösen. So sind die Schulen noch lange nicht zeitlich so offen, wie gefordert, sondern insgesamt dominieren noch immer klassische Unterrichtsrhythmen und Pausenzeiten.
Etwas weniger Enthusiasmus ist geboten, wenn man die infrastrukturellen Rahmenmerkmale der untersuchten Schulen betrachtet. Zwar schätzen wir auf Grund der einzelnen Befragungsergebnisse zu diesen Rahmenbedingungen den Realisierungsgrad der einzelnen Merkmale positiver ein als die befragten Lehrer selbst, die hier allenfalls mittelmäßige bis eher negative Noten geben. Dennoch ist auch aus unserer Sicht kritisch anzumerken, dass die Schulen bei den infrastrukturellen Rahmenbedingungen bisher kaum innovative Wege gehen, sondern eher versuchen, die bereits zur Verfügung stehenden Räumlichkeiten und Plätze, wie z.B. den Klassenraum oder den Schulhof, für eine ausgeweitete Nutzung zu optimieren.
Die Analyse der inhaltlichen Merkmale zeigt vor allem, dass die Lehrer bemüht sind, eine möglichst ganzheitliche, am Kind orientierte Pädagogik anzuwenden. Allerdings muss angesichts der beobachteten Häufigkeiten einschränkend angemerkt werden, dass bei den Lehrern ganz offensichtlich funktionale, an die favorisierten Begründungsmuster anschließbare und mit vergleichsweise geringem Aufwand realisierbare Elemente höhere Attraktivität besitzen als konzeptionelle Bewegungsvorschläge, die nicht direkt mit Wissensvermittlung zu Tun haben und zusätzliche Wissensaneignung sowie die Bereitstellung zusätzlicher Zeitressourcen voraussetzen. Vor diesem Hintergrund ist auch die Dominanz lehrerzentrierter Inhalte zu erklären. So scheint es den Lehrern, wenn nicht an Handlungsfähigkeit und/oder Mut, zumindest an den notwendigen Zeit- (z.T. aber auch materiellen) Ressourcen zu mangeln,

um auch offenere Bewegungsformen, wie beispielsweise die Integration von Bewegung in den Wochenarbeitsplan oder in die Freiarbeit, in den Unterricht einführen zu können.
Der Vergleich der Umsetzung von Strukturmerkmalen der „Bewegten Schule" in den beiden untersuchten Städten zeigt, dass die Schulen der Stadt Bielefeld sich als etwas „bewegter" und etwas innovativer zeigen als die Schulen in Porta Westfalica, was vermutlich nicht zuletzt durch die Nähe der Bielefelder Schulen zur Universität und zum Seminar für Referendare zu erklären ist. Dazu ist außerdem anzumerken, dass die in Bielefeld vorhandenen Strukturen des kommunalen Sports einen Zusammenschluss interessierter Lehrer zwecks Austausch und Diskussion zum Thema wesentlich erleichtern und somit das Innovationspotential junger Lehrer stark unterstützen. Eine wichtige Rolle scheint in diesem Zusammenhang der Präsident des Sportbundes Bielefeld, Herr Zimmer, zu spielen, der als zentrale Figur des kommunalen Sports der Konzeption „Bewegte Schule" sehr positiv gegenüber steht und gleichzeitig aufgrund seiner Position dazu in der Lage ist, Wünsche der schulischen Basis an die Schulbehörden weiterzutragen und zu unterstützen. Nicht zuletzt in vorbereitenden Gesprächen zu unserem Projekt wurde immer wieder darauf hingewiesen, dass die Schulen in Bielefeld in den letzten zehn Jahren bei ihren Ideen und Vorhaben durch Stadtsportbund und die kommunale Politik erheblich unterstützt wurden.
Im Vergleich nach Schulgrößen erwiesen sich die großen Schulen mit über 360 Schülern als die tendenziell „bewegtesten", obwohl die Unterschiede zu den anderen Schulen relativ gering sind.

Insgesamt gesehen lässt sich das Fazit ziehen, dass die Beliebtheit, die der Idee „Bewegte Schule" in der theoretischen Diskussion zukommt, sich auch in der Praxis findet. Dies zeigt bereits der für eine empirische Untersuchung beispiellose Fragebogenrücklauf.
Die zwischen dem pädagogischem Anspruch und der schulischen Wirklichkeit zu beobachtenden Differenzen lassen sich im Wesentlichen auf zwei entscheidende Faktoren zurückführen: zum einen auf die mangelnden finanziellen Ressourcen der Schulen, zum anderen aber auch auf das Problem der mit einer Integration von Bewegung in den Schultag verbundenen zusätzlichen Arbeitsbelastung des Lehrpersonals. Dies ist auch ein Ergebnis der Studie Kösslers (1999, 126).
Bedenkt man aber den möglichen Nutzen dieser Konzeption für die Umsetzung zentraler Unterrichtsziele, dann könnten die lernfördernden Effekte und die damit verbundene Verringerung von Disziplinschwierigkeiten in einer Kosten-Nutzen-

Kalkulation den erhöhten Aufwand durchaus kompensieren. In diesem Sinne würde die „Bewegte Schule“ auch einen Beitrag zum Abbau der hohen Belastungen von Lehrern leisten.

> „Eine gute Grundschule sorgt sich auch um das Wohlbefinden der in ihr tätigen Lehrerinnen und Lehrer, die hohen Belastungen ausgesetzt sind. Der Anteil von Lehrerinnen und Lehrer, die psychisch, nervlich und gesundheitlich angeschlagen sind, ist in den letzten Jahren sehr hoch. Sie haben fast alle ihre Berufstätigkeit mit viel Enthusiasmus und Idealismus begonnen und sind im Laufe ihres Berufslebens mit vielen Problemen konfrontiert worden, die zu einer Reihe negativer Gefühle führen. Eine gute Schule hilft diesen Lehrerinnen und Lehrern, sich selbst wahrzunehmen, sich zu entlasten und zu stärken, sich abzugrenzen und für das eigene Wohlbefinden zu sorgen, was dann wiederum den Schülern zugute kommt. Ein Lehrer, der sich selbst in der Schule entfalten und seine Freiräume positiv nutzen kann, der sich wohl fühlt und zufrieden mit seinen Rahmenbedingungen ist, strahlt diese Zufriedenheit auch auf seine Schüler aus und kann sie weitergeben“ (Bründel/Hurrelmann 1996, 195).

In welchem Maße Lehrer selbst die Chancen, die sich mit einer „Bewegten Schule“ auch für das eigene Wohlergehen bieten, erkennen, bleibt abzuwarten.
Es bleibt die Frage nach den Konsequenzen der vorliegenden Untersuchung. Hier sind vor allem zwei Punkte zu nennen: die Notwendigkeit eines Ausbaus der infrastrukturellen Rahmenbedingungen sowie die Notwendigkeit vertiefter und für alle Lehrer verpflichtender Fortbildungen. Ersteres wird man brauchen, will man die Breite der Angebotspalette ausbauen und innovativ bleiben, das Zweite ist deshalb notwendig, weil Innovationen nur dann Sinn machen, wenn alle Lehrer sie in ihr pädagogisches Handeln aufnehmen und diese Innovationen auch in der Aus- und Weiterbildung für alle Schulfächer Berücksichtigung finden.
Beides ist den untersuchten Schulen zu wünschen, um die weiteren Schritte zur Realisierung der pädagogischen Idee der „Bewegten Schule“ erfolgreich bewältigen zu können.

# Anhang

## Tabellenverzeichnis

## Abbildungsverzeichnis

*Reliabilitätsanalyse*

*Items Zielsetzungen des Sportunterrichts*

| **Der Sportunterricht...** | **Part-Whole-Korrelation** | **Cronbach Alpha** |
|---|---|---|
| ...ist auf eine ganzheitliche Bewegungsförderung ausgerichtet | **.5367** | **.8272** |
| ...wird als Ausgangspunkt für fächerübergreifende Projekte genutzt | **.5172** | **.8304** |
| ...orientiert sich an der Vielfalt der heutigen Bewegungskultur | **.5460** | **.8269** |
| **Im Sportunterricht...** | | |
| ...wird Wert darauf gelegt, dass die verschiedenen Sinnperspektiven des Sports erfahren werden | **.6820** | **.8087** |
| ...wird Wahrnehmungsförderung durchgeführt | **.7154** | **.8044** |
| ...wird das Gesundheitsverständnis der Schüler gefördert | **.7621** | **.7954** |
| ...werden überwiegend Wünsche der Schüler berücksichtigt | **.4792** | **.8349** |
| ...entwickeln die Schüler Spielgelegenheiten für die Pause | **.3789** | **.8452** |
| **N=52**<br>Alpha=0.8412 | | |

*Part-Whole-Korrelation und Cronbach Alpha für die Einzelitems der Ziele im Sportunterricht*

## Fragebogen der Untersuchung

# Teil I

**1. In welchem Stadtbezirk von Bielefeld liegt Ihre Schule?**

| | |
|---|---|
| ❒ Mitte | ❒ Heepen |
| ❒ Schildesche | ❒ Jöllenbeck |
| ❒ Stieghorst | ❒ Sennestadt |
| ❒ Gadderbaum | ❒ Senne |
| ❒ Brackwede | ❒ Dornberg |

**2. Wie groß ist Ihre Schule?**

☞ Wie viele Schüler sind an Ihrer Schule?

❒ bis 80 Schüler
❒ 81 – 180 Schüler
❒ 181– 360 Schüler
❒ über 361 Schüler

☞ Wie viele Klassen gibt es in den verschiedenen Jahrgangsstufen?

| | 1-zügig | 2-zügig | 3-zügig | 4-zügig | 5-zügig |
|---|---|---|---|---|---|
| Jahrgangsstufe 1 | ❒ | ❒ | ❒ | ❒ | ❒ |
| Jahrgangsstufe 2 | ❒ | ❒ | ❒ | ❒ | ❒ |
| Jahrgangsstufe 3 | ❒ | ❒ | ❒ | ❒ | ❒ |
| Jahrgangsstufe 4 | ❒ | ❒ | ❒ | ❒ | ❒ |

**3. Wie hoch ist die durchschnittliche Schülerzahl aller Schulklassen?**

*(Bei unterschiedlichen Durchschnittszahlen überwiegender Anteil der Klassen)*

❒ unter 20 ❒ 20-24 ❒ 25-33

**4. Wie viele Lehrkräfte bilden das Kollegium Ihrer Schule?**

❒ bis 10
❒ 10 – 20
❒ 20 – 30
❒ über 30

**5. Wie hoch ist das Durchschnittsalter des Kollegiums?**

❒ unter 35 ❒ 36-50 ❒ über 51

**6. Wie viele Lehrkräfte im Sportunterricht unterrichten regelmäßig das Fach Sport an Ihrer Schule?**

☞ ________ Lehrkräfte unterrichten das Fach Sport

**7. Lehrkräfte, die das Fach Sport unterrichten, haben z.T. unterschiedliche Ausbildungen.**

Geben Sie bitte an, welche Ausbildungen die Sport unterrichtenden Lehrkräfte an Ihrer Schule haben.

☞ Anzahl der Lehrkräfte mit Sportfakultas:________________________________

☞ Anzahl der Lehrkräfte, die fachfremd Sportunterrichten: ____________________

☞ Anzahl der Lehrkräfte mit Gymnastiklehrer/ Innenausbildung:________________

☞ Anzahl der Lehrkräfte mit Zusatzqualifikation „Quex"_____________________

**8. Welche der genannten Merkmale treffen auf Ihre Schule zu?**

*Mehrfachantworten sind möglich*

❒ Es gibt morgens einen gleitenden Unterrichtsbeginn.
❒ Die Schule ist eine ganze Halbtagsschule.
❒ Die Unterrichtsstunden finden in der Regel im 45-Minuten-Takt statt.
❒ Es gibt feste Pausenzeiten für die gesamte Schule.
❒ Jede Lehrkraft kann den Unterrichtsrhythmus flexibel gestalten.
❒ Es gibt zwischen Klassen individuelle Regelungen für Pausenzeiten
❒ folgende Maßnahmen werden für die Jahrgangsstufen 1 und 2 individuell geregelt:

____________________________________________________________

____________________________________________________________

____________________________________________________________

____________________________________________________________

# Teil II
## A: Schule als „Bewegungsraum"

**1. Mit den Konzeptionen einer „Bewegten Schule" sind spezifische Zielsetzungen verbunden. Kreuzen Sie bitte an, in welchem Maße folgende Zielsetzungen Ihrer Meinung nach zutreffen.**
*Mehrfachantworten sind möglich*

| | in sehr hohem Maße | | | | gar nicht |
|---|---|---|---|---|---|
| **Bewegung in der Schule...** | 4 | 3 | 2 | 1 | 0 |
| ☞...soll Haltungsschäden/-schwächen vorbeugen. | ❒ | ❒ | ❒ | ❒ | ❒ |
| ☞...dient dem Spannungs- uns Aggressionsabbau. | ❒ | ❒ | ❒ | ❒ | ❒ |
| ☞...unterstützt das Konzept des ganzheitlichen Lernens. | ❒ | ❒ | ❒ | ❒ | ❒ |
| ☞...schafft vermehrt Gelegenheiten des aktiven Austauschs mit Lernpartnern. | ❒ | ❒ | ❒ | ❒ | ❒ |
| ☞...vermittelt Kindern eine positive Lebenseinstellung. zu regelmäßig ausgeübtem, selbständigem Bewegungshandeln. | ❒ | ❒ | ❒ | ❒ | ❒ |
| ☞...fördert die Wahrnehmungsfähigkeit. | ❒ | ❒ | ❒ | ❒ | ❒ |
| ☞...soll den Kindern ein positives Selbstkonzept vermitteln. | ❒ | ❒ | ❒ | ❒ | ❒ |
| ☞...ist für die kognitive und sozial- emotionale Entwicklung bedeutsam. | ❒ | ❒ | ❒ | ❒ | ❒ |
| ☞...dient durch die Verbindung zwischen schulischen und außerschulischen Bewegungsangeboten als Partner bei der Gestaltung des sozialen Lebens. | ❒ | ❒ | ❒ | ❒ | ❒ |
| ☞...unterstützt das Konzept „Lernen mit allen Sinnen". | ❒ | ❒ | ❒ | ❒ | ❒ |
| ☞...dient als Vorbeugemaßnahme gegen Herz-Kreislauferkrankungen. | ❒ | ❒ | ❒ | ❒ | ❒ |
| ☞...beugt allgemeinem Bewegungsmangel vor | ❒ | ❒ | ❒ | ❒ | ❒ |
| ☞...dient zur Verbesserung der konditionellen und koordinativen Fähigkeiten. | ❒ | ❒ | ❒ | ❒ | ❒ |
| ☞...dient als Schutz vor Unfällen. | ❒ | ❒ | ❒ | ❒ | ❒ |
| ☞...soll in die Bewegungs-, Spiel- und Sportkultur einführen. | ❒ | ❒ | ❒ | ❒ | ❒ |

**2. Sind Elemente der Konzeptionen „Bewegte Schule" Bestandteil Ihres Schulprogramms?**

❒ Ja

☞ wenn ja, welche Elemente?

___

___

❒ Nein

**3. Wird Bewegung in irgendeiner Weise in den Unterricht Ihrer Schule (außerhalb des Sportunterrichts) integriert?**

❐ Ja, *weiter mit Frage 5.*

❐ Nein

**4. Aus welchen Gründen werden an Ihrer Schule keine zusätzlichen Bewegungsangebote durchgeführt?**

*Mehrfachantworten sind möglich*

❐ Das Schulhaus ist für Bewegungsangebote ungeeignet.

❐ Es stehen der Schule keine geeigneten Räume für Bewegungsangebote zur Verfügung

❐ Aus zeitlichen Gründen können keine Bewegungsangebote durchgeführt werden.

❐ Die materielle Ausstattung ist für Bewegungsangebote nicht ausreichend.

❐ Es ist nicht genügend Personal vorhanden, um Bewegungsangebote durchführen zu können.

❐ Bewegungsangebote entsprechen nicht der pädagogischen Zielsetzung der Einrichtung.

❐ Es steht keine Fachkraft mit besonderen Kenntnissen zur Verfügung.

❐ Bewegungserziehung wird im Grundsatzdokument für fächerübergreifende Erziehungs- und Bildungsziele nicht ausgewiesen.

❐ Es fehlen Längsschnittuntersuchungen, die die Relevanz der Bewegung belegen.

❐ Andere Gründe verbieten die Durchführung von Bewegungsangeboten und zwar ______________________________

☞ *Wenn Sie Frage 4 beantwortet haben, bitte weiter mit Teil B des Fragebogens*

**5. Wie häufig werden folgende Bewegungsanlässe vom Lehrerkollegium durchschnittlich in den Tagesablauf des Unterrichts Ihrer Schule integriert?**

*Mehrfachantworten sind möglich*

| | häufig 2 | selten 1 | nie 0 |
|---|---|---|---|
| ☞ Anregung zur Veränderung und Variationen der Sitzposition | ❐ | ❐ | ❐ |
| ☞ Integration von Entspannungs- und Entlastungsbewegungen in den Unterrichtsablauf. | ❐ | ❐ | ❐ |
| ☞ Integration von speziellen Bewegungsaufgaben in Lernsituationen. | ❐ | ❐ | ❐ |
| ☞ Integration von Bewegungsaufgaben in der Freiarbeit. | ❐ | ❐ | ❐ |
| ☞ Integration von Bewegungspausen während des Unterrichts | ❐ | ❐ | ❐ |
| ☞ Vergabe von Bewegungshausaufgaben. | ❐ | ❐ | ❐ |
| ☞ Integration von Sitzunterbrechungen (stehen, liegen, knien, gehen) während des Unterrichts. | ❐ | ❐ | ❐ |
| ☞ Integration von Bewegungselementen bei der Erstellung von Wochenarbeitsplänen. | ❐ | ❐ | ❐ |

**6. Wie häufig integrieren die Lehrer Ihrer Schule Bewegung für die Schüler in den Ablauf des Schultags?**
*Mehrfachantworten sind möglich*

| | häufig | selten | nie |
|---|---|---|---|
| | 2 | 1 | 0 |
| ☞ Wir haben bei der Schulzimmergestaltung Bewegungsmöglichkeiten berücksichtigt. | ❒ | ❒ | ❒ |
| ☞ In den Frühstückspausen unterstützen wir die Schüler bei Ihren Bewegungsaktivitäten. | ❒ | ❒ | ❒ |
| ☞ Wir engagieren uns für außerunterrichtliche Bewegungsanlässe (wie z.B. Schulfeste, AGs etc.). | ❒ | ❒ | ❒ |
| ☞ Wir engagieren uns für außerschulische Bewegungsanlässe (wie z.B. Kooperation mit örtlichen Sportvereinen). | ❒ | ❒ | ❒ |

**7. Wie oft werden von den Schulklassen in der Regel folgende Räume für Bewegungsangebote genutzt?**

| | häufig | selten | nie |
|---|---|---|---|
| | 2 | 1 | 0 |
| ☞ Klassenraum | ❒ | ❒ | ❒ |
| ☞ Pausenhalle | ❒ | ❒ | ❒ |
| ☞ Flure/Treppenhäuser | ❒ | ❒ | ❒ |
| ☞ Sporthalle | ❒ | ❒ | ❒ |
| ☞ spezieller Bewegungsraum | ❒ | ❒ | ❒ |
| ☞ Pausenhof | ❒ | ❒ | ❒ |
| ☞ Nutzung eines nahegelegenen Parks/Freigeländes | ❒ | ❒ | ❒ |
| ☞ Nutzung eines nahegelegenen Spielplatzes | ❒ | ❒ | ❒ |
| ☞ Nutzung eines nahegelegenen Hallen- oder Freibades | ❒ | ❒ | ❒ |
| ☞ Nutzung einer nahegelegenen Eisbahn | ❒ | ❒ | ❒ |

## B: Räumlich-materielle Ausstattung der Schule

**8. Bietet das Schulgebäude über die Sporthalle hinaus Bewegungsmöglichkeiten?**

❒ Ja

❒ Nein

*wenn ja, welche Bewegungsmöglichkeiten?*
*Mehrfachantworten sind möglich*

- ❒ Es gibt feste Installationen zum Klettern, Rutschen, Springen, Verstecken etc.
- ❒ Es gibt Vorrichtungen, die Bewegungsmöglichkeiten bieten (z.B. Haken zum Einhängen von Schaukeln)
- ❒ Es gibt ausleihbare Materialien und Gegenstände zum Spielen im Schulhaus
- ❒ Im Schulhaus darf gespielt werden, allerdings ohne Materialien

**9. In welchem Maße lässt die Gestaltung der Klassenräume in der Regel kleine Bewegungsspiele und Entspannungsübungen zu?**

| in sehr hohem Maße | | | | gar nicht |
|---|---|---|---|---|
| 4 | 3 | 2 | 1 | 0 |
| ❒ | ❒ | ❒ | ❒ | ❒ |

**10. Wie beurteilen Sie im Allgemeinen die Ausstattung aller Klassenräume mit Materialien für Bewegungsangebote?**

| sehr gute Ausstattung | | | | völlig unzureichende Ausstattung |
|---|---|---|---|---|
| 4 | 3 | 2 | 1 | 0 |
| ❒ | ❒ | ❒ | ❒ | ❒ |

**11. Sind in den Klassenräumen in der Regel außer dem zentralen Lernbereich noch andere räumlich integrierte Bereiche vorhanden?**

❒ Ja, in den Klassenräumen sind in der Regel noch folgende Bereiche vorhanden:
*Mehrfachantworten sind möglich*

- ❒ Spielnische
- ❒ Leseecke
- ❒ Lernecke
- ❒ Sonstige; und zwar: ______________________________

❒ Nein

**12. Geben Sie im Folgenden durch ankreuzen an:**

- In der ersten Spalte, welches Mobiliar sich in der Regel in den Klassenräumen befindet.
- In der zweiten Spalte, welches Mobiliar im Hinblick auf eine „Bewegte Schule" sinnvoll wäre.

| | ist vorhanden | ist nicht vorhanden, halte ich aber für sinnvoll |
|---|---|---|
| ☞verstellbare Schultische | ❒ | ❒ |
| ☞herkömmliche Schultische | ❒ | ❒ |
| ☞Stehpulte | ❒ | ❒ |
| ☞Aufsatzpulte für Schultische | ❒ | ❒ |
| ☞Stühle | ❒ | ❒ |
| ☞Sitzbälle | ❒ | ❒ |
| ☞Keilkissen | ❒ | ❒ |
| ☞Schaumstoff Kissen, -matten als Sitz- und Liegemöglichkeit auf dem Boden. | ❒ | ❒ |
| ☞Sofa | ❒ | ❒ |
| ☞Teppichboden | ❒ | ❒ |
| ☞Spielgeräte für eine Bewegungspause im Unterricht und die Pause | ❒ | ❒ |
| ☞Verbaubare Möbelelemente wie (z.B. Bretter, Walzen etc.) | ❒ | ❒ |
| ☞Sonstiges, und zwar:______________________ | ❒ | ❒ |

**13. Hat sich Ihrer Meinung nach die Einführung der Sitzbälle in Grundschulen bewährt?**

| ja, sehr | | | | nein, gar nicht |
|---|---|---|---|---|
| 4 | 3 | 2 | 1 | 0 |
| ❒ | ❒ | ❒ | ❒ | ❒ |

☞ weiß ich nicht, haben wir nie erprobt ❒

**14. Welche fest installierten Spielgeräte befinden sich auf dem Schulhof?**

*Mehrfachantworten sind möglich*

- ❒ Klettergerüst
- ❒ Schaukeln/ Wippen
- ❒ Kletterwand
- ❒ aufgemalte Hüpfkästchen
- ❒ Tischtennisplatte
- ❒ Basketballkorb
- ❒ Volleyballnetz
- ❒ Sonstiges______________________________

______________________________

______________________________

______________________________

**15. Sind in den letzten Jahren Teile des Schulhofes neu gestaltet worden?**

❒ Nein

| | ja | nein |
|---|---|---|
| Sind künftige Veränderungen des Schulhofes geplant? | ❒ | ❒ |

*Bitte weiter mit Teil C*

❒ Ja

Kreuzen Sie bitte an, ob folgende Aussagen zur Umgestaltung des Schulhofes Ihrer Schule zutreffen:

*Mehrfachantworten sind möglich*

| **Bei der Neugestaltung des Pausenhofes...** | ja | teil-weise | nein |
|---|---|---|---|
| | 2 | 1 | 0 |
| ☞...sind die Schüler in die Gestaltung mit einbezogen worden. | ❒ | ❒ | ❒ |
| ☞...sind die Eltern in die Gestaltung mit einbezogen worden. | ❒ | ❒ | ❒ |
| ☞...sind für die verschiedenen Altersstufen unterschiedliche | ❒ | ❒ | ❒ |
| Bewegungsräume geschaffen worden. | ❒ | ❒ | ❒ |
| ☞...wurden Geräte selbst hergestellt. | ❒ | ❒ | ❒ |
| ☞...ist eine Baufläche (z.B. mit Sand) gestaltet worden. | ❒ | ❒ | ❒ |
| ☞...ist eine Kletterfläche gestaltet worden. | ❒ | ❒ | ❒ |
| ☞...ist eine Fahrfläche gestaltet worden. | ❒ | ❒ | ❒ |
| ☞...ist eine Sitzecke gestaltet worden. | ❒ | ❒ | ❒ |
| ☞...ist eine abgegrenzte Ruhezone gestaltet worden. | ❒ | ❒ | ❒ |
| ☞...ist eine Gelegenheit zu Unterricht im Freien gestaltet worden. | ❒ | ❒ | ❒ |

## C: Unterricht und Bewegung

**16. Welcher Anteil der Lehrkräfte Ihrer Schule führt in der Regel Bewegungspausen im Unterricht durch?**

❐ mindestens 2/3 aller Lehrkräfte
❐ mindestens 1/3 aller Lehrkräfte, aber höchstens 2/3 aller Lehrkräfte
❐ höchstens1/3 aller Lehrkräfte
❐ niemand *(falls Sie hier angekreuzt haben, fahren Sie mit Frage 18 fort)*

**17. Wie häufig werden die Bewegungspausen durchschnittlich in folgender Weise durchgeführt?**
*Mehrfachantworten sind möglich*

| | sehr häufig 4 | 3 | 2 | 1 | nie 0 |
|---|---|---|---|---|---|
| ☞ ...in Formen der Stille (z.B. Entspannungsübungen). | ❐ | ❐ | ❐ | ❐ | ❐ |
| ☞ ...in gelenkter Form von Bewegungen. | ❐ | ❐ | ❐ | ❐ | ❐ |
| ☞ ...in Form freier Bewegung. | ❐ | ❐ | ❐ | ❐ | ❐ |

**18. Wie häufig werden die Bewegungspausen in der Regel an folgenden Orten durchführt?**

| | sehr häufig 4 | 3 | 2 | 1 | nie 0 |
|---|---|---|---|---|---|
| ☞ ...im Klassenraum. | ❐ | ❐ | ❐ | ❐ | ❐ |
| ☞ ...auf dem Schulhof. | ❐ | ❐ | ❐ | ❐ | ❐ |
| ☞ ...in der Sporthalle. | ❐ | ❐ | ❐ | ❐ | ❐ |
| ☞ ...in der Pausenhalle. | ❐ | ❐ | ❐ | ❐ | ❐ |
| ☞ ...im Bewegungsraum. | ❐ | ❐ | ❐ | ❐ | ❐ |

**19. Wie viel Zeit steht durchschnittlich für eine Bewegungspause zur Verfügung?**

❐ 1 - 5 Minuten.
❐ 5 - 10 Minuten.
❐ 10-15 Minuten.

**20. Hat sich die Bewegungspause hinsichtlich der Verbesserung der Konzentrationsfähigkeit der Schüler nachher Ihrer Meinung nach bewährt?**

| ja, sehr | | | | nein, gar nicht |
|---|---|---|---|---|
| 4 | 3 | 2 | 1 | 0 |
| ❐ | ❐ | ❐ | ❐ | ❐ |

**21. Kreuzen Sie bitte an, in welchem Maße folgende Aussagen auf den Sportunterricht an Ihrer Schule zutreffen:**

*Mehrfachantworten sind möglich*

| **Der Sportunterricht...** | trifft voll zu 4 | 3 | 2 | 1 | trifft gar nicht zu 0 |
|---|---|---|---|---|---|
| ☞... ist auf eine ganzheitliche Bewegungsförderung ausgerichtet. | ❐ | ❐ | ❐ | ❐ | ❐ |
| ☞... wird als Ausgangspunkt für fächerübergreifende Projekte genutzt. | ❐ | ❐ | ❐ | ❐ | ❐ |
| ☞... orientiert sich an der Vielfalt der heutigen Bewegungskultur | ❐ | ❐ | ❐ | ❐ | ❐ |
| **Im Sportunterricht...** | | | | | |
| ☞ ...werden überwiegend Grundlagen für herkömmliche Sportarten gelehrt. | ❐ | ❐ | ❐ | ❐ | ❐ |
| ☞ ...wird Wert darauf gelegt, dass die verschiedenen Sinnperspektiven des Sports erfahren werden. | ❐ | ❐ | ❐ | ❐ | ❐ |
| ☞ ...werden sportliche, jahrgangsbezogene Akzente gesetzt (z.B. Schwimmabzeichen). | ❐ | ❐ | ❐ | ❐ | ❐ |
| ☞ ...wird Wahrnehmungsförderung durchgeführt. | ❐ | ❐ | ❐ | ❐ | ❐ |
| ☞ ...wird das Gesundheitsverständnis der Schüler gefördert. | ❐ | ❐ | ❐ | ❐ | ❐ |
| ☞ ...werden überwiegend Wünsche der Schüler berücksichtigt. | ❐ | ❐ | ❐ | ❐ | ❐ |
| ☞ ... entwickeln die Schüler Spielgelegenheiten für die Pause. | ❐ | ❐ | ❐ | ❐ | ❐ |

## D: Organisation im Schultag

**22. Wie sieht an Ihrer Schule die Pausengestaltung aus?**
*Mehrfachantworten sind möglich*

❒ Die Pausengestaltung wird mit den Schülern gemeinsam geplant und durchgeführt.
❒ Die Pausengestaltung wird mit den Eltern gemeinsam geplant und durchgeführt.
❒ Den Schülern stehen ausleihbare Geräte und Materialien zur Verfügung.
❒ Die Schüler dürfen Geräte und Materialien von zu Hause mitbringen.
❒ In der Pause sind Bewegungspause und Frühstückspause zeitlich von einander getrennt.
❒ Für die Pause werden **gelenkte** Bewegungsaktivitäten angeboten:
  ❒ Pausentanz
  ❒ Freizeitspiele
  ❒ Klettern an einer Kletterwand
  ❒ Sonstiges________________________________
❒ Es werden **freie** Bewegungsaktivitäten angeboten:
  ❒ Pausendisco
  ❒ Sinnesparcour
  ❒ Es gibt Bewegungsangebote, die Eigeninitiative und Selbstorganisation der Schüler ermöglichen
❒ In Mittagspausen stehen Schulgebäude und/oder Sporthalle für Bewegungsangebote zur Verfügung.

**23. Welche außerunterrichtlichen Bewegungsanlässe werden für die Schüler angeboten?**
*Mehrfachantworten sind möglich*

❒ Spiel und Sport in AGs
❒ Schulausflüge mit Schwerpunkt Bewegung
❒ Klassenfahrten mit Schwerpunkt Bewegung
❒ Schulfahrten mit Schwerpunkt Bewegung
❒ Tanzaufführungen, Theater
❒ Sportwettkämpfe
❒ Spielfeste/Spielnachmittage
❒ Schulfeste mit Schwerpunkt Bewegung

**24. Kreuzen Sie bitte an, ob folgende Aussagen hinsichtlich der Organisation von außerschulischen Bewegungsanlässen auf Ihre Schule zutreffen.**
*Mehrfachantworten sind möglich*

| | ja | nein | weiß ich nicht |
|---|---|---|---|
| ☞ In den AGs unserer Schule sind Übungsleiter aus örtlichen Sportvereinen tätig. | ❒ | ❒ | ❒ |
| ☞ Wir empfehlen unseren Schülern den Beitritt in Sportvereine. | ❒ | ❒ | ❒ |
| ☞ Der Pausenhof steht den Schülern auch außerhalb der Schulzeit zur Verfügung. | ❒ | ❒ | ❒ |
| ☞ Zu Spiel- und Sportfesten unserer Schule werden Leute aus dem Stadtteil eingeladen. | ❒ | ❒ | ❒ |

## E: organisatorische Rahmenbedingungen und Einschätzungen

*Führen Sie an Ihrer Schule Elemente der „Bewegten Schule" durch, dann beantworten Sie bitte die folgenden Fragen.*
*Wenn nicht, fahren Sie mit Frage 27 fort.*

**25. Wer ist an Ihrer Schule der maßgebliche „Motor" bei der Umsetzung der Konzeptionen der „Bewegten Schule"?**

*Bitte nur eine Nennung*

❒ Schulleiter/in
❒ Sportlehrer/in
❒ andere Lehrerinnen/ Lehrer

**26. Wie oft wird das Thema „Bewegte Schule" in dem Kollegium Ihrer Schule diskutiert?**

| *Mehrfachantworten sind möglich* | sehr oft | oft | ab ***und*** zu | selten | nie |
|---|---|---|---|---|---|
| | 4 | 3 | 2 | 1 | 0 |
| ☞ bei Schulkonferenzen | ❒ | ❒ | ❒ | ❒ | ❒ |
| ☞ bei schulinternen Lehrerfortbildungen | ❒ | ❒ | ❒ | ❒ | ❒ |
| ☞ bei Lehrerfortbildungen | ❒ | ❒ | ❒ | ❒ | ❒ |
| ☞ mit der Elternschaft | ❒ | ❒ | ❒ | ❒ | ❒ |
| ☞ im informellen Kreis | ❒ | ❒ | ❒ | ❒ | ❒ |

**27. Gibt es an Ihrer Schule einen Beauftragten für die „Bewegte Schule"?**

❒ Ja
❒ Nein

**28. Wie häufig werden von den Lehrern Ihrer Schule Weiterbildungsmaßnahmen zur Förderung der Bewegung in der Schule besucht?**

| sehr häufig | häufig | gelegentlich | selten | nie |
|---|---|---|---|---|
| 4 | 3 | 2 | 1 | 0 |
| ❒ | ❒ | ❒ | ❒ | ❒ |

☞ **Wie viele Lehrkräfte haben bisher an solchen Weiterbildungsmaßnahmen teilgenommen?**

❒ mindestens 2/3 aller Lehrkräfte
❒ mindestens 1/3 aller Lehrkräfte, aber höchstens 2/3 aller Lehrkräfte
❒ höchstens1/3 aller Lehrkräfte
❒ niemand

**29. Wie hoch ist Ihrer Meinung nach die Akzeptanz der „Bewegten Schule" in Ihrem Kollegium?**

sehr hoch — keine Akzeptanz

| 4 | 3 | 2 | 1 | 0 |
|---|---|---|---|---|
| ❒ | ❒ | ❒ | ❒ | ❒ |

**30. In welchem Maße hat sich Ihrer Meinung nach die Integration von Bewegung in den Unterricht bewährt?**

in sehr hohem Maße — gar nicht

| 4 | 3 | 2 | 1 | 0 |
|---|---|---|---|---|
| ❒ | ❒ | ❒ | ❒ | ❒ |

**31. In welchem Maße sind Sie der Meinung, dass die Anwendung des Konzeptes der „Bewegten Schule" eine Reduzierung von Unterrichtsstunden im Fach Sport eintreten kann?**

in sehr hohem Maße — gar nicht

| 4 | 3 | 2 | 1 | 0 |
|---|---|---|---|---|
| ❒ | ❒ | ❒ | ❒ | ❒ |

**32. In welchem Maße müssten ihrer Meinung nach die organisatorischen Rahmenbedingungen von Grundschulen verändert werden, um die Durchführung von Bewegungsangeboten verbessern zu können?**

in sehr hohem Maße — gar nicht

| 4 | 3 | 2 | 1 | 0 |
|---|---|---|---|---|
| ❒ | ❒ | ❒ | ❒ | ❒ |

## F: Fragen an den Beantworter/die Beantworterin

**33. Welche Funktion haben Sie in der Schule (z.B. Rektor, Fachleiter Sport o.ä.):**

______________________________

☞ Welche Fächer unterrichten Sie?

______________________________

☞ Ihr Geschlecht: ❒ m ❒ w

☞ Wie alt sind Sie? ______________

**34. Wie haben Sie Ihr Wissen über das Konzept der „ Bewegte Schule“ erworben?**

*Mehrfachantworten sind möglich*

❒ Selbständige Lektüre/ Fachzeitschriften/ Bücher

❒ Lehrerausbildung 1. Phase (Studium)

❒ Lehrerausbildung 2. Phase (Referendariat)

❒ Lehrer- und Schulkonferenzen

❒ Lehrerfortbildungen → ❒ schulinterne

→ ❒ externe → ❒ offizielle Fortbildungen der Schulbehörde

→ ❒ Fortbildungen der Sportverbände

→ ❒ Sonstige Fortbildungen, und zwar: ______________

______________________________

______________________________

______________________________

## Herzlichen Dank für Ihre Mitarbeit!

Zum Schluss besteht hier Ihrerseits die Möglichkeit, weitere Anmerkungen, Anregungen, Kritik o.ä. zu äußern. Gerne werden wir diese aufnehmen und gegebenenfalls in die Auswertung der Untersuchung mit einfließen lassen.

______________________________

______________________________

______________________________

______________________________

______________________________

# Literaturverzeichnis

Arbeitsgruppe Bewegung bewegt: Bewegweiser. o. Ort (Schweiz) 1992.

Arnold, W. u.a. (1994): Netzwerk gesundheitsfördernde Schulen. Erster Zwischenbericht der Projektleitung. Flensburg u.a.

Aschebrock, H. (1997): Bewegung in der Schulentwicklung! – Schulentwicklung ohne Bewegung? In: Sportpädagogik 21, H. 4, S. 9-12.

Aschebrock, H. (1999): Bewegung, ein Thema für das Schulprogramm. In: Klupsch-Sahlmann, R. (Hrsg.): Mehr Bewegung in der Grundschule. Berlin. S. 35-40.

Ayres, A.J. (1984): Bausteine der kindlichen Entwicklung. Berlin.

Balster, K. (1991): Bewegungsgarantien für unsere Kinder. In: Olympische Jugend 36, S. 7-15.

Balster, K. (1995): Kinder an einer Sonderschule bewegen sich täglich. In: Sportpädagogik 19, H. 6, S. 12-13.

Balz, E. (1992): Spiel- und Bewegungsräume in der Stadt. In: Sportpädagogik 16, H. 4, S. 22-27.

Balz, E. (1999): Die Bewegte Schule – Konzept und Kritik. In: Sportunterricht, 48, H. 10, S. 417-424.

Balz, E. (1998): Gesundheitsförderung durch sportliche Aktivitäten: Schule. In: Bös, K./Brehm, W. (Hrsg.): Gesundheitssport. Schondorf. S. 331-340.

Balz, E./Kössler, C./Neumann, P. (2001): Bewegte Schule – ein Programm auf dem Prüfstand. In: Spectrum der Sportwissenschaften 13, H. 1, S. 41-53.

Bayrisches Staatsministerium für Unterricht, Kultus, Wissenschaft und Kunst: Bewegung macht Schule – Fetzi macht fit. Bewegte Grundschule. München o.J.

Beckmann, G./Ungerer-Röhrich, U. (1997): Vielfältige Bewegungsangebote und Bewegungsgelegenheiten und ihr Einfluss auf die motorische und soziale Entwicklung von Grundschulkindern. In: Brehm, W./Kuhn, P./Lutter, K./Wabel, W. (Red.): Leistung im Sport – Fitness im Leben. Hamburg. S. 148-149.

Berger, A./Kabiersch-Diekmann, S./Klupsch-Sahlmann, R./Osterholt, N./Sembach, E. (1997): Themenbezogenes Bewegen im Unterricht – Ein Ideenmarkt. In: Grundschulzeitschrift 109, H. 11, S. 14-21.

Bildungskommission NRW (1995): Zukunft der Bildung – Schule der Zukunft. Neuwied: Luchterhand.

Bös, K./Obst, F. (1997): Akzeptanz und Wirkungen zusätzlicher Sportstunden in der Grundschule – täglicher Schulsport in Bad Homburg. In: Müller, C. (Hrsg.): Bewegte Grundschule. Konferenzbericht TU Dresden, Sportpädagogik. Dresden. S. 100-104.

Böttges, M./Homp, C. (1995): Bewegtes Lernen in einer bewegten Schule. In: Sportpädagogik 19, H. 6, S. 39-41.

Böttges, M. (1997): Eine Grundschule bewegt sich. In: Grundschulzeitschrift 109, H. 11, 22, S. 43-45.

Brehm, W./Kuhn, P./Lutter, K./Wabel, W. (Red.) (1997): Leistung im Sport – Fitness im Leben. Hamburg.

Breithecker, D. (1995): Haltungsentlastung und Gesundheitsvorsorge in einem „Bewegten Unterricht“ – ein Projektbericht. In: Sportunterricht 44, H. 10, S. 153-157.

Breithecker, D. (1995[b]): Bewegte Schule auch in Deutschland? – Ein Situationsbericht. In: Sportunterricht 44, H. 10, S. 158-160.

Breithecker, D. (1996): In die Schule kommt Bewegung: Haltungs- und Gesundheitsvorsorge in einem "bewegten Unterricht". Dissertation Potsdam.

Brodtmann, D. (1996): Kinder – Bewegung – Gesundheit. In: Sportpädagogik 20, H. 5, S. 6-11.

Brodtmann, D. (1997): Risikofaktor Bewegungsmangel? In: Grundschulzeitschrift 109, H. 11, S. 50-53.

Brodtmann, D. (1998): Gesundheitsförderung im Schulsport. In: Sportpädagogik 22, H. 3, S. 15-26.

Bründel, H./Hurrelmann, K. (1996): Einführung in die Kindheitsforschung. Weinheim.

Bundesministerium für Unterricht und Kunst Österreich: Bewegte Schule. Wien 1994.

Cachay, K./Thiel, A. (1995): Kindersport als Dienstleistung. Schondorf.

Cachay, K./Thiel, A. (2000): Soziologie des Sports. Weinheim München.

Dannenmann, F./Hanning-Schosser, J./Ullmann, R. (Hrsg.) (1997): Schule als Bewegungsraum. Stuttgart.

Dannenmann, F. (1997): Schule als Bewegungsraum. In: Dannenmann, F./Hanning-Schosser, J./Ullmann, R. (Hrsg.): Schule als Bewegungsraum. Stuttgart. S. 19-30.

Deutsch, P./Kleindienst-Cachay, C. (2001): Der Beitrag des Sportunterrichts zum Fächerübergreifenden Unterricht in der Grundschule. In: Sportunterricht 50 H. 5, S. 132-136.

Deutsch, P. (2003): Hausaufgaben im Sportunterricht. Hohengehren: Schneider.

Dienert, M. (1995): Naturerfahrung auf den Schulhof bringen. In: Sportpädagogik 19, H. 6, S. 31-34.

Drenckhan, I./Hinsching, J. (1995): Schule in Bewegung. In: Sportpädagogik 19, H. 6, S. 53-56.

Ehni, H. (1997): Kindliches Bewegungsleben und schulische Bewegungserziehung. In: Dannenmann, F./Hanning-Schosser, J./Ullmann, R. (Hrsg.): Schule als Bewegungsraum. Stuttgart. S. 87-108.

Ernwein, V./Keller, D./Wittersheim, G. (1997): Schulrhythmen, Bewegung und geistige Leistungsfähigkeit – Zur Gestaltung schulischer Tagesabläufe. In: Dannenmann, F./Hanning-Schosser, J./Ullmann, R. (Hrsg.): Schule als Bewegungsraum. Stuttgart. S. 137-148.

Faust-Siehl, G./Garlichs, A./Ramseger, J./Schwarz, H./Warm, U. (1996): Die Zukunft beginnt in der Grundschule. Hamburg.

Faltermeier, T. (1994): Subjektive Konzepte von Gesundheit in einer salutogenetischen Perspektive. In: Kolip, P. (Hg.): Lebenslust und Wohlbefinden. S. 103-119.

Fieblinger, A. (1999): Mehr Bewegung auf den Schulhof bringen. In: Klupsch-Sahlmann, R. (Hrsg.): Mehr Bewegung in der Grundschule. Berlin. S. 25-34.

Funke-Wieneke, J./Hinsching, J. (1995): Bewegung und Sport in der Schulkultur – Pädagogische Reflexion und gestaltete Praxis. In: Zeuner, A./Senf, G./Hofmann, S. (Hrsg.).: Sport unterrichten. Sankt Augustin. S. 211-220.

Funke-Wieneke, J.: In: Brehm, W./Kuhn, P./Lutter, K./Wabel, W. (Red.) (1997): Leistung im Sport – Fitness im Leben. Hamburg. S. 155-156.

Funke-Wieneke, J. (1997): Vom Sitzraum zum Bewegungsraum. In: Dannenmann, F./Hanning-Schosser, J./Ullmann, R. (Hrsg.): Schule als Bewegungsraum. Stuttgart. S. 109-120.

Gärtner, H./Moritz, H./Sikora, W. (1986): Körpererziehung in der ganztägigen Bildung und Erziehung. Berlin.

Gaschler, P.: Projekt zur täglichen Bewegungszeit in Klasse 1 und 2. In: Haltung und Bewegung 13 H. 2, S. 19-28.

Gampp, C.I./Illi, U. (1995): Aktiv-dynamisches bzw. bewegtes Sitzen. In: Sportunterricht 44, H. 10, S. 145-152.

Griesch, G. (1998): Mit Kindern einen Schulhof gestalten. In: Sportpädagogik 22, H. 6, S. 38-39.

Günzel, W. (1997): Wahrnehmen und Bewegen, Sicherheit im Schulsport Heft 8. München.

Haenisch, H. (1999): Wie entwickeln Schulen ihr Schulprogramm? Erfahrungen aus Nordrhein-Westfalen. In: Landesinstitut für Schule und Weiterbildung

(Hrsg.): Bewegung, Spiel und Sport im Schulprogramm. Drittes Schulsport-Symposion Nordrhein-Westfalen. Bönen. S. 37-49.

Heiny, N. (1997): Bewegung im Klassenraum. In: Grundschulzeitschrift 109, H. 11, S. 46-49.

Hildebrandt, R. (1996): Bewegungsraum Grundschule. In: Sportunterricht 45, S. 508-514.

Hildebrandt, R. (1998): Bewegte Schule und Schulöffnung. In: Dietrich, K. (Hrsg.): Bewegen, Erfahren, Denken. Festschrift. Gerd Landau. Jesteburg. S. 88-104.

Hildebrandt-Stramann, R. (1999): Bewegte Schulkultur. Butzbach-Griedel.

Hinsching, J./Laging, R. (1997): Schule als Lebens- und Bewegungsraum- Schultheoretische Überlegungen. Brehm, W./Kuhn, P./Lutter, K./Wabel, W. (Red.): Leistung im Sport – Fitness im Leben. Hamburg. S. 156-158.

Höner, O./Reckeweg, R./Wehrmann, R. (1996): F1-Help!!! Hilfestellungen zum empirischen Arbeiten. Unveröffentlichtes Skript der Universität Bielefeld.

Hoppstädter, J./Heine, E. (1995): Den ganzen Tag in der Schule - mit Bewegung. In: Sportpädagogik 19, H. 6, S. 50-52.

Hundeloh, H. (1995): Tägliche Bewegungszeiten als Schutz vor Unfällen. In: Sportpädagogik 19, H. 6, S. 8-9.

Ilg, H./Knappe, W.: (1997): Gesundheitsförderung im Rahmen von Gesundheitswochen. In: Brehm, W./Kuhn, P./Lutter, K./Wabel, W. (Red.): Leistung im Sport – Fitness im Leben. Hamburg. S. 147-148.

Illi, U. (1995): Bewegte Schule. In: Sportunterricht 44, H. 10, 404-415.

Illi, U. (SVSS, ASEP, ASEF) (1995[b]) Projektskizze „Bewegte Schule". Wäldi (Schweiz).

Illi, U./Pühse, U. (1997): Bewegte Schule – das schweizerische Beispiel. In: In: Dannenmann, F./Hanning-Schosser, J./Ullmann, R. (Hrsg.): Schule als Bewegungsraum. Stuttgart, S. 43-52.

Illi, U. (1998): Vom Sitzen als Belastung zum Konzept der „Bewegten Schule" In: Illi, U./Breithecker, D./Mundliger,S. (Hrsg.): Bewegte Schule – Gesunde Schule. Zürich. S. 1-20.

Kahl, H. (1998): Forschungsergebnisse zu Bewegungsaktivitäten im Unterricht Berlin. In: Illi, U./Breithecker, D./Mundliger,S. (Hrsg.): Bewegte Schule – Gesunde Schule. Zürich. S. 95-101.

Kahl, H. (1993): Bewegungsförderung im Unterricht. In: Haltung und Bewegung 13, H. 2, S. 36-42.

Kindermann, J./Wieske, M. (1999): „Mehr Bewegung in die Schule!“ – Pädagogische Begründung der Konzeption der „Bewegten Schule“ und empirische Überprüfung der Umsetzung an ausgewählten Schulen der Stadt Bielefeld. Unveröffentlichte Hausarbeit zur 1. Staatsprüfung an der Universität Bielefeld.

Klupsch-Sahlmann, R. (1995): Bewegte Schule. In: Sportpädagogik 19, H. 6, S. 14-22.

Klupsch-Sahlmann, R. (1997): Bewegte Grundschule. In: Grundschulzeitschrift 109, H.11, S. 6-13.

Klupsch-Sahlmann, R. (1998): Sich für Bewegung Zeit nehmen. In: Sportpädagogik 22, H.1, S. 30-34.

Klupsch-Sahlmann, R. (1999): Mehr Bewegung in die Schule- grundlegende Gedanken zur pädagogischen Konzeption. In: Klupsch-Sahlmann, R. (Hrsg.): Mehr Bewegung in der Grundschule. Berlin. S. 7-24.

Knappe, W./Ilg, H. (1995): Gesundheitsförderung – ein Konzept aus Greifswald. In: Körpererziehung 45, H. 5, S. 170-175.

König, C. (1995): Klettern als Pausensport. In: Sportpädagogik 19, H. 6, S. 57-60.

Kolb, M. (1995): Ruhe, Konzentration und Entspannung. In: Sportpädagogik 19, H. 6, S. 61-66.

Kollegium der Kreuzschule Mussum (1995): Auf unserem Schulhof bewegt sich was. In: Sportpädagogik 19, H. 6, S. 28-30.

Kössler, C. (1999): Bewegte Schule-Anspruch und Wirklichkeit. Dissertation Regensburg.

Kottmann, L./Küpper, D./Pack, R.-P. (1997): Bewegungsfreudige Schule, Band I. München.

Krüger, M. (1999): Wie viel Bewegung bringt die „Bewegte Schule“? In: Sportunterricht 48 H. 8, S. 324-329.

Krummschmid, T. (1998): Der Bewegungsraum. In: Sportpädagogik, H. 3, S. 33-35.

Kuhn, P. (1997): Was Kinder bewegt- Studien zu äußeren Bewegungsanlässen und inneren Beweggründen von Grundschulkindern. In: Brehm, W./Kuhn, P./Lutter, K./Wabel, W. (Red.): Leistung im Sport – Fitness im Leben. Hamburg. S. 149-150.

Kunz, T. (o.J): Spielerische Bewegungsförderung – ein optimales Mittel der Unfallverhütung und gesundheitlichen Prävention im Grundschulalter. Manuskript. Frankfurt

Laging, R. (1993): Bewegung in die Schule. In: Die Grundschulzeitschrift 7, H. 70, S. 8-16.

Laging, R. (1997): Schulsport als bewegte Schulkultur. In: Sportpädagogik 22, H. 1, S. 62-65.

Laging, R. (1999): Schulsport in einer bewegten Schulkultur. In: Landesinstitut für Schule und Weiterbildung (Hrsg.): Bewegung, Spiel und Sport im Schulprogramm. Drittes Schulsport- Symposion Nordrhein-Westfalen. Bönen, S. 18-36.

Lamnek, S. (1989): Qualitative Sozialforschung. München.

Landau, G./Sobczyk, B. (1996): Bewegung in der Schule – Schule in Bewegung. In: Schmidt, W. (Hrsg.): Kindheit und Sport – gestern und heute. Hamburg. S. 139-144.

Landesinstitut für Schule und Weiterbildung (Hrsg.) (1999): Bewegung, Spiel und Sport im Schulprogramm – drittes Schulsport- Symposion Nordrhein-Westfalen. Bönen.

Landeszentrale für gesundheitliche Aufklärung Rheinland-Pfalz (1997): Bewegte Schule zieht Kreise. Mainz.

Lienert, G.A. (1969): Testaufbau und Testanalyse. Weinheim.

Luhmann, N. (1991): Das Kind als Medium in der Erziehung. In: Zeitschrift für Erziehung 37 H. 1, S. 19-40.

Meier, H. (1998): Organisation einer bewegten Kinderwelt. Hamburg.

Menze-Sonneck, A. /Trenner, B. (1999): Entspannungsinseln im Unterricht. In: Körpererziehung 49, H. 3, S. 164-170.

Miedzinski, K. (1993): 10 Jahre Idee Bewegungsbaustelle. In: Motorik 16, H. 3, S. 108-116.

Ministerium der deutschsprachigen Gemeinschaft (Belgien) (o.J.): Bewegung – Fundament des Lernens. Eupen.

Ministerium für Kultus, Jugend und Sport (Baden-Württemberg) (o.J.): Bewegung, Spiel und Sport in der Schule. Die Schule bewegt sich. Weilheim/Teck.

Müller, C./Volkmer, M. (1996): Entwicklung eines pädagogischen Konzeptes "Bewegte (Grund)-Schule". In: Schmidt, W. (Hrsg.): Kindheit und Sport – gestern und heute. Hamburg. S. 119-128.

Müller, C./Loncke, M. (1997): Längsschnittstudie zum Projekt "Bewegte Grundschule". In: Brehm, W./Kuhn, P./Lutter, K./Wabel, W. (Red.): Leistung im Sport – Fitness im Leben. Hamburg. S. 153-154.

Müller, C. (1998): Bewegtes Lernen in Klasse I – IV. Sankt Augustin.

Müller, C. (1999): Bewegte Grundschule – Aspekte einer Didaktik der Bewegungserziehung als umfassende Aufgabe der Grundschule. Sankt Augustin.

Nellessen, U. (1995): Ein Montagmorgen in der 2a. In: Sportpädagogik 19, H. 6, S. 42-46.

Nellessen, U. (1999): Wochenplan- und Freiarbeit bringen Bewegung in den Unterricht. In: Klupsch-Sahlmann, R. (Hrsg.): Mehr Bewegung in der Grundschule. Berlin. S. 101-114.

Neumann, P./Legner-Czepiczka, H. (1997): Zur Untersuchung der Wirklichkeit bewegter Schulen in Regensburg. In: Brehm, W./Kuhn, P./Lutter, K./Wabel, W. (Red.): Leistung im Sport – Fitness im Leben. Hamburg. S. 152-153.

Obst, F./Bös, K. (1997): Akzeptanz und Wirkung zusätzlicher Sportstunden in der Grundschule. In: Brehm, W./Kuhn, P./Lutter, K./Wabel, W. (Red.): Leistung im Sport – Fitness im Leben. Hamburg. S. 146-147.

Oelkers, J. (1989): Utopie und Wirklichkeit. Ein Essay über Pädagogik und Erziehungswissenschaft. In: Zeitschrift für Pädagogik 36, H. 1, S. 1-13.

Oelkers, J. (1990): Antipädagogik: Herausforderung und Kritik. Weinheim.

Ortlieb, R. (1997): Pausensport an der Neuberg-Grundschule Dossenheim. In: Dannenmann, F./Hanning-Schosser, J./Ullmann, R. (Hrsg.): Schule als Bewegungsraum. Stuttgart. S. 177-178.

Petillon, H./Flor, D. (1995): Zwischenbericht der wissenschaftlichen Begleitung „Lern- und Spielschule". Universität Koblenz-Landau. Institut für Grundschulpädagogik. Landau.

Pettenpaul, A. (2000): Umsetzung der pädagogischen Konzeption der „Bewegten Schule". Eine Fragebogenuntersuchung an ausgewählten Grundschulen in Ostwestfalen-Lippe. Unveröffentlichte Hausarbeit zur 1. Staatsprüfung an der Universität Bielefeld.

Pollak, G. (1991): Modernisierung und Pädagogisierung individueller Lebensführung. In: Zeitschrift für Berufs- und Wirtschaftspädagogik 87, H. 8, S. 621-636.

Pühse, U. (1995): Bewegte Schule – eine bewegungspädagogische Perspektive. In: Sportunterricht 44, H. 10, S. 416-427.

Regensburger Projektgruppe (1999): Die bewegte Schule – Anspruch und Wirklichkeit. In: Sportpädagogik 23, H. 1, S. 3-10.

Riegger, S. (1998): Regenpause, Schulräume mit Bewegung füllen. In: Sportpädagogik 22, H. 6, S. 42-44.

Sachs-Amid, F./Wening-EgermeierJ. (1993): Erlangener Modellprojekt „S" WIRBALA. In: Haltung und Bewegung 13, H. 1, S. 37-39.

Schmerbitz, H./Schulz, G./Seidensticker, W. (Hrsg.) (1992): Bewegungen. Bielefeld.

Schmidt, R./Woll, A./Bös, K. (1995): Gesundheitsförderung in Schulen – Grundlagen und Darstellung ausgewählter Projekte. In: Sportunterricht 44, H. 6, S. 236-248.

Schrenk, H./Flockerzie, K. (1997): Spielideen zur täglichen Bewegungszeit in der Grundschule und Orientierungsstufe. In: Dannenmann, F./Hanning-Schosser, J./Ullmann, R. (Hrsg.): Schule als Bewegungsraum. Stuttgart. S. 149-156.

Schnell, R./Hill, P./Esser, E. (1998): Methoden der empirischen Sozialforschung. München, Wien.

Seidel, B. (1989): Förderung des sinnvollen Wechsels geistiger und körperlicher Tätigkeit im Rahmen eines veränderten Tages- und Wochenablaufes in den Klassen 1 an POS der DDR. Dissertation Greifswald.

Singer, R. (1985): Befragung. In: Singer, R./Willimczik, K.: Grundkurs Datenerhebung 1. Hamburg.

Singer, R. (1985): Einstellungsmessung. In: Singer, R./Willimczik, K.: Grundkurs Datenerhebung 2. Hamburg. S. 134- 161.

Sobczyk, B. (1995): Die Essener Bewegungsbaustelle. In: Sportpädagogik 19, H. 6, S. 47-49.

Tenorth. H.E. (1992): Laute Klage, Stiller Sieg. Über die Unaufhaltsamkeit der Pädagogik in der Moderne. In: Zeitschrift für Pädagogik 29. Beiheft. Erziehungswissenschaft zwischen Modernisierung und Modernitätskrise, S. 129-149.

Teubert, H., Thiel, A. & Kleindienst-Cachay, C. (2005). Die „Bewegte Schule“ auf dem Prüfstand – Qualitätsmerkmale einer grundschulpädagogischen Innovation. In: Gogoll, A. & Menze-Sonneck, A. (Hrsg.): Qualität im Schulsport. Hamburg. S. 148-153.

Thiel, A., Teubert, H. & Kleindienst-Cachay, C. (2006). Unter Druck durch PISA und Co? – Was erwarten Grundschullehrerinnen und -lehrer von der „Bewegten Schule“? In: Hildebrandt-Stramann, R. (Hrsg.): Bewegte Schule. Hohengehren. (im Druck).

Thiel, F. (1996): Die „ökologische Krise“ als pädagogisches Thema. Überlegungen zum Prozess der Pädagogisierung einer gesellschaftlichen Krisenerfahrung. Weinheim.

Überla, K. (1968): Faktorenanalyse: Eine systematische Einführung für Psychologen, Mediziner, Wirtschafts- und Sozialwissenschaftler. Berlin.

Ungerer-Röhrich, U. (1998): Gesundheitsförderung durch sportliche Aktivitäten: Kindergarten/Grundschule. In: Bös, K./Brehm, W. (Hrsg.): Gesundheitssport. Schondorf. S. 321-330.

Ullmann, R. (1997): Bewegungs(t)raum Schule. In: Dannenmann, F./Hanning-Schosser, J./Ullmann, R. (Hrsg.): Schule als Bewegungsraum. Stuttgart. S. 179-200.

Willimczik, K. (1993): Statistik im Sport. Hamburg.

Zeiher, H. (1983): Die vielen Räume der Kinder. Zum Wandel räumlicher Lebensbedingungen seit 1945. In: Peruss-Lausitz, U. u.a.: Kriegskinder, Konsumkinder, Krisenkinder. Weinheim.

Zimmer, R. (1981): Motorik und Persönlichkeit bei Kindern im Vorschulalter. Schondorf.

Zimmer, R. (1995): Handbuch der Sinneswahrnehmung. Freiburg.

Zimmer, R. (1996): Die Schule in Bewegung bringen. In: Grundschule 26, 10, S. 8.

Zimmer, R. (1996): Den Körper als Verbündeten gewinnen. In: Grundschule 26, H. 10, S. 9-11.